手相術の教科書

First edition published in 2002
by Rider Originally designed by Jerry Goldie Graphic Design

This US edition first published in 2009
by Flare Publications in conjunction with the London School of Astrology
www.londonschoolofastrology.co.uk
www.londonschoolofastrology.com

Japanese translation published by arrangement with Frank Clifford of Flare Publications
through The English Agency (Japan) Ltd

　本書の日本語版をマリオ・トレヴィーノ氏、鏡リュウジ氏、祖父江恵子氏に捧げます

　本書の改訂を終えようとしていたころ、私のスクールで毎年開催されている手相学会で、ある生徒さんからすてきな贈り物を受け取りました。ある女性が昼休みに私のところに来て、私に本書（旧版原書）のある一節を見せました。彼女はキャリアに関する章の一文に下線を引いており、「この一文を読んで、私は前の仕事を辞め、ずっとやりたいと考えていた道へ進もうと思うことができたのです」と語ってくれました。こういった光栄な、特別な瞬間は、書かれた言葉の力（および責任）を再認識する機会になると同時に、このような出会いがあると、頑張ってやってきた仕事はすべて、意義があったのだと感じさせてくれます。

'The lines are not written into the human hand without reason;
they come from heavenly influences and man's own individuality.'

Aristotle, De Coelo et Mundi Causa

「理由なしに人間の手に線が書かれることはない。
それは天上からの影響と人間の個性に由来するのだ」

アリストテレス『天体論』より

'The finger of God never leaves identical fingerprints.'

Stanislaw Lec

「神の指は決して同じ指紋を残さない」

スタニスラフ・レック

CONTENTS

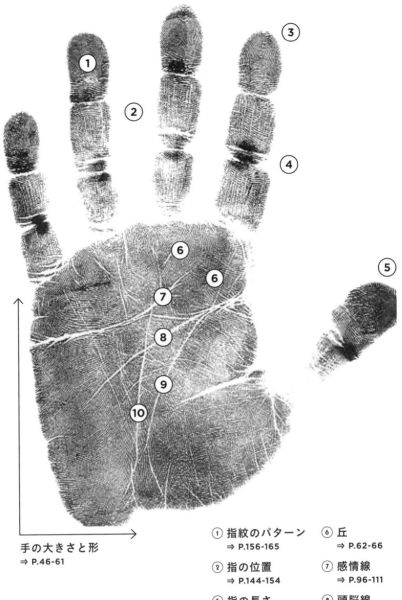

手の大きさと形
⇒ P.46-61

PROLOGUE

読者の皆さんへ

　本書が日本語に翻訳されたことを光栄に思います。この出版を実現させてくださった友人の鏡リュウジさん、そして朝日新聞出版の皆さんに感謝したいと思っております。

　「手を読む技術（Palm Reading）」には子どものころからずっと魅了されてきました。ただ、最初は手相はまるで魔法のように未来を予言できると思っていたのです。けれど、しだいに、この「魔法」の秘密は手がその人の性格、求めていること、そして心の中の願いを明らかにするという注目すべき事実にこそあるということに気がつくようになったのです。手を見ることでこんなにもたくさんのことがわかるということ、それは今でもなお、私を強く感動させています。

　私が初めて手相術家を訪れたのは17歳のころ、独学で占星術を学びはじめたころのことでした。セッションはワクワクするような体験ではあったのですが、1つ、気に入らない点がありました。その手相術家は、将来、愛するパートナーが死ぬだろうと予言したのです。そのとき、私はもう少し別な手相の読み方もあるだろうにと感じました……そして自分こそ、もっと良い手相の見方を見つけ出すべき人間だとも！　この予言は当たりませんでしたが、この言葉は私に一抹の不安を残してしまったのです。しかし、何年も経ってこの経験は「コンサルテーションは人を鼓舞して勇気づけるべきものである」という教訓となっていきました。クライアントはセッションが終わったとき、自分をこれまで以上に理解したということ、そして励まされたという感覚をもつべきだといつも感じています。

　本書の中で繰り返し書いたことではありますが、手相を学ぶことは自分の人生を空中から見る視点を得ることでもあります。手は私たちの性格や内的な心の欲求のロードマップなのです。とはいえ、手の多くの特徴がよく変化していくという事実が、一方でシンプルな事実を告げています。私たちが変化すれば、手も変化する、ということなのです。自分自身を見つめ、理解することで、私たちは自分たち自身の内なる望みと目的に合わせて良

い選択をしていくことができます。そして、結果的に私たちの選択を反映して手に現れるしるしも変化していくことになります。なんと自由で、そしてハッと心を解放してくれることでしょうか。つまるところ、自分たちの人生を展開させていくのは自分たち自身なのだということなのです！　私たちの手は決して私たちを宿命づけてはいません。したがって、私たちの人生を予想（アンティシペイト）するのではなく、私たちは自分たちの人生にかかわっていく（パーティシペイト）べきだと誘われているのです。

　本書は30年にわたる私の経験から生み出されています。しかし、どうか覚えておいてください。手の分析（ハンド・アナリシス）（手相術に対する現代的な名称）は手に現れたさまざまな特徴を総合することです。1つのしるしだけを最終結果として扱わないでください。私たちの手には常に何らかの試練が示されるものです。でも、本書を通して、そのハードルをより良いものに変えていき、そしてこの地球での人生を最高のものにしていっていただきたいと願っています。

　幸せなことに私はロンドン・スクール・オブ・アストロロジーで何年もの間、たくさんの生徒さんたちにオンラインで、あるいは対面で手相の技術を教えてまいりました。そしてその生徒さんたちから逆に人間について、人生の選択について、そして人間関係についてたくさんのことを学んできたのです。

　どうか読者の皆さまが手の言葉をうまく理解してくださいますように。そして、その知識があなたが自分の人生に本当に望んでいること、あなたがあなた自身でいることによって未来を創り出していくことの一助となりますように。

Frank

フランク・C・クリフォード

PREFACE
まえがき

　私がこのような一風変わった、そして幾分挑発的ですらある職業に就くことになったのは、私の母のせいと言えるでしょう。占術家になったことを責める人もいるかもしれませんが、私は母に感謝しています。母は、自分や彼女の友人たちが訪れたことのある占い師や手相占いの話をし、私はその話に魅了されて育ったのです。時間の無駄だったリーディングもあったし（その占い師は、訪れた客全員に同じような話をしていた）、お金の無駄だったリーディングもありました（予言で当たっていたのは「損失」のみ——たしかにリーディング料金と帰りのバス代は無駄でした）。しかし時折——本当にたまにではあるが——真に的中していたリーディングもあったと母は言うのです。たまに、あるサイキックは私の母とその友人に、外国人の結婚、養子縁組、交通事故など、興味深い運命のからみ合いについて語ったそうです。

　このような話に魅惑された私は（もちろんもっと自分自身を深く知らねばならないと無意識に感じていたこともあり）、15歳のときにはじめて透視術師を訪れました。その後しばらくしてタッド・マンという占星術家を訪ねたことがきっかけで、その日の午後から私は独学で占星術を学びはじめました。これがどれくらい困難なことだったか？　占星術への情熱、無数の時間を費やしてひたすらホロスコープを解釈したいという願望は、その後もずっと私の中に情熱としてあります。立ち返ると私は17歳のとき、私は「未来を予測できる」と称するものに魅せられ、ある手相術家を訪れたのでした。

　手相と占星術は、両方が常にたがいに支えあっていますが、私は手相が占星術とは大きく異なることをすぐに理解し、両方を勉強しはじめました。そして私が大学進学のため実家を出たとき、自分の知識が新しい友人をつくり、人々をよりよく知るための最大の味方となることが証明されたのです。その場ですぐわかるというのは手相の大きな利点で、占星術と違い、これは一般論的な新聞のコラムに水を差されることもないと確信できました。手相は一対一の、非常に個人的なものだからです。人々もこのテーマに秘められた謎を感じています。私は手相の本の勉強を続け、また何百人

もの学生や友人の手相をリーディングしました。ある段階で私は大胆にも、大学の夜のクラスでこのテーマについて教えたりもしました。全部で5分しか勉強していない科目について講義するよう導いたのは、私の両手にある「教師の四角紋」（279ページ）であったのかもしれません。あるいはその授業がキリスト教連合（福音派のキリスト教布教の学生団体）を刺激することになったからかもしれません。私は実際に自分で手相をリーディングして、学んでいこうと決めていました。人々の人生の物語に耳を傾けながら、手のひらにその裏づけを探していくのです。今考えても驚くのは、当時10代であった私に、人々はもっとも個人的な問題を話してくれたことです。私の2倍の年齢のクライアントが自分の秘密を明かし、非常に私的な問題や自分の性癖について説明し、数多くの分野について助言を求めます。それは本当にすばらしい仕事であり、多くの人から信頼されてきたことを光栄に思っています。

　この研究とリサーチのすべてが、現在私がしていること、つまり占星手相術へとつながることになりました。私は占星術と手相術、両方の分野で本や記事、コラムを執筆し、また人々に教え、相談を受けています。これは本当にかけがえのない仕事で、私はこの仕事を愛しています。私はいまだに、自分の手のひらに表れるさまざまなしるしに魅了されます。あなたもこの手に潜む秘密や神秘について学ぶことを好きになってくれるだろうと思っています。本書の執筆および調査はとても楽しい仕事でした。本書がきっかけとなり、あなたが手について学び、自分自身と自分の愛する人々への理解を深められるようになることを願っています。

フランク・C・クリフォード

INTRODUCTION
イントロダクション

現代の私たちは、どんなものにも瞬時にアクセスし、何でも包括的なビットサイズの塊単位で入手しようと求めます。世界中に広がるインターネット網、ファクス、デジタルテレビ、そして昔ながらの電話の技術的進歩によって、世界は狭く感じられるようになりました。しかし誰かと知り合うこと、恋に落ちること、愛する人を失うことなど人生における重要な出来事を経験するには、それでもこれまでと同じくらいの時間が必要となります。このような問題については、今もなおガイダンスは必要であり、皆これを求めています。手相術に関する古代からの研究や、現在解説書なども出てきている手の分析^{ハンド・アナリシス}が特にふさわしいのは、このような分野です。

人生の重要な出来事に私たちがどう向き合うのか。それは何世紀経っても変わらないのかもしれません。しかし今日の人々には、手相術のような秘教的学問から得られる、決定論的ではない新たな視点が必要であると思います。本書は、現代の手相分析の技術を用いて、人生の経験に最新のアプローチを提供することを目的としています。

サウンドバイト（短く切り取られた映像や音声）のように短くまとめた表現があふれ、何でも手っ取り早く解決しようとする世界にあってもなお、このような主題について徹底的に学ぶには、いまだ時間がかかるのです。手相術の原理は非常に簡単で、その多くの部分はすぐに理解することができますが、それを最大限に活用するには、勉強、実践、応用が必要となります。

What Palmistry Can Do for Us
手相術で何ができるのか

手相術は私たちの生来の性格、ニーズや願望、現在の状況に対する向き合い方などについて、明確な洞察を与えてくれます。手相術を学ぶことで、人間関係で繰り返される問題を診断し、他の人が本当は自分に何を期待しているのかを明らかにできるでしょう。自分がどのようなゲームをプレイしているのか、そして役に立たない役割を引き受けていないか（私た

ちは時折これをやってしまいます）などについて認識するための一助ともなるでしょう。また手相術によって、自分の才能を再確認したり、人生の課題と機会を明らかにしたりすることもできます。しかし手相術家は（評判の高い霊能者とは異なり）私たちの人生でかかわることになる場所や人の正確な名前や詳細を提供することはできません。その代わり、手相術を学ぶことによって、私たちの人生や性格の中で変えていくことのできる、あるいは選択し、受け入れることのできる自分の重要な側面にフォーカスすることが可能となります。私たちの手は、私たちの人生および現在取っている態度を象徴している生きたシンボルです。手相は、固定的なパターン（不変の運命）を明らかにするわけではなく、私たちの気質、性格、現在取っている方法、動機、意欲などに関する実質的な情報を伝えてくれるのです。

Our Personal Navigation System
私たちのパーソナルナビゲーションシステム

　かつて拙著『Palm Reading（手を読む技術）』（『The Seductive Art of Palmistry［手相術の魅力的な技術］』として再版）でも述べたように、私たちの手は私たちの個人的な伝記ではあるのですが、すべての章がすでに書き込まれているわけではありません。私の見解では、未来には変えられる余地が存在します。手に書かれたメッセージを解読することで、私たちが何者であるのか、そして自分は何によって満たされるのかを理解することができるようになります。そして情報に基づいて、選択を行うことができるのです。皮肉なことに、多くの人が手相術は未来を明らかにすることを目的としていると考えています。しかし本当は、手相術はどのような可能性が未来にあるのかを確認し、私たちにもっとも適した方向に一歩踏み出すための助けとなるすばらしいツールなのです。

　手に書かれた「言葉」を解釈することで、私たちは自分の性格、さまざまなニーズ、期待を理解することができます。人生の旅を即座に「上から」眺め、私たち一人ひとりの人生の道筋を示したロードマップを得ることができるのです。手相術は人生の旅における重要な側面をクローズアップし

て見せ、代替ルートに気づかせてくれて、私たちは先に待ち構えているエキサイティングな道に備えることができます。

　しかしながら、手の鏡は主観的なものです。そこに映し出されている内容は自分にとって重要なこと、これまでの経験、自分の人生に足跡を残してきた出来事や人々の要約版です。私たちの手のひらは、人生の出来事や経験のすべてを表示するには小さすぎます。手のひらを車の衛星ナビゲーションシステムであると想像してみてください。そこには進行中の道路に関する全般的な情報が表示されるでしょう。その先に別のルートが表示されることもありますが、普通は本人の移動に関係のない詳細は省略されます。しかし占星術におけるホロスコープはフロントガラス越しの眺めにたとえられるかもしれません。私たちは他の車の運転手や建物の複雑なデザインを眺め、近くの店からのコーヒーの匂いをかぐことができます。すべての感覚を使ってよりたくさんの色やディテール、奥行きを感じることができます。どちらの場合も、私たちは運転席でハンドルを握っているのですが、占星術ではより詳細に積み重なるさまざまな層やニュアンスまで明らかにしてくれる一方、手相が示してくれるのは全体的なムードや風景であり、常に焦点を当てているのはメインとなるルートとその人の気質、そして経験や出会いの蓄積により、今の自分がどのような人間であるのかということです。その意味で、私たちの未来と環境を示す占星術よりも、現在の指標としての手相は信頼性が高いといえます。

The Structure of Palmistry 4 Today
本書の構成

　本書　『手相術の教科書（原題：Palmistry 4 Today）』は手相分析のさまざまな側面を詳細に紹介することを目的としています。手相分析により、あなたの人生の経験や観察、性格などが読み解けるようになることが本書の意図するところです。本書を読み終えたとき、自分も手のひら（および手のひらの写し）を見て正確に診断を行い、手の上から人生の出来事を時系列で記録していくことができる、と自信をもっていただくことを願っています。やがて、観察から得た自分の考えをまとめ、手から見いだ

した詳細情報を統合しはじめることでしょう。

- **第1章**では、シンプルで常識的な観察からどれくらい重要な情報が読み取れるかについて説明します。ここでは手相分析に不可欠となる要素をつかむことを会得します。
- **第2章**では、早い段階から時期判断と予測について正確に習得することができるよう、時期判断の技術を紹介します。
- **第3章**では、手相術が人生の特定の分野でどのように役立つか、その概要を紹介します。
- **第4章**では、さまざまな手相の写しを使って、あなたが得た新しい技術を試してみる機会を提供します。油断する隙を与えないよう、クイズも交えながら数多くのプロフィールをお見せします。

　これら4つの章では、手相分析に欠かせない4つの要素（手のひらの線、手の形、指、皮膚小稜の模様）と、4つの重要事項（愛、仕事、健康、時期）について検討します。その中で、次のこともわかってくるでしょう。

- **情報箱**：手相の読み方とそれに関連する研究についての興味深い事実を紹介します。

- **統合箱**：手に示されたさまざまな要素をまとめる方法について説明します。

- **お役立ちヒント**：手相の読み方のさまざまな側面についてのお役立ち情報をお伝えします。

- **手相の写しに関する着目点**：手のひらの写しのみから拾える情報について明らかにします。

- **有名人の手**：有名人（良い意味でも悪い意味でも）や世間の注目を集めている人々（私のクライアントではない人たち）の手に見られるしるしを、この人たちの経歴を簡単に紹介しながら見ていきます。
- **手のひらのプロファイル**：本書の知識をどのように応用するか紹介しながら、手相を分析していきます。

本書では、オンラインで（あるいは通信講座で）私から学び、ロンドン・スクール・オブ・アストロロジーで卒業証明書（ディプロマ）を取得したいという方のためにさまざまな課題も掲載しています。

Frequently Asked Questions
よくある質問

第1章に進む前に、手相術家がもっともよく尋ねられる質問について触れておきたいと思います。

手相の線は変化しますか？

答えはイエスです。線は時間の経過とともに、特に子ども時代には変わっていきます。大人になると基本線（メジャー・ライン）の方向が変わったりすることはまれですが、その線上のしるしは現れたり消えたりします。数カ月で現れたり消えたりする線もあれば、何年もかけてゆっくり変化する線もあります。また線によっては、たとえば健康線（247ページ）の場合、その濃さや色（ヘルス・ライン）は短期間に変わることがあり、私たちが自分の体質について知る日々の「測定器」となってくれます。

線の変化は、私たちの態度、健康状態、ライフスタイルなどが新しい展開に入ったことを示している場合があります。研究により、神経系と手相のパターンが直接的に関連していることが明らかになっています。たとえば感情線（96ページ、感情面の態度・傾向を表す）は子どもが思春期に（ハート・ライン）入ると発達しますし、精神的に衰弱しているときは手相の線が消えかかったり（健康状態が回復したらふたたび現れます）、老いが進むと、写しを取って見たとき、（心的機能の衰えを反映して）線が非常に薄くしか見えなくなっていたりします。ライフスタイルや身体面にショックや変化が起こると、手に（そして指の爪にまで）それが反映されることがあります。手相の写しを長期間にわたって取っておくことは、これらの変化を追跡し、

理解するためには非常に有益であることがわかります。

　指紋と真皮（皮膚小稜）の模様は、変化することはありません。たとえ手にけがを負ったとしても、けがが治り、瘢痕組織が治癒すると、元の模様が現れます。しかし私たちの免疫系が弱っていると、真皮の模様が影響を受けることがあります。たとえば「真珠の糸」（253ページ）のように詰まったパターンが見られたり、指先全体に指紋の上に「ストレス」線が現れたりすることがあります。

すべてはあらかじめ手のひらに記されているのでしょうか？

　手は、私たちの現在の状態と自分が取っている方向性を示しています。私の意見では（また、私の観察するところでは）、この方向とは不変でもなければ不可避でもありません。占星術の研究と同様に、手相では性別、遺伝的特徴、教育、人種、性的傾向、出生時間および出生地の影響を考慮する必要があります。ホロスコープ（出生天宮図）は、私たちが生まれたときに結ぶ「契約」を表しています。同じように手のひらには、私たちが結んだ契約について、長い年月をかけてどのように交渉するのかが漸進的に表されているのだと私は考えています。私たちがこの世に生を受けるとき、自分が経験することになる主な条件、機会、課題（私たちの「契約」）を選択して入ってきているのは、ほぼ間違いのないことだと思われます。そして自分を支援する「ツール」（これには自分の性格も含む）を一揃いもって生まれているのもたしかなようです。このような一揃いのツールは、私たちの指、指紋、皮膚小稜をつぶさに観察することで見いだすことができます。私たちはこのパレットを使って、さまざまな色、筆さばき、解釈センスを加えて、自分の人生を創造／生きていくのです。私たちの手は、私たちが手はじめにもっている基本的なツールを示しており、その後、人生の過程で行う選択や決定がどのように影響するかを反映しています。

誰でも手相を読むことができるようになるのでしょうか？

　ほぼ間違いなく、誰でも手相を読めるようになります。誰もが手相リーディングを習得できますが、とはいえ全員が同じやり方で読むわけではありません。数多くのセミナーで、長年にわたって同じテーマについて教えてきましたが、技術面で非常に優れ、手のひらの細部に深い関心を示す生徒もいれば、直感的に読んで、その手と手の持ち主の全般的な「感覚」をつかむ生徒もいるなど、人による違いは明らかです。正しいやり方や間違ったやり方があるわけではありません。あなたが手相術家になっていく過程で、あなたは自分自身のやり方を発見することになるでしょう。付録2（311ページ）には、プロとして人の手相をリーディングしたいと考えている人に役に立つと思われるヒントをいくつか掲載しています。

　手相術は霊感がないといけないのかと尋ねられることがあります。時として直感力が役に立つことはあります。しかしそれが手相分析の本質的な部分を占めているわけではありません。実際、私は直感的なリーディングに踏み込む前に、基本に厳密に取り組むよう勧めています。手相分析を理解していれば、もし直感が外れたとしても、それがあなたをサポートしてくれるでしょう。ただし、多くの手相をリーディングし、たくさんの人々の話を聞くほど、人間の性質への理解と受容力が高まっていき、それとともに直感力も発達することがわかってくると思います。

手相のすべてを学ぶにはどうしたらよいのでしょうか？

　あなたが手相に興味をもちはじめたと人に伝えるや否や、聞いた人は「じゃあ見てみてよ」と目の前に手を差し出すことは間違いありません。ほとんどの人が自分の手にこめられたメッセージを解読してほしいと考えるでしょう。占星術家ならば、ホロスコープの作成が複雑であることや、サン・サイン（誕生星座）で書かれたコラムの一般論などを説明してその場をしのぐことができますが、我々はそんな上等な言い訳はできません！私が運営しているどのコースでも、生徒たちは最初の授業が終わった後、どのようにして家に帰ったのか、そして帰宅すると家族が手相をリーディ

ングしてくれると期待していたことを語ってくれます。多くの人は、もちろんすべてを知りたいと望んでいますし、子どもについて、あるいは今後の豊かさがいつ人生に訪れるのか、あなたがわかっているのではないかと期待します。最初はあまり多くを伝えることはできないかもしれませんが、いくつかスポット的な観察を述べたり、質問して少し詳しく調べたりすれば、大多数の人は満足すると思います。そして自分でも手相を読めるのだと自信をもてるようになるでしょう（目の前に差し出された手をすべてリーディングしなければならないなどと考える必要はありません。医師がパーティーの場で医学的診断することを求められるでしょうか？　臆面もなく「私の手相をリーディングさせてあげますよ！」などと言われたときは、にっこり笑って断るべきです）。

　また、すべての人に手相術の正しさを証明しようという「罠（わな）」には陥らないでください。それはあなたの仕事ではありませんし、すべきことではないとも言えるでしょう。メディアに試されることを楽しんでいる優れた手相術家も存在します（私の仲間であるロビン・ロウンはメディアにも精通した一流の手相術家で、メディアの人間が求めていることを提供する方法をわかっており、すばらしい仕事をしてもいます）。しかしあなたはすべてに対して答えを出さなければならないなどと、自分にプレッシャーを与える必要はありません。そのようなことはロビンに任せてしまいましょう！　文脈と対話による双方向で行われるのが最良のコンサルティング・プロセスです。あなたはその人の性格やニーズ、欲動などについて、極めて高い精度で説明することができるようになるでしょう。しかしクライアントからの情報なしに、それ以上のことをして、大局的な判断をしようとしてはいけません。彼らが「どこから来た（これまでの人生）」のかよくわからない状態で、印象づけようと何気なく言ったことやコメントは、はるかに大きなダメージとなることがあります。

　また、統計ばかりに心を奪われないようにしてください！　昨今では、手相分析と科学（というよりも、どちらかと言えば、いくばくかの限定的な統計的研究の結果）を連携させる傾向が高まっています。自分の観察結果を繰り返し検証することは勧められますが、人の性質のような複雑で多面的なもの（手から多くのことを読み取ることができるという魔法ではないことは言うまでもありません）を、科学のような狭い検証モデルに当て

はめるのは賢明ではないと私は考えます。しかしこの統計学の流行に乗ることに非常に熱心な手相分析家も一部には存在します。でもこれは、（かつて誰かが言ったように）酔っ払いが街灯を照明として利用するのではなく、自分を支える支柱として使うようなものです。私の手相術家としての見解を述べるなら、私たちは自分の経験を通じて世界を見いだし、理解するのであって、統計的証拠によって世界を理解するのではないということです。また、「技巧派」の手相分析家に出会うこともあります。彼らは写しを取られた手相のパターンと統計学的分析を重視し、それに集中するあまり、ポイントを外しているだけでなく、非常に非倫理的なリーディングを行っていました（このような手相術家の一人が、「あなたは心臓発作の危険性があります」と話しはじめたのを聞いて、私は横で驚いて口をポカンと開けてしまいました。このようなことは、小規模な研究から得られた確率に基づくものです）。

　さらにもう1つ。手相のリーディングを学びはじめたら、自分の見たものを信じることを覚えてください。人々の手に、あまり魅力的でない性格的特徴が示されているのを見たとき、それを退けてしまい、後からその人がその性質に苦しめられていると知ったというようなことが、ふと思い出されます。私が覚えている賢明なアドバイスは、「人が自分自身のことを開示したら、それを信じなさい」というものです。手相術では、困難なことは避けられる場合もあります。これは、人々のことを知っていこうとするとき、手相術に関する自分の知識によって、偏った見方をして良いということではありません。単に手が嘘をつかないということです！　手の導きに従ってください。しかし手相術のルールに自分の人生を支配させてはなりません。

どちらの手をリーディングすればいいのでしょう？

　他の多くの手相術家と同様、私も両方の手をリーディングします（我々には2つの手が与えられているのに、1つしかリーディングしない理由はあるでしょうか？）。どのようなやり方で手相を見るにしても、左右の手はそれぞれ、男性的／女性的、能動的／受動的、意識的／無意識的など、

私たちの性質の特定の側面を明らかにしてくれます。左右の手はそれぞれ、特定の脳機能と連携しています。私の経験では、右利きか左利きかにかかわらず、各手は私たちの人生の一側面を表しています（24ページの「優勢な側の手」を参照してください）。

　このテーマ（手相）に関する従来の本とは異なり、私は「過去を明らかするのは左手、未来を垣間見せてくれるのは右手だけ」とは考えていません。「左手は生まれもったもの、右手はあなたが人生をどのようにとらえているか」と「左手は過去であり、右手は未来である」というのは、もっともよく知られ、引用される言葉です。これらは部分的には真実ですが（左手は先天的・遺伝的な性質を示し、右手は外部の世界において達成することを表します）、かなり単純化した手相の見方です。未来の可能性は手のあらゆる部分に見られ、両方の手は時間の経過とともに変化していきますし、両方の手が過去・現在・未来の状態を映し出しています。しかし明確な相違点もいくつか存在します。

左手：私的、内的、心理的、受動的側面
右手：公的・社会的、外的、人間関係、能動的側面

　左手は私たちが隠している本当の姿（「密室」で、選ばれた少数の人にしか見せない姿）、そして自分自身との関係性を示してくれます。左手に見られる性格的特徴がもっとも鮮明に表れるのは、信頼している人や一緒に住んでいる人、ともに育った人たちと一緒にいるときです。このような側面は、たとえば誰かと深く恋に落ちたときなどによく見られます。私たちの内面に潜む強さ、不安、希望、心理的問題は、こちらの手から明らかになる可能性が高いといえます。左手はこれらのことを瞬時に「心の探索」をしてくれます。親指、人差し指、指紋、頭脳線とともに、左手は私たちの主要な特徴を明らかにします。右手が語るのは、どちらかというと私たちが「表に見せている」姿、社会的活動や外の世界とかかわっているときの姿です。社会で機能するための能力、他者との社会的関係性を形成するための「公的ペルソナ」と言えます。

左手が明らかにしてくれること	右手が明らかにしてくれること
・内なる自己、リソース、意欲、緊張感、私生活、現在の心理的状態 ・性格の内省的な側面、私的自己、内的心理 ・生まれつきの能力、願望、可能性、先天的な素質や才能 ・潜在的自己 ・幼少期の経験に基づいた、より根深い感情や人生観、恋愛観。左手には深いパーソナルなレベルで私たちが影響を受けた出来事が記録されています	・表向きに見せている自分自身および意欲、外界や人間関係のかかわり方 ・他人に見せることの多い性格的側面 ・外の世界で発揮されている能力や才能、外の世界で活発に発展している自分の可能性 ・顕在的自己 ・経験に基づいた、現在の人生観および恋愛観。右手には外の世界で私たちが継続的に、どのように機能しているのかに影響を与えた出来事が記録されています

　左手に表れているしるしは、私たちの感情や心理的反応を表しています。この手に表れている感情は、根深いものです。左手に刻み込まれた出来事は、その実際の出来事が特に個人的性質と関係ないように見えたとしても、私たちの内的自己に強い影響をもたらしています。これらは内在化し、何度も内省した出来事や出会いで、私たちに深い充足感や目的意識を与える可能性があるものです。

　右手のしるしは人生のあらゆる分野における目に見える変化を表しています。人間関係の直接的な結果や、私たちの内的領域が外の世界とどのようにかかわっているのかなどです。

　たとえば新しい仕事をはじめたとき、人前で何か話すことが求められるかもしれません。それを考えると怖くなる人もいるでしょう。しかし勇気をもってやってみたら、新しいことに挑戦できたことによる自信が自分の内に育っていることが左手に表れてくるでしょう。そして右手には、仕事や地位の変化と、それによってもたらされる社会的またはプロとしての名声が記録されていきます。

　左手は、私たちが他者に「こう見せたい」と望んでいる表向きの仮面だけではない、本当の姿を表しているというのが重要なところです。左手からは、手相から読み取れることの中でももっとも私的かつ核心に触れる情

報が明らかになります（占星術家の方なら、左手をホロスコープの月や北中点〈I.C.〉に、右手を水星やアセンダント〈太陽の通り道である黄道と東の地平線とが交差する点〉、南中点〈M．C.〉に結びつけて考えたくなるかもしれません）。

　手相を読むときは常に左右両方の手を見てください。時として、左右の手相の違いが非常にはっきりしているのに気づくことがあるでしょう。人生のある領域を支配している手がどちらの手なのかを知ることにより、手の形や線の配置、しるしなどの違いが、性格の内面／外面の違いにどのように表れているのかがわかるようになります。また、線の上のしるしや切れ目、隙間などの影響が、私たちのごく私的な面にどのように深く根を下ろすのか（左手）、あるいは文字通り、日常生活での周囲とのかかわりにどのような影響を与えているのか（右手）がわかります。

　多くの手相術家は、左利きの人を見る際は、上述の特性を逆にします。この場合、左手がその人の利き手／能動的な手となり、右手が内面的な心理的衝動や受動的な側面を表します。私は長年にわたり左利きの人たちの相違点を考察してきたのですが、左右どちらの手で文字を書くかにかかわらず、私は上記分類をそのまま使用しています。しかし、左利きの人の手をリーディングするときは、その相違点について、引き続き調査することをお勧めします。

　ついでながら、アジアの昔の手相術家は、左手からその人の性格を読み取り、右手から現在の夫／未来の夫／今後現れるかもしれない夫候補を読み取るのだそうです。このような見方は西洋の女性たちからは、相当のリアクションを呼び起こしそうですね！

利き手を確認する3つの方法
『左手のカレンダー（原題：The Left Hander's Calendar）』参照

☐ 子どもにボールを投げたとき、どちらの手でキャッチしましたか？
☐ 人の顔の横顔を描いてもらいましょう。顔が右を向いていれば、その子はおそらく左利きで、左を向いていれば、その逆。
☐ マッチをするとき、ドアを開けるとき、髪をとかすとき、カードを配るとき、どちらの手を使うか自分に質問してみてください。

優勢な側の手

　神経学の専門家はだいたい、右手で書きものをする＝右利きと考えるようですが、多くの人は利き手ともう片方の手（および脳）とも自然にリンクしています。これまで述べてきたように、利き手がどちらかに関係なく、右手は公的／社会的な自己を理解するために、左手はより私的／個人的な側面を明らかにするべく、リーディングを続けてください。ただし、それぞれに異なる情報を求めて両方の手を読む必要はあるのですが、私たちには皆、「優勢な側の手」があることを認識しておくことが重要です。「優勢な側の手」とは、私たちが主にどのようなやり方で人生にアプローチしているのか、どのように自分の人生を評価し、分析しているのか、つまり「自分のやり方」を明らかにしてくれる方の手のことです。この手は、優勢な側の大脳半球と相関関係にあります。多くの場合、マイクをもったり、ボールを投げたりするのが自然に快適に感じられるほうの手がこれにあたります。自分がどのタイプの思考をもっているかを判断するには、以下の点を考慮してください。

左手と関連すること
・直感
・感情
・記憶
・音楽とリズム
・想像力
・芸術性
・創造的衝動
左手は主に脳の右半球に支配されています。右脳は感情と連動しており、空間認識、比喩、解釈などの処理を行います

右手と関連すること
・言語
・科学
・ビジネス
・唯物論
・計算
・分析
・論理と合理性
右手は主に脳の左半球に支配されています。左脳は発話および文章力をつかさどっており、物事の順次処理やデータ整理などの処理を行います

自分の「優勢な側の手」を判断する

　どちらの手が（どちらのタイプのアプローチが）自分をよく表している
かを判断するには、次のテストを試してみてください。これは私の仕事仲
間であるピーター・ウェストも推奨しています（余談ですが、ピーターは
私がこれまで会ったことのある誰よりも、手相分析のあらゆる側面に精通
しています）。

　手を組んで指を絡ませてみてください。次に親指が上になっているほう
の手が下になるよう組み直します。どちらかはしっくりくるが、逆はそう
感じられないでしょう。どちらのほうが違和感がないか、判断してください。
もし左の親指やその他の指が上にきているなら、左手が優勢です。これは
（右利きか左利きかにかかわらず）創造的、直感的、全体論的アプローチ
を取ることを示しています。流動的で表現力豊かに、想像力に富んだやり
方で人生にエネルギーを注ぎたいと考える人ということになります。右の
親指が上にきているなら、右手が優勢です。これは合理的、論理的に、秩
序立ったやり方で、責任をもって管理する形で人生に取り組む必要がある
と考える人であることを示しています。これは必ずしもお金の管理にたけ
ているとか、ビジネスライクなやり方をするということではなく、何か物
事をなす際に、信頼できるやり方として計画性や組織だった秩序を採用す
る人であることを意味します。

　私はこのやり方が、優勢な側の手を判断する最適な方法だろうと考えて
います。たとえ他の要素（指の長さや頭脳線の形など）が符合していなかっ
たとしても、上述したような基本的な情報は、かなり信頼性が高いもので
す。手には常に種々の対立する要素が示されているでしょう。私たちの中
には、2人あるいは3人の「人々」が住んでいるものです。ほとんどの人は、
意識しているにせよ無意識的にせよ、これらの矛盾する要素のバランスを
取ろうと努めつつ、人生を過ごしています。

　私がまだ生徒として手相を学んでいたときには、手のひらの幅を測ると
いう別のやり方も教わりました。左手のほうが大きければ、直感や本能が
行動を支配しており、右手のほうが大きければ、言語や理性が支配してい
るというものです。

また、手相術家のエド・キャンベルが提案した方法もあります。彼は手のひらを下にして、両手を平らな面に置くように言います。親指と人差し指の間の角度が狭いほうが、優勢な側の手であるということです。

　これら3つの方法をすべて自分で試してみてください。手に関する他の要素も考慮する必要がありますし、そちらの影響のほうが大きい可能性もありますが、どれも興味深いテストです。何年か前、私は自分の専門分野の他のプロの人たちを相手に講義をしたことがあります（いつも少しナーバスになってしまいます！）。このとき、ある人物が、「このような志を同じくする人たちの集団でよく表れる手の特徴が1つあれば教えてください」と質問を投げかけてきました。この人はつい先ほど、自分の研究領域に関する講義を、きちんと典拠に基づいて非常に正確に、体系立てて行っていた人でした。私は自分が左の親指が上にくる（右脳タイプの）全体的アプローチを取る方だと考え、ピーターの親指のテストを紹介し、聴講者にもこのテストをやってみてもらうよう言いました。すると、その場にいた右手が優勢な左脳タイプの人は、なんと彼だけだったのです！　これには驚きました。

Some Good News for Left-handers
左利きの方への朗報

　右利きの世界における不吉な推論（不吉を意味する「シニスター（sinister）」は、ラテン語で「左側の」「不運な」の意味）や、困っていても放っておかれるといったことはすべて忘れてください。左利きの人は多才で自立しており、困難な状況にも容易にかつ素早く適応でき、創造性が豊かで人並み以上の成功を収めることができる一部の人たちなのです。左利きの人（アメリカでは「サウスポー」とも呼ばれます）は人口の10〜15％（国によって異なります）ですが、どんな職業であれ、そのトップを見ると、左利きの人が25〜40％を占めています。これはおそらく、右脳に直接結びついている左利きのほうが、その才能をより自然に発揮できるからではないかと思います（とはいえ、優勢な側の手が右手である左利きの人に出会うのは興味深いところです！）。

　イントロダクション

左利きの有名人を挙げるなら、芸術家ではミケランジェロ、レオナルド・ダ・ヴィンチ、ルーベンス、トゥールーズ・ロートレックなどがいます。芸能人では、ウッディ・アレン、フレッド・アステア、デヴィッド・ボウイ、レニー・ブルース、ジョージ・バーンズ、ジェームズ・キャメロン、ジム・キャリー、チャーリー・チャップリン、カート・コバーン、ジョエル・コーエン、ロバート・デ・ニーロ、モーガン・フリーマン、グレタ・ガルボ、ジュディ・ガーランド、ボブ・ゲルドフ、ユリ・ゲラー、ウーピー・ゴールドバーグ、ジミ・ヘンドリックス、ジム・ヘンソン、スパイク・リー、ポール・マッカートニー、ジョージ・マイケル、ジェリー・サインフェルド、ピーター・ウスティノフ、オプラ・ウィンフリー。

　左利きの作家もいます。ハンス・クリスチャン・アンデルセン、ビル・ブライソン、ジャーメイン・グリア、マーク・トウェイン、ハーバート・ジョージ・ウェルズ、J・K・ローリングなどです。

　政治家ではジョージ・ブッシュ（シニア）、ビル・クリントン、バラク・オバマのほか、ベンジャミン・フランクリン、フィデル・カストロ、マハトマ・ガンジー、ジョン・エドガー・フーヴァーなどがそうです。

　スポーツ界にも優秀な成績を収めた左利きの選手が数多くいます。グレッグ・ローガニス、ディエゴ・マラドーナ、マイク・タイソン、ペレ、アーノルド・パーマー、マーク・スピッツ、O・J・シンプソン、テニスではモーリーン・コノリー、ジミー・コナーズ、ゴラン・イワニセヴィッチ、イワン・レンドル、ジョン・マッケンロー、マルチナ・ナブラチロワ、モニカ・セレシュ、ラファエル・ナダル（文字は右手で書いていますが）などです。

　他にも、モーツァルトやベートーヴェンから、歴史上の人物ではアリストテレス、ナポレオン、ジュリアス・シーザー、ホレーショ・ネルソン、ニーチェ、そしてパイオニアであるバズ・オルドリン、ビル・ゲイツ、ヘンリー・フォード、ヘレン・ケラーなど。さらには怪しげなものでは、切り裂きジャックも！（そうであると言われています）。また、アニメ「シンプソンズ」のバート・シンプソンも。

知っていましたか？　双子の場合、片方が左利きである可能性が高いのです。左利きの男の子は女の子の約2倍？　月面を歩いた12人の宇宙飛行士のうち、4人が左利きだった？　マッキントッシュ・コンピューターを設計した5人のうち4人が左利き？　エリザベス2世は左利き、そして息子のチャールズ、孫のウィリアム、そして彼女の父、曾祖父、曾祖母のヴィクトリア女王も左利きだった？世界的に有名なディオンヌ家の5つ子は「一卵性」と分類されていましたが、そのうちの1人、マリーは左利きだった？　また、ミケランジェロのシスティーナ礼拝堂のフレスコ画には、アダムが左手で神から命を授かっている様子が描かれている？

How to Read Both Hands
両手のリーディング方法

　これについては後ほど詳しく説明しますが、まずは簡単な方法を紹介しましょう。まず先に左手を見て、次に右手と比較し、手のひらの形、指紋のパターン、指の位置や長さの違いを確認します。次に、線の違いを入念に見ていきます。左手は、成し遂げたことや自分が見せたいと考えているイメージと関係なく、私たちの内なる本質や目的意識を表しています。

　右手は、他人からどのように見られたいか、世界に何を求めているか、仕事や社会の一員としてどのように活動しているかを表しています。たとえば右手の頭脳線（83ページ、どのように課題に取り組むのか、知性のタイプ）が明確で力強い線なのに、左手のほうは弱々しい（あるいはぼやけて不鮮明）なら、仕事や社会生活においては他者と明確ではっきりしたやり取りができる一方（右手）、プライベートなことになると優柔不断だったりあいまいだったり、また人間関係において心理的なストレスに弱かったりします（左手）。

　もう1つ例を挙げれば、もし左手の運命線（116ページ、仕事と人生の道）が切れている（人生の方向転換、あるいは1つの段階が終わったことを示す）が、右手はそうでなかった場合、この変化が影響するのは、その人の個人的な側面で（左手）、外の世界における活動に影響を与えることはありません。これは個人としての今のあり方が終わることを告げているかも

しれませんが、仕事や社会生活にはほとんど何も影響はないでしょう。し
かし運命線が切れているのが左手ではなく右手であれば、物理的な移動、
転職や、地位（右手）に変化があるかもしれませんが、人生の道筋や日常
の習慣（左手）は途切れることなく継続します。

　多くの場合、すぐに目に飛び込んでくるような左右の手の相違は、ほん
の数カ所です。下に掲載した**手相の写し1**と31ページの**2**では、両方の手、
特に主要な線が非常によく似ていることがわかります。もっとも顕著な相
違が見られるのは、この男性の運命線（中指に向かって上がっている線）
です。左手の運命線は2つに分岐しており、短い線が伸びてきて運命線に

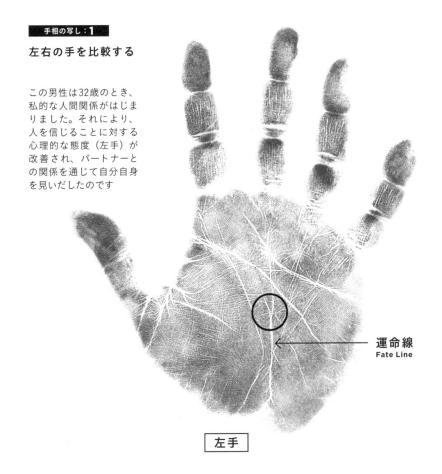

手相の写し：1

左右の手を比較する

この男性は32歳のとき、
私的な人間関係がはじま
りました。それにより、
人を信じることに対する
心理的な態度（左手）が
改善され、パートナーと
の関係を通じて自分自身
を見いだしたのです

運命線
Fate Line

左手

合流しているのに対し、右手の運命線は手のひらの上にはっきりと伸びています。運命線に合流する影響線（インフルエンス・ライン）については、後ほど詳しく説明します（222ページ）。これらの線は、私たちの人生に入ってきて（運命線が示すように）、その道筋を形づくっていく重要な人々を意味しています。

　左手と右手の違いがはっきり出ているのを確認するには、「成功者」と呼ばれる人を考えてみるとよいでしょう。彼らは個人として満たされ、目的意識を感じ、自分が何者であるかを本当に知っているでしょうか（左手）？　あるいは富を積み上げ、称賛を集め、世界に向けて「何か」を成し遂げているでしょうか（右手）。これは、物質的な成功や実績を評価するためではなく、現代の私たちの焦点がいかに偏っているかを観察するためのものです。人格、信条、価値観を確立するための投資は、十分になされていないように思われます。個人の誠実さを育むよりも、ナルシスティックな利権から発した承認欲求を満たそうと求めています。ファッション・デザイナーのココ・シャネルはかつてこのように言いました。「偉い人になろうとしたら、多くの人が離れていくものなのです」

　手のひらの写しを取る際は、それが手のひらを上にして見た際の鏡像のような状態となっていることに注意してください。ただし、ここで例として紹介している写しや本書中でのこの他の写し（主に右手）は反転させているので、読者は実際に人の手を見るのと同じように見ていただくことができます。

自分の手のひらの写しを取る
準備をしましょう

　本書を読み終えたら、あなたはこれまでと同じように手を眺めることはもう決してないでしょう。これは約束です。あなたは、人の性格や感情的ニーズを読み取ることができるようになり、また性的問題、健康上の問題を特定することができるようになります。それゆえ先に進む前に、まずは

パートナーとの関係が、この男性が目標を追求することができるだけの自信を与えました（左手の運命線が分岐し、一方の枝が人差し指に向かっています。これは大きな自信をもったこと、および自己実現の証しです）。この変化には、自分の母国を去って、新たな言語を学ぶことも含まれていました。しかし彼の仕事や日常生活に対する姿勢に変化はありませんでした（右手の運命線は途切れていません）。興味深いことに、彼は転職を計画していましたが、同じ仕事の中でより良い機会を見つけ、そこに留まりました

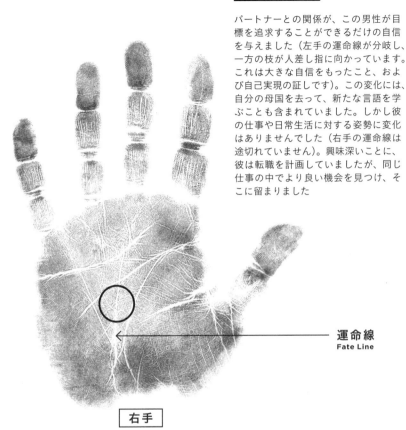

← **運命線**
Fate Line

右手

自分の両手の手相の写しを取ってください（手順については、309ページの付録1を参照してください）。写しを取る練習をしておくことは重要です。この方法からしか見えてこない情報が数多くあるからです。後から参照できる写しを何セットかもつことになるかもしれませんし、手相の写しを集めた自分のライブラリーをつくりはじめてもいいでしょう。

　本書には実際の手相の写しを数多く掲載していますが、自分で写しを取ることをしなくても、手相分析のほとんどの側面を学ぶことは、もちろん可能です。実際、経験を積むには本物の手を見て研究しなければなりません。肌の質感や色、爪、印刷では見えない細かい線などを観察することが

必要です。写しと実物の手の両方を見ることで学んでください。友人や家族の手と手相の写しの両方を研究することで、知識を広げてください。そうすることで、将来クライアントと接するときに自信がもてるようになりますし、自分自身や大切な人のことを理解するのにも役立つでしょう。これらのことをすべてやっていれば、そのうち自分だけのリーディング方法を見つけられるでしょう。

　本書に掲載されている手相の写しをご覧いただくと、鮮明な写しを取るのは必ずしも簡単ではないことがわかるでしょう。手のひらの中央がくぼんでいて、写しを取るのが難しい人もいましたし、非常に多忙な人の手相の写しを大急ぎで取ったこともありました。このような経験から、写しを取る練習をして、可能であれば納得のいくまで何度も写しを取ったほうが良いと私は考えています。

　本書では、手のひらに隠された秘密を直接的に、また実践的に学んでいきます。覚えることが多いといってやる気をそがれないでください。まずは第1章「手のひら探偵」からはじめましょう。興味を引かれたところを読んだり、他のところに移ってみたりしながら、準備ができたらより難しい、複雑な領域を追求していってください。先にも述べましたが、私が初めて手相について教えはじめたとき、生徒たちの取った学習方法の違いに、私は魅了されました。彼らはこの本がない状態で、最初から最後まですべて、シラバスの項目を1つずつ学んでいったのです。手相の複雑な部分を学ぶことを好み、細かい線の方向や意味を丁寧に分析していく生徒もいれば、第一印象からその手相のエッセンスをつかむことを好む生徒もいました。本書はどちらの方法も紹介していますが、「手のひら探偵」の章では、手相の「核心」をつかむ方法を学ぶことの重要性がおわかりいただけるでしょう。そのためには、細部にこだわるのではなく、手全体を見ていくことが最善です。目の前にある手の「感触」をつかむことが大切です。また、ここは直感がもっとも重要な役割を果たすところでもあります。

PALM DETECTIVE

手のひら探偵

FIRST IMPRESSIONS

第一印象

Grasping the Essence of the Hand
「手の本質を見る」

　手相の基本を学ぶのに時間はかかりません。あなたはすぐに有益な観察ができるようになるでしょう。膨大な量の情報を吸収することを考えるとひるんでしまうかもしれませんが、人の手を見たときの第一印象から得た自分の本能的直感を信頼することを学べば、手相に関する重要な要素を徐々に積み上げていくことができるでしょう。さあ、「手のひら探偵」ゲームをはじめましょう。

A Busy or Empty Palm?
「混雑」した手か、「空いている」手相か？

　次の質問を見れば、手の第一印象を正確に把握することがいかに簡単であるかがわかるだろうと思います。

> **Q.** 右のページにある手相の写し、3Aと3B、どちらの手の持ち主が、緊張しやすい神経質な人だと思いますか？　2つの手から受けた全体的な第一印象を教えてください。

　手相の写し3Bの手にある無数の細い線を見てください。これは何を暗示しているのでしょうか？　私には、**3B**の人の手全体に刻まれている繊細な網目模様の線は、精密にチューニングされたアンテナを示唆しているように思えます。この人は、あらゆる種類の感情、雰囲気、シグナルを感知することができます。ダイヤル上のどのチャンネルにもチューニングを合わせることができるのです。その場の空気を鋭敏に察知し、神経質で緊張しやすい気質をもつ人と言えるでしょう。このような人たちを、私はスポンジにたとえます。その性質ゆえ、彼らは**3A**のような「空いている」

手相をもつ人たちよりも、外界から多くのことを吸収するでしょう。どちらかというと感受性が強く、外部からの影響を受けやすい傾向があります。場合によっては、「サイキック・バンパイア」たちから、身を守らなければならないこともあります。皆さんもこのような人に出会ったことがあるでしょう。一見強そうだが弱さやもろさを秘めており、（**3B**の手相の人のような）繊細な魂を食い物にし、彼らのもろさや弱さを利用して、自分の弱点を覆い隠そうとする人。このような人たちを私は「サイキック・バンパイア」と呼んでいます。

　多くの線が刻まれた手は、その人が自分の繊細でもろい部分に常に触れている人であることを示しています。手のひらの線の数が多いほど、自分の（そして他人の）感情をよく認識しており、受容性が高いということになります。彼らは感情を適切に表現したり、自分のために積極的に行動したりすることはできないかもしれませんが（これらの特徴は手の他の部分に表れています）、自分の感情に直接アクセスし、それをはっきりと主張する人もいます。また、人によっては手の線が少ない人よりも複雑な感情をもっているでしょう。

　3Aの手相は比較的「シンプル」な見た目です。この手をもつ人は、ど

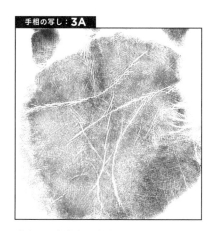

成功した実業家の右手の写しです。彼はクリエイティブな仕事にエネルギーを集中するべく33歳で仕事を辞め、2年後には起業しました

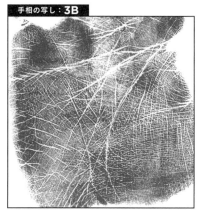

集中力が高く、情熱的で才能にあふれた女性の右手の写しです。彼女は女優、エージェント、広報などの仕事をしてきましたが、ずっとストレスや不安からくる病気に悩まされています

ちらかというと人生に対してストレートで、あまり繊細なアプローチを取る人ではないと推察できます。このような人は、同時に複数のチャンネルにチューニングを合わせることはありません。手のひらの線が少ないということは、エネルギーをわずかな領域のみに集中させる人なので、絶え間なく心配したり神経的な緊張が続いたりする傾向は少なくなります。鈍感

線の少ない手相が示すこと

- 一見したところ、感情的な複雑さや心配事は少ない
- 人生において、生物としての基本的快適さ（日常の食事、飲み物、セックス）を必要とし、それを楽しむ
- 「私は大丈夫」というタフな外見は、内なる心配を覆い隠すためのものであることも多い
- 現実的な感覚をもっているが、白か黒かの判断をくだそうとすることが多い
- 感情を深く掘り下げることを嫌う
- 一般的には身体は丈夫である
- 感情的な状況を遮断することによるストレスがある

「空いている」手相をもっている場合は、他人の感性を理解し、自分の感情のニーズに触れる必要があります。勇気をもって自分の感情を表現していくことで、他人とより有効な関係をつくっていくことができるでしょう。3〜4本の基本線（それといくつかの小さなしるし）しかない場合は、「感情的知性（心の知能指数）」を発達させる必要があります。つまり、自分の感情や周囲の人の感情をもっと認識し、観察することができるようになるということです

クモの巣のごとく細い線がたくさんある手相が示すこと

- 傷つけられたり、批判されたりすることに敏感
- 神経の緊張、神経（感情）のエネルギーが高い
- 不一致や不和を察知するスポンジのようなエネルギー（空気を読むのがうまい）をもつ
- ネガティブな人に弱い
- 感情の起伏が激しく、過敏になりやすい
- 心身症的な傾向がある
- 感情的な危機やドラマチックな局面を必要とする（また、それに巻き込まれることを予期する）

「混雑」した手相をもっている人は、休息を取り、感情的な問題を抱えている人を避けることが必要です。比較的ストレスのない状態を保つことで、身体的なバランスと精神的な健康を保つことができます。多くの線をもつ人は、感情を収めておくことが難しくなることがあり、他人に向かって「あふれさせたい」という衝動にかられて、救われたい思いから共生的な関係を求めます（そして内に抱えた不安を覆い隠した支配的なタイプの人をよく引き寄せます）

のレッテルを貼られることがあるかもしれませんが、それは彼らが深い自己分析や複雑な感情を避けることを好むからです。だからといって感受性が鈍いというわけではありません。ここで重要なのは、どれくらい感情とのつながりをもち、感情への認識があるのかということです。しかし感受性が普通の人と同程度であったとしても、他人のニーズや感情に対しては、それほど敏感でないかもしれません。

　線の多い手をもつ人は、少ない人よりも限界点に近いところにいるように思えるでしょうが、興味深いことに、長期的に見ると線が少ない人よりも大きな回復力をもっています。線が多い人は、感情的な重荷を背負った状態や、よりストレスの多い状況に耐える能力が高いようです。一方で、線の少ない人は非常に負荷の高いプレッシャーを背負うことができますが、それは短期的な重荷の場合のみです。これはスプリンターと長距離走者の違いのようなものです。スプリンターは10秒でゴールするためのパワフルな体格をもっていますが、長距離走者のような細身の体格の人と勝負しても持久力では勝てません。

「混雑」した手相と「空いている」手相については、この領域の手相分析について書かれたものを読みすぎる前に（あるいは結論を急ぐ前に）、基本的な相違点をいくつか覚えておく必要があります。一般的に「混雑」した手相は男性よりも女性に見られる傾向があります。また私たちは皆、右手よりも左手のほうが、線が多い傾向にあります。どちらかというと手のひらの線が少ない人種というのもあります。今日では、どのような違いであれ、相違点について言及することが「Politically Correct（政治的に正しい／公正）」でない、とされるかもしれませんが、手相術家としては、人種的背景が異なると、手相に表れることはどう違うのか、認識しておくことが重要です。そうすることで、特定の背景をもつ人々の間では何が平均的なのか、何が違っているのかを知ることができます（たとえば112ページで紹介する「ますかけ線」は、アジア人には比較的よく見られます）。私たちが手相を解釈する際は常に、「平均的なパターンとの相異」を中心に注目すべきです。

A Matter of Balance

バランスの問題

　本書を読み進め、手相分析という魅力に満ちた研究内容を探求していると、手相のバランスポイントを探すことがしばしば問題となることに気づかれることでしょう。もちろん私たちをユニークな存在たらしめているのも――神経質な人、いらだっている人もいれば、情熱的であったり、魅惑的な存在であったり――まさにこのバランスの悪さです。平均的な手相は、バランスの取れた手相の主要な特徴を見せてはくれますが、それだけでは平凡で平均的な人間像や人生となってしまうでしょう。周りと違っている点、バランスの悪さ、その他の普通ではない側面によってこそ、人間の個性が形づくられ、人生がさまざまな出来事で彩られるのです。たとえば平均よりも線の多い手相、特にはっきり強調された線、複雑だったり、欠けていたりする線、他の指から離れている指、形や大きさの変わった指、手のひら全体の印象に影響を与える補助線の存在。手はこれらの要素を用いて、私たちのもつ特別な点を伝えようとします。これらの要素によって、私たちは人生のある分野には夢中になるけれど、別の分野には無関心になる（あるいはかかわりたいと思わない／かかわれない）といったことが起こります。ドラマチックな人間関係や、恋愛関係で特別な役割を果たすことが人生の大きな部分を占める人もいれば、ワーカホリックで人間関係にはエネルギーを費やさない人もいます。そして手相のある要素が「多すぎる」あるいは「少なすぎる」人は、多くの場合、人生の中でバランスを取ることのできるポイントを見つけようとしたり、性格や人生に欠けている

手の筋肉組織は長期間、何度も行われた身体活動に反応し、手作業や運動によって線が濃くなることがありますが、興味深いことに、通常の手を使用する際に手を握っても、望むままに多くの線が生まれることはありません。また、手のひらの線の多様性や違いも、手の開閉では説明できません。たとえば体を動かくことの多い人の手には線が少ない傾向があり、運動も手作業もしない神経質で心配性の人の手には、細かい線が網目状に入っていることが多いのです。手相の線の数は、肉体的な活動よりも、認知的活動による結果だと言えるでしょう。

要素を努力で補おうとするものなのです。

太い線？　あるいは弱々しい線？

　これまで見てきたように、手のひらの線の数が語るのは、その人の感受性、外部からの影響の受けやすさ、感情的知性です。次に考慮すべき要素は、手のひらの線の深さと明瞭さです。

> **Q.** 以下に示す2つの手相（およびその基本線^{メジャー・ライン}）に対する全体的な印象から、4Aと4B、どちらの人がよりエネルギーが大きく、目的意識や意欲が強いと思いますか？

　基本線については、次セクション（68ページ）で詳しく見ていきます。が、今のところまずは**手相の写し4A**の線の濃さを見てください。手のほかの部分はともかく、この要素からは、**4A**の人が人生を最大限に経験しようという目的意識と決意がわかるのに対し、**4B**の線は弱々しく、エネルギー

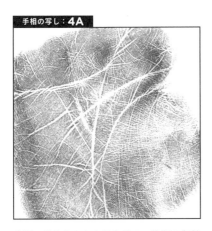

手相の写し：**4A**

自信に満ちあふれた見た目の、進取の気性に富んだ若い男性の右手の写しです。現在は家業の事業を切り盛りしています

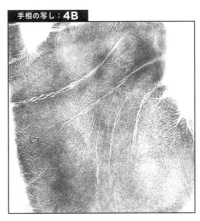

手相の写し：**4B**

自信の欠如に苦しみ、20代で大きな挫折を味わった、頭の良い女性の右手の写しです

や気力が欠けているように思えます。

　繰り返しになりますが、ここで見ているのは1つひとつの線ではなく、全体の印象です。ほとんどの手のひらでは強い、はっきりとした基本線が混在しており、その中でも他の線よりも明らかに弱く柔らかい線もあるものです。それぞれの基本線（生命線、頭脳線、感情線、運命線）を詳細に研究しはじめると、ある線が他の線よりも濃くはっきりしていることに気づかれるでしょう。また、線が途切れていたり、弱々しかったり、あるいは細い線が何本か並んでいることもあるかもしれません。これらはすべて、どこに才能があるのか、あるいは何がその人の「アキレスのかかと（弱点）」になっているのかを知るための手相上の手がかりとなります。メインとなる分析はここからはじまります。どの線が影響を受けているのか？　現在の強みはどこにあるのか？　左手の線のほうが、右手の同じ線よりも

強くはっきりとした線からわかること

- エネルギーと意欲
- 出世や成功への野心
- 頭脳の明晰さ、視野の広さ、特定のニーズへの気づき
- 自発的なアプローチ
- 人生においては自らの裁量で意思決定を行う、エネルギッシュに人生に臨む
- 方向性、健全な自信

現在の人生を生き続け、挑戦、障害、勝利を享受すべきです。心身の健康と幸福、仕事、人間関係に等しく注意を払い、ライフスタイルのバランスを取ろうと努める必要があります

弱く柔らかい線からわかる流れ

- 日常生活をおろそかにする傾向
- 直面する状況に対して、中途半端で無気力な態度
- 失敗への恐れ
- 体質的な問題
- 食生活の乱れや運動不足（特に頭脳線か生命線が弱々しい場合）
- ネガティブな状態、優柔不断、方向性の欠如

手相の線を力強いものにするためには、より闘志を高め、日々の生活を精いっぱい生きようとする勇気をもつ必要があります。もっと社交的になり、人生を楽しむ機会を無駄にしないようにしましょう。自己憐憫に浸ったり、過去の問題にしがみついたりしないように注意しなければなりません

濃くはっきりしている？　どの線（つまり性格や人生のどの部分）に注意を向け、注力したり、サポートしたり、あるいは育成したりすることが必要なのか？

深く刻み込まれた手相の線
これはある若い男性の手です。彼はうつ病を患っており、大学時代を通じて自分の性的指向に悩んでいました

Lines Represent Energy
エネルギーを表す線

　手のひらに描かれた線の形や方向、深さは、その線のもつエネルギーを表しています。

- **生命線**〈ライフ・ライン〉：肉体的エネルギーと情熱
- **頭脳線**〈ヘッド・ライン〉：知的、精神的エネルギー
- **感情線**〈ハート・ライン〉：感情および性的エネルギー
- **運命線**〈フェイト・ライン〉：人生の目的を達成するために傾けているエネルギー

　手のひらの線を川の流れだと想像してみましょう。幅広い、はっきりした線は、川の流れが明確で向かっている先がはっきりしている（目的や意図が明確である）ことを示しています。弱々しい線は、その領域にはあまり気乗りがせず、エネルギーも細々と流れる程度、あるいはそこへ費やすエネルギーが枯渇していることを表しています。線が途切れている場合、

エネルギーの流れが妨げられていることが後になるとわかるでしょう。ここでは、途切れることなく全力で流れることができないか、あるいは基本線の上に障害線（212ページ）が走っていれば、川は障害物の抵抗を受けることになり、その線が表す人生の領域にも同様のことが起こるということになります。

　先ほどの2つの質問でも見てきたように、手相の線は私たちの生命エネルギーの大きさを示しています。手の線が少ないのは、1つだけの電球が強く光っているようなもので、たいへん明るいものの、過熱や爆発を避けるためにその時々でスイッチを切る必要が出てきます。一方、細い線がたくさんあるのは、さまざまなワイヤーでつながれたクリスマスツリーを飾る豆電球のようなものです。これらの電球は、ツリー全体を照らすよう設計されていて、ずっと点滅しています。そして常にいくつか、交換が必要なものが出てきます。太い線は、主電源に直接接続されている、強い光を放つ電球のようなもので、明るく燃えていますが、燃え尽きる可能性があります。弱々しい線は柔らかい光の電球で、接続部分が繊細で、時折ショートしてしまう可能性があります。

　線が少なく、すべて途切れていて、はかない、もろい線ばかりである場合もありますし（今の10代の方の手に多く見られます）、たくさんの太い線が刻まれている手をもつ人に出会うこともあります。重要なのは、どちらの手のどの線が影響しているのかを認識することです。

The Palmist's Law of Relativity
手相術家の相対性理論

　手相のしるしやサインを追跡していく際には、手相術家は「行間を読む」必要があります。その人がどうなるのかを「予測」するよりも、その人がどんな人で、これまでどのような状況にあって、現在はどのような状況なのかを理解しようと努めるほうが、より良い仕事ができます。手のひらに示されていることはすべて、内的要因と外的要因の両方に関連しています。手のひらの小さなしるし（障害線や196ページの上昇線など）に関連した出来事の結果を予測しようとする場合、その人の過去の経験や経歴、年齢、

全般的な性格などを考慮する必要があります。たとえばある線が富の増加を示している場合、それが億万長者にとって意味するところと、仕事もなく、決まった住居もない人にとって意味するところは、まったく異なります。また物質的な豊かさは、物質を重視する人と、お金では動かないタイプの人とでは、その意味することは違ってきます。そして、覚えておいてください。クライアントからのちょっとした情報が、手のサインを解釈するのに役立ちます。遠慮しないでその人の詳細について尋ねてみてください。

　手相リーディングの楽しみの1つは、誰が訪ねてくるかわからないことです。ただ、5時の予約を入れてきた有名人が到着したとき、もしあなたがその手に「ポップスター」や「国会議員」を表すしるしがあることを期待していたら、がっかりすることになるでしょう。詩人のマヤ・アンジェロウは、「私たちには似ていない点よりも、似ている点のほうがたくさんある」と記しています。有名人のクライアントも、他の人たちと同じように、仕事やお金、人間関係について相談に来ます。彼らも私たちと同じように悩み、夢をもち、不安を抱えています。私にも有名人のクライアントが何人も来たことがあるのですが、私はそれに気づきませんでした……それは有名人たちには心安らぐ一時だったようです……数名を除いては！

　時期を予測したり、あるしるしがどのような意味をもち得るのかを理解しようと考えたりする前に、その人の基本的な性格、どのような才能をもっているのか、困難に直面した際にどのように反応するのか、何をモチベーションにしているのかなどについて考えてみましょう。

　その人の性格、欲求、ニーズ、期待は、手全体、特に手の形（指の相対的な長さを含む）、指紋のパターン、手のひらの基本線に見ることができます。たとえばその人は経済的、精神的な安定を求めているでしょうか？　熱心に将来のための基盤づくりをしようとしている？　それとも日々の暮らしを大切に生活したいと考えている？　唯物論的な生き方の人にとっては、親しい人との人間関係が終わりを迎えるよりも仕事を失うほうが大きなトラウマとなるかもしれません。その一方で、お金を稼ぐ目的は単にお金がもたらしてくれる楽しみと自由を得るためだと考えている人もいるでしょう。夫に先立たれた人の場合、夫の死を自分の人生の目的の終焉のように感じる人もいるでしょうし、新しい前向きなはじまりだととらえる人もいるでしょう（「彼が亡くなった今こそ、私には自分の人生が

あるわ！」というこれを、私は少しふざけて「死後の人生」症候群と呼んだりします）。いずれの場合も、出来事そのものの詳細ではなく、その出来事をどのように受け止め、反応したかが手に表れるのです。たとえば向上線（199ページ）は、子どもの誕生を示している場合もありますし、新しいビジネスや、家や家族の制約から離れた新しい生活を示している場合もあります。生命線から薬指に向かって上昇する線（199ページ）は、個人的な事柄（左手）、あるいは仕事・社会的な事柄（右手）の充実を示します。しかしこれはその人の性格やニーズに左右されるもので、その意味するところは、幸せな人間関係から富の増加、あるいはクリエイティブなベンチャー企業から高い評価を得るなど、何にでもなり得ます。そしてもちろん、このように手相が示す難しさを経験することがあるのは、私たちが自らこの手のしるしが示す課題に向き合おうとするときです。

　つまり手相について研究する際には、ある特定のしるしや構成がその人の基本的なニーズやモチベーションといかに適合するかを考えることが不可欠となります。

The Two-Fold Nature of Markings
手のしるしの二面性

　線やしるしは、性格的な特徴や反応を表しますが、その性格的な特徴を強く刺激する出来事を表すこともあります。これが、私が学生たちといつも話している「二面性の法則」です。たとえば頭脳線上に島紋（200ページ）があることに気づくことで、その人がストレスの影響を受けやすいのではと見当をつけられるだけでなく、第2章の「出来事の時期判断」（178ページ）を読めば、その特徴がもっとも顕著に表れる時期（＝もっともストレスを感じる時期）はいつだったのか、あるいは今後いつになるのかを見極めることができます。

THE 4-STEP GUIDE TO BECOMING A PALM DETECTIVE

手のひら探偵になるための4つのステップ

　手の時期判断法、さまざまな星紋（285ページ）、十字紋（233ページ）、格子紋（つまり「手の占い」）の解釈は手相術の中でももっともおもしろい部分であり、初心者は一刻も早くマスターしたいと思うものです。私ももちろんそうでした。多くの古い手相本では、これらの魅力的なしるしと、非常に想像力に富んだ（そして時には恐ろしい）解釈であふれています。しかしその前に、手の形やその他の主要な要素から、その人の性格を理解することが大切です。性格を正確に判断し、それを基に他のすべての観察を行うためには、51ページの**手相の写し6**および以下のセクションで説明されているように、手相分析の基本となる知識を蓄積する必要があります。

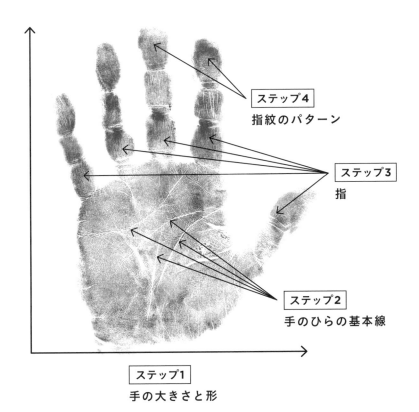

ステップ4
指紋のパターン

ステップ3
指

ステップ2
手のひらの基本線

ステップ1
手の大きさと形

STEP 1: THE SIZE AND SHAPE OF THE HAND
ステップ1：手の大きさと形

Our Personal Approach and Basic Motivation
その人のアプローチと
基本的なモチベーション

　手の大きさや形は、私たちの人生に対する基本的な考え方や、基本的な原動力を反映しています。このセクションでは、手の大きさ、手のひらの形（正方形か長方形か）、指の長さ、手の形と四大元素（エレメント）との関係、そして最後に手のひらの「丘」について考えていきましょう。

Large, Small or Average Hands?
あなたの手は大きい？
小さい？　それとも平均的な大きさ？

　手から性格を判断するにあたって最初の重要なポイントは、体の他の部分との比較から手の大きさを判断することです。身長や体格も考慮する必要はあるのですが、簡単に手の大きさを推定する方法としては、顔の長さと比較してみることです。平均的な手の大きさは、あごから額の上までの長さです（鼻に合わせて手のひらを曲げないようにしてください。また、特に面長の顔立ちであれば、それを考慮して判断してください）。

　この身体との比率による手の大きさからわかるのは、人生や仕事に対する私たちのスタイル、やり方、技術、アプローチなどの情報です。手の大きさは、体格全体と比較して「平均」サイズであることが多いので、実際の相談の際にはほとんどの場合、これから説明する2つのセクションの内容は見過ごされることが多いのです。しかしあなたの同僚や従業員、恋人や仕事仲間などの手が不釣り合いに大きい（あるいは小さい）といったことがあれば、彼らと接するときにこの知識は大きな利点となるでしょう。たとえば誰かを不適任な地位に就かせてしまったことで長年解決しなかった問題が、その人が小さい（あるいは大きい）手をもっていたことがわか

れば、解消されるといったこともあります。このセクションでは、組織内においてその人の才能がどこにあるのか、また人生のどの領域にもっとも適性があるのかを把握しましょう。

　最初にこの本を書きはじめたときから、すべての手を一概に体格によって分類してよいものか、私は疑問に思っていました。小柄な人の手は（体格に比べて異常に大きいというのでない限り）だいたいは小さく、大柄な人の手は（著しく小さいのでない限り）だいたいは大きいとみなされるものなのです。ご自分でも実際に試してみてください。手が大きいか小さいかの影響を評価する際には、頭脳線の長さ（どのように情報を処理して取り入れるのか。詳細は85ページ）と、指の長さ（アイデアを実行するためのその人のやり方。詳細は52ページ）を考慮してください。

Large Hands
大きい手

　大きな手をもつ人というと、大規模なプロジェクトを引き受けるような人物や、権威的な雰囲気をもっていて周囲に対する支配力があるような人を思い浮かべられるかもしれません（背の高い人が指導的立場に就く可能性が高いことは周知の通りです）。また手が大きい人は手先が不器用なのではないかと思われがちです。ところが予想に反して、小さな仕事を好み、細かい作業を得意とする人は、大きな手の方によく見られるのです。また大きな手をもつ人のほうが、手の小さい人よりも手先が器用な傾向にあるようです。手の大きい人は、一般的に書く文字が小さく、非常にきちんとしており、細かい部分に集中することを好みます（これに加えて指が平均よりも長い場合、潔癖なまでに細かいところにこだわる性質である可能性があります）。また一般的に反応や行動がゆっくりしており、他の人なら何カ月も前に放り出してしまうような企画や持論でも、長年温めて、際限なく取り組むことのできる完璧主義者です。ジグソーパズル、手の込んだ裁縫、置物の像の絵付けといった複雑で献身と集中力を必要とする作業は、この人たちにとっては魅力的なものと映ります。仕事をきちんとこなしたいと考えるので、愛着をもって取り組める仕事を見つけることを目指すと

よいでしょう。

　興味深いことに、この人たちは権威のある地位を求めたり、その中で成功したりしようとはあまり考えません。これは多くの場合、彼らが刺激と危険に満ちた人生にそれほど興味がない、あるいは大局的な社会全体の動きなどにそれほど関心をもっていないことが原因です。たいていの場合、大規模な活動やプロジェクトを組織するとなると途方に暮れてしまうことが多く、ビジネスや産業の基盤となる小さなタスクや手作業のほうに適性をもちます（精密性と器用さが求められる外科医もこの範疇<ruby>範疇<rt>はんちゅう</rt></ruby>に入ります）。大きな手をもつ人たちは、大きな決断をくだす、リスクを承知で思い切ってやってみる、多くの仕事を同時にやりくりするといったことは避けたいと考えます。この人たちは、アイデアを練り、計画を実行し、プロジェクトを最後まできちんと仕上げて、すべてがあるべきところに収まり、スムーズに進行するように努めることに時間を費やしたいと考えます。時には全体像を把握することで、人生や仕事の計画に安心感を得ることもあるでしょう。しかしこの人たちにとって成功および幸福の鍵となるのは、見落としやすい細かい重要な注意事項や細則、微調整、計画の立案に集中し、技術を磨いてきめ細かく精密な仕事ができるようになることです。歳を取ったら、自分の好きな趣味を自分の時間で楽しむことができる創造的な時期が来ると楽しみにしています。

　恋愛においては、大きな手をもつ人たちは非常に気配り上手で、思いやりも忍耐力もありますが、過度に批判的にならないようにする必要があります。彼らは非常に注意深く周りの人を観察することを好みますが、それに驚いてはいけません。この人たちは強い絆や関係性を構築するためにさいな部分を重視しますが、物事によっては少し理解に時間を要することもあります。指と頭脳線が長い場合は、物事を正確に進めるために手間をかけるきちょうめんな完璧主義者です。

Small Hands
小さい手

　手が小さい人は仕事が速く、頭の回転も速い人がほとんどです（特に指

が短い場合)。この人たちは毎日絶え間なく降りかかってくる難題をこなし、刺激的な環境、締め切り、忙しいライフスタイルを生きがいとします。大胆で、場合によってはドラマチックな、または堂々とした、「私に注目してください」と叫んでいるかのような文字を書きます。

この人たちは、起業家になり、スピーディーにお金を稼ぐ潜在力をもちます。また、着想を得て素早く決断をくだすこともできます(特に頭脳線が長すぎない場合)。新しいアイデアに飛びついて(あるいは自ら先駆的に開発して)、仕事を体系的にまとめますが、その後の微調整が必要な事項は、(分別のある人ならば)手の大きい人に任せるべきでしょう。さまざまな状況に対処することができるだけでなく、人、問題、期限などのやりくりに優れた能力を発揮します。プロジェクトの結果がどうなるかを見抜く才覚をもちますが、単調で骨の折れる仕事には他の人の助けが必要で、それがないと仕事がずさんになる、あるいはプロジェクトを完遂することができなくなるでしょう。大規模なプロジェクトやアイデアを指揮したり管理したりすることを得意とし、より困難な状況を克服するために新しい分野に進出し、(指と頭脳線も同じことを示せば)直感に基づいてチャンスをつかむこともあります。この人たちは全体像をつかみ、将来のトレンドを見通す能力はありますが、細部を軽視し、細かい重要事項や細則などを見落としてしまうのが弱点です。手の小さい人のほとんどは、拡大する機会があまりない仕事に就くと喪失感を味わい、何よりも退屈だと感じてくるでしょう。お役所仕事、細かい作業、分析などに追われると、興味を失ってしまいます。前進し、出世の階段を上るためには、この人たちには刺激が必要です。それができないのであれば、進んで他人に投資を求め、自分で自分のはしごをかけるでしょう。

とはいえ、小さい手の人たちにも休息期間は必要です。疲労困憊するようなペースを自分に課しているわけですから、働きづめでは健康に悪影響が出る可能性があります。体が小さいほど、回復のための睡眠が必要になるという興味深い事実がありますが、これは手の小さい人にも当てはまるでしょう。

恋愛においては、頭が切れ、機知に富んだ受け答えができることが前提条件なので、ペースのゆっくりとした大きい手の人たちを置き去りにしてしまう可能性があります。短気がこの人たちの特徴であり、周りに対して

「遅すぎる！」と感じると、いらだつ傾向があります。手の小さい人たちは、何にしてもさっさとずばり要点を述べますが、特に恋愛においてはその傾向が顕著になります。

正方形の手のひらか、 長方形の手のひらか

　手のひらの幅がもっとも広い部分（小指の下の感情線のあたり）から、親指と手のひらが接する肉厚の部分までの幅を測ります。次に、薬指の付け根のしわから手首の手のひらの付け根までの長さを測ります。縦の長さが横幅よりもかなり長いようなら、あなたの手のひらは長方形です。もし縦横の長さが同じような寸法であれば、正方形の手のひらとなります。この分類と、それに続く四大元素の体系は、私たちの基本的な欲求、意欲、ニーズを明らかにしてくれます。

　正方形の手のひらは現実的な性質を、長方形の手のひらは直感的なアプローチを行う人であることを示します。時折、左右でそれぞれ異なる形の手のひらをもっている人もいます。これはその人が公の場で見せる姿と、プライベートなときの本当の姿とが大きく違っていることを物語っています。このような例に遭遇した場合は、どちらの手がどちらの形をしているかを見て、左右の手に関するあなたの知識を当てはめてみましょう。私の経験では、左右で大きく異なる手をもっている人（基本線と各指の長さの違いも確認してください）というのは、両親のそれぞれが正反対の期待をもっていたり、子どもの育て方が正反対であったりするようです。

現実的な（正方形）手のひら

　正方形の手のひらをもつ人のもっとも重要な特徴は、平凡で物質的なものを扱うことに心地よさを感じるところであり、現実的かつ生産的な方法で人生に取り組みたいと考えます。この現実性は、実際にそうだというよ

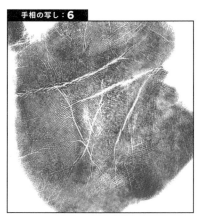

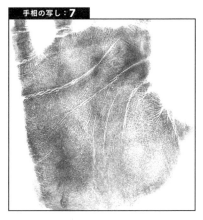

非常に強い霊感をもつ、債権回収代行業者の女性の正方形の手のひら

直感的かつ繊細な人身傷害事件を扱う弁護士の長方形の手のひら

りも願望に近いかもしれません（自然に実際的に行動できるかどうかは、頭脳線を見るとわかります。詳細は83ページ）。しかしいずれにしても、自分たちが得するシステムや原則で生き、社会や周りの人と協調し、秩序立ったやり方で人生を過ごしたいというのは、正方形の手のひらをもつ人にとって最優先事項です。物事を釣り合いの取れた、正しい形に保つことが、この人たちの主要な原動力です。安定性や安全、所有権といった問題で頭がいっぱいになっているな、と自分でも気づくことはないでしょうか。これが自分にとってもっともコントロールが効いているなと思えるところでありタイミングです。指が短い場合は、現実的で「今、ここ」に関心がある人であることを表し、指が長い場合は合理的かつ分析的な人であることを示します。

直感的な（長方形）手のひら

　正方形の手のひらをもつ人の主な原動力が日常生活における秩序、生産性、管理であるのに対し、長方形の手のひらをもつ人たちは、現実的かつ規則的に、きちんと日常生活を送ろうと求めることは少なめです。直感に

基づいて決定をくだし、事実や数字の核心となることは避けて通りたいと考えます。正方形の手のひらをもつ人は、事実や過去の実績を見て評価したうえで判断をくだしますが、長方形の手のひらをもつ人は、本能に頼ったほうが良い選択ができます（長方形の手のひらで、頭脳線が直線の人は、自分の才能を商業的に売り込もうという本能を示し、曲線の頭脳線をもつ人は、金銭的な報酬を求めることなく創造的追求や芸術的な趣味に没頭することを示しています。詳細は93ページ）。 この人たちは予感や虫の知らせを感じる力があり、また他人の意見や感情に対する受容力は普通以上に高いでしょう。この特質により、共感力のある友人やパートナーとなるのですが、周りの環境に左右されすぎないようにする必要があります。周りの人は、この人たちが現実的なやり方で自分を守ってくれると期待してはいけません（この人たちは、インスピレーションや直感に従うことを他の人にも勧めたいと考えています）。不愉快なことや攻撃的なこと、人生の大変な側面は避けようと頑張る人もいます。長方形の手のひらをもつ人たちは、他人の可能性や人生の美しさを見いだし、人を鼓舞する創造的な人間ともなり得ますが、自分の行動に対する根拠や説明責任がなければ、自分を取り巻く世界をただ無謀にバラ色の世界に見ているだけの人となる危険性もあります。

Long or Short Fingers?
指は長い？それとも短い？

　指の長さを測る伝統的な方法は、手を開いて（手の甲ではなく）手のひらを見るやり方です。中指の長さを測り、手のひらの長さの約8分の7以上であれば、指は長いと判断できます。時折、中指が左右の指に比べて短く見えることがあるでしょう。このような場合は、中指の長さが手のひらの8分の6以上あれば、すべての指が長い指であると判断できます。しかしこれだと不明確で目がだまされる可能性があるので（特に指の間に大きく「水かき」がある場合）、私は自分の生徒には、手の甲を見て、中央の指の付け根の関節から中指の先までを測るよう勧めています。そして手のひらの長さ（中指の付け根から手首まで）を測ります。これで一通りの測

定値が得られ、さらに多くのことが明らかになります。中指が手のひらよりも長ければ、長い指であるということになります。

　指の長さは頭脳線の観察から得られる情報にさらなる情報を追加してくれます（これについては後ほど詳しく紹介します）。頭脳線は私たちがどのように考え、その考えを発展させ、処理しているのかを明らかにしてくれます。そして指の長さ（手のひらとの関係）は、この情報をどのように伝達し、各指が支配する領域でどのようにタスクを実行しているかを明らかにします。ある意味、私たちの指は、頭脳線が私たちに明確に伝えてほしいことを体現して示しているのです。頭脳線と指の長さの両方が、私たちの知性面での器用さの程度および才能の範囲を決定しているのですが、これは頭脳線が作曲した音符を解釈し、演奏するのが指の長さであると考えてください。それゆえ、必ずこの双方を評価することが重要となります。

長い指

　長い指をもつ人は、問題の核心に迫るべく情報を分析することが好きなタイプの人によく見られます。彼らは、仕事においては優れた研究者、戦術家、探偵になりますが、プライベートでは批判的で、細かいことにうるさい、あら探しをするような人間になりがちです。細かいことが気になる性質のせいで、他の人に間違っているところがあれば指摘しなければと思い、人をイラつかせることになるのですが、編集の仕事や分析が必要となる仕事が与えられた場合は、職業上、非常に有益な特性となります。指の長い人たちの衛生意識は非常に高く、自分の世界を整然と保ちたいと望みます。いざ問題に取り組むときに役立つよう、長い時間をかけてリストのさらにリストまでつくることも苦になりません（この人たちの現在の精神状態を把握したければ、自宅や職場の机をチェックするとよいでしょう）。

　指が長く、さらに頭脳線も長い人は、物事を手っ取り早く説明する方法を知りません。もしこの人たちに時間を尋ねたりした日には、時計の製造方法を説明することから話がはじまる可能性もあります。周りからすると、彼らは細かいことにうるさいまでにこだわるうっとうしい人に思えることもありますが、批判的で物事を徹底するからこそ、機略に優れ、有能であ

るのです。長い指をもつ人は、（その頭脳線によって構築された）考えやアイデアを時間をかけて、丁寧に細心の配慮で表現します。彼らは洗練された思想家であり、計画立案者です。調査された結果を分析することを好みます。もし手のひらの形が正方形（「風」の手。詳細は60ページ）なら、創造的なアイデアの分析を行う人です。手のひらの形が長方形（「水」の手。詳細は61ページ）の場合は、本能や感情を常に分析しています。指の付け根および指関節が平らである場合は、いつどのようにして自分の主張をするか、その勘どころがわかる人です。もしこれらの関節が盛り上がっているようなら、情報を延々と検討して、なかなか自分の主張を通すことができない可能性があります。

　理想的には、長い指には頭脳線も長いほうが調和しています。頭脳線が短いと、単純なアイデアを明確に表現できない、あるいは状況を必要以上に複雑にしてしまうといった傾向になります。逆に良い面としては、アイデアを深く掘り下げることができる、または自分の専門分野をさらに深めることができるとも言えます。

短い指

　指の短い人は、指が長い人のような専門家になるタイプではありませんが、実情や真相を素早く理解し、騒がず粛々と行動することができます。彼らは物事を率直に語ります。耳あたり良く聞こえるよう、頭脳線で「加工」するのに時間を費やすようなことはありません。ある事実について言及したり伝えたりするときは、幾分大ざっぱでいい加減なところがあり、細かい点をポロッと見落とすことがあります。状況を把握するのは早いのですが、結論を急いで微妙な点を見逃してしまうことがあります。状況の本質や「感触」をさっとつかむことができるので、緊急性の高い問題を解決する、あるいはお役所仕事をさっさと片づけることを得意とします。しかし重要な契約書の細則の確認は、他の人に任せるべきでしょう。指がかなり短い場合は、その人が率直で、遠慮なくずけずけものを言うタイプの人であることを表しますが、これは外交的な長い指の人を怒らせてしまう可能性もあります。また、長期的な影響を気にすることなくぐいぐい自分

の道を進んでいくので、社会的儀礼が身に着いていない人だと見下される
こともあるでしょう。頭脳線が短い人は、取扱説明書を熟読することを嫌
い、対象の本質を把握してさっさと取り組み、結果を出したいと考えます。
この人たちは大量の情報はもたずに行動します。そして忍耐力がありませ
ん。頭脳線が長い人の場合は、問題について考察し、さまざまな方法を分
析するかもしれませんが、衝動的に自分の考えを述べるのが彼らのやり方
であり、自分自身を正当に評価できていないこともあります。それは考え
抜かれた戦略を立案できたのに、実行する段になると正確性を欠いてしま
う人と同じです。

組み合わせ その1：指の長さと頭脳線
頭脳線を見て、手のバランスを確認してみましょう（83ページ）。すでに述べた
ように、長い指には長い頭脳線、短い指には短い頭脳線の組み合わせが理想的
です。この2つの要素が合致していれば、思考から行動へ自然に移行します。こ
れはある楽器のために作曲された楽曲を、その本来の楽器で演奏するのと似て
います。バランスが取れていないと、神経質になる傾向が見られることがよく
あります。この「不均衡」が人を成功に押し上げることも非常によくあるので
すが、その代償は何でしょうか。このような人は、極端な反応を示す、あるい
は自己破壊行動や自虐的行為がないか、注意しておくことが重要です。

手のひらの形＋指

　基本的な手のひらの形（正方形／長方形）は、指が自分を表現するた
めの発射台だと考えてください。手のひらは基本となる土台であり、手（お
よび性格）の中のより物理的な側面を表します。正方形の手のひらは、長
方形よりも弾性と回復力に富んだ、しっかりした土台となります。より繊
細で、ぐっと長く伸びている指は、私たちの知性や表現力、文明的な側面
を表します。

- 長方形の手のひら＋短い指（火）は、新しいプロジェクトを素早くはじ
めますが、そのインスピレーションを支えるしっかりとした基盤が必要

です

- 正方形の手のひら＋短い指（地）は、しっかりとした基盤を築くことを目指す現実的な人です。しかし感情的な欲求や自分を表現することの大切さを見失ってはいけません
- 正方形の手のひら＋長い指（風）は、成し遂げるべきことを多くもつ、システマティックで論理的な人です。しかし直感的側面から、自分自身を切り離さないようにする必要があります
- 長方形の手のひら＋長い指（水）は、夢想家です。その願望を具体的な結果に結びつける方法を見つけなければなりません

The Four Elements: Fire, Earth, Air and Water
四大元素（エレメント）：火、地、風、水

　近年、手相術家の多くは四大元素を取り入れたシステムを使用しています。これは占星術家でもあり手相術家でもあったフレッド・ゲティングスが1960年代に4つのエレメント（火、地、風、水）を関連させて考案したものです。1つのエレメントに収まらないハイブリッド型のために、第5のタイプ（「混合型」あるいは「未定型」）を加える手相術家もいます。

　手の形のエレメントは、私たちの原動力となっていること、動機、熱意などがどこにあるのかをはっきりと示してくれます。これは私たちの人生の物語の最初の章であり、基本的な気質や感情的なニーズを明らかにする序章でもあります。基本的な手の形のエレメントがわかれば、その人の本質を理解することができます。その人は金銭的な報酬を求めているのでしょうか？　感情面でのニーズや知的追求が動機となっているのでしょうか？

　しかし、手相分析を勉強中の手相術家たちの多くは、エレメントの判定に苦労しています。残念ながら、ほとんどの手は純粋に1つのエレメントタイプに収まらず、分類が厄介なのです。自分の星座のエレメント（たとえば水瓶座なら「風」となります）を知っていても、手の形のエレメントを示す信頼できる指標とはなりません。また、手の形は簡単に判断できても、手のひらの線が予想と違うこともあります。たとえば「地」の形の手（正

方形の手のひら＋短い指。詳細は59ページ）をもつ人は、深く刻み込まれた基本線が数本しかないのではないかと考えるかもしれませんが、「地」の形の手に水の要素的な細い線があるといったこともあります（これは感受性や受容力の高さを示唆します）。それゆえ私たちには以下の２つのやり方があります。

- 手の基本形を分類して、その後手のひらの線がそれを支持／強化しているのか、対立／減じているのかを確認する方法
- 単純にこのシステムに適合しないタイプの手は、分類（そして解釈）しないでおく方法

　私としては、手の形を理解することは、その人の基本となる原動力や動機を知る一歩ではあったとしても、すべてを１つのカテゴリーにきれいに当てはめようとはしないほうがよいだろうと考えています（残念ながら、手相占いには正確な「公式」があるわけではありません。特に「風」の手をもつ人にそれが言えます。どの手も新しいことを教えてくれますし、新たな組み合わせやバリエーションができていくことも珍しくありません。結局のところ、すべては統合された結果なのです）。４つのエレメントを主要となるパーソナルタイプとして理解するのは、その人の性格を理解するうえで良い基礎となりますが、４つのタイプに簡単に当てはまらない場合は、手の形の意味にあまり頼ろうとしないでください。手相分析においては、何が目立った点か、何が標準とは異なるかに常に注目することが必要となります。

「火」の手
The Fire Hand

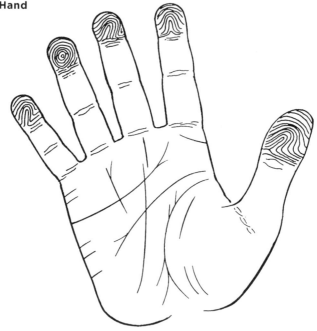

特徴

・長方形の手のひら
・指が短く、普通は指同士が離れている
・深い、赤みを帯びたたくさんの線
・渦巻き状や、突起があるアーチ状の指紋パターンが多い

人間関係や仕事における原動力および性格的特徴

・冒険的、情熱的、自発的、熱狂的、衝動的、大胆
・自己の利益のために自分の意志で行動する人、ワーカホリック
・挑戦、締め切り、リスクのある活動的で刺激的な生活を求める。退屈への耐性限界値が低く、型通りの仕事や繰り返し作業を嫌う
・自己宣伝力、人を操って悪事をさせる能力、詐欺師、エージェント、先駆者、目立ちたがり屋、エンターテイナー
・周りの人をうまく従わせ、同僚よりも高い評価を得ることができる、強さを誇示する政治人間、問題を最後まで残す、あるいは他人の仕事を自分の手柄にする
・肉体的な愛の行為から安心感を得ることが必要
・すぐ怒るが、すぐに許す

図2

「地」の手
The Earth Hand

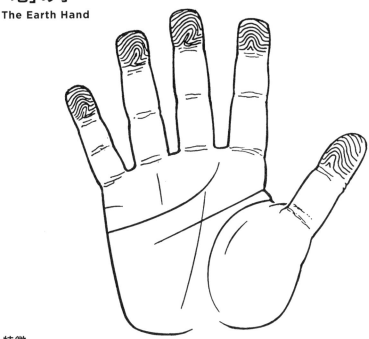

特徴

- 正方形の手のひら
- 短い指、通常は揃えられている
- 線の数は少なく、太く深い線
- 指先は短いか四角い、あるいは平べったい形
- アーチ型でループ状の指紋
- 皮膚小稜の模様がはっきりしている

人間関係や仕事における原動力および性格的特徴

- 実際的、保守的、信頼できる、堅実、生産的、私的
- 安全性、有用性、目に見える結果などを動機として行動する。自分のことは自分でする 世界をより良い場所にしたいと考える
- 現実的に達成された仕事からよろこびを感じる、堅実で協力的な仕事人
- 日常の習慣、収入、締め切りなどに規則性を求める
- 建設業、職人、ビジネスマン、庭師、農業。田舎を好む。料理。スポーツマン
- 自分を身体で表現することのできる、心の温かいパートナーを必要とする

図3

「風」の手
The Air Hand

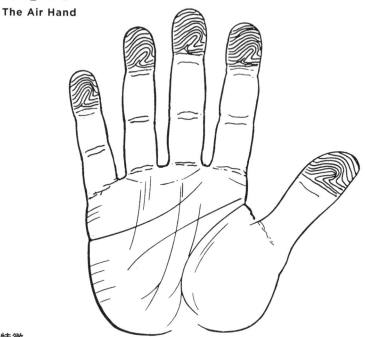

特徴

・正方形の手のひらだが、「地」の手よりも厚みは少ない
・指が長く、普通は指同士が離れている
・強い明確な線
・指先の形は平べったい、あるいは丸い
・指紋のパターンはさまざまだが、ループ状またはループ・アーチ状が多い
・「クリエイティブ・カーブ」(138ページ) が見られる場合もある

人間関係や仕事における原動力および性格的特徴

・表現力豊か、好奇心旺盛、ウィットに富む、社交的、質問好き、快活、多才、神経過敏
・金銭的な報酬よりも、コンセプト、アイデア、交流、議論、新しいことを学ぶなどのことが動機となる。人生を分類したり、公式に変換しようとしたりはすべきではない
・変化、旅行、自由、定期的な変化など、刺激的な生活を求める
・インターネット、電話、メディアなどあらゆる手段でコミュニケーションを取る
・人と一緒に仕事をして、アイデアを交換したり、人脈をつくったりすることを必要とする
・飽くことなく旅行や会話を楽しめる知的なパートナーを求める

「水」の手
The Water Hand

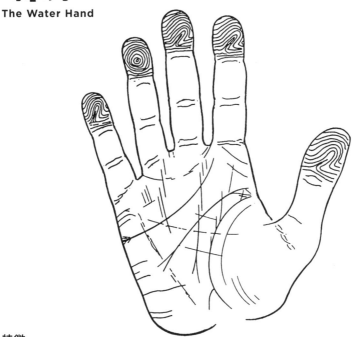

特徴

- 長方形の手のひら
- 指が長く、通常は揃えられている
- クモの巣のごとく細い線
- とがった指先
- ループ状の指紋が多い。指先のほうに寄っていることもある

人間関係や仕事における原動力および性格的特徴

- 敏感、芸術的、感情的、受容力が高い、思いやりがある、気分屋、感受性が強い、依存的
- エゴや外的な報酬では動かない。他者からの感情的な反応を求める
- 調和、平和、満足を求める。ドラマチックな状況や危機を経験することが多く、生死にかかわる問題が人生に影響を与える
- カウンセラー、セラピスト、介護士など、知覚と社会意識にかかわる仕事。競争の激しい環境は避けるべき
- 仕事の場合と同様に、人に奉仕する、助ける、あるいは人を癒やすことが必要
- 伝統や家庭を大切にする心優しく敏感に反応できるパートナーを求める

手のひらの「丘」

　各指の下と手のひらの膨らんだ部分を「丘^{マウント}」といいます。丘（その大き
さや位置）については、古い手相の本では大きく取り上げられていますが、
私が手相分析をするうえでは、それほど重要であるとは考えていません。
しかし親指以外の4本の指の下の丘は、それぞれの指の属性を共有してお
り（指の属性一覧は127ページに記載しています）、これは基本線（また
は基本線から出ている支線^{ブランチ・ライン}）がその丘ではじまっている、あるいは終わっ
ていることによる影響を評価する際に重要となります。ここでは、対象と
なる線が丘のもつ性質を帯びることになります。たとえば頭脳線（考え方
や論理的思考力）が人差し指の下の丘からはじまっているとすると、自己
表現方法が権威的であったり、野心的であったり、あるいは傲慢^{ごうまん}な感じと
なる可能性があります。また、自分の考えに自信のある、非常に説得力の
ある人を示唆しているかもしれません。このような人はだいたい、高い理
想をもっています（これらはいずれも人差し指に関連する特徴です）。も
う1つ例を挙げるなら、「太陽丘」（つまり薬指の下の膨らみ）で終わって
いる線は、内面的な満足感、創造性、成功を示しています。

　また、丘の上に星紋（285ページ）、三角紋^{トライアングル}（263ページ）、十字紋（233
ページ）といった「占い」的しるしがあるかも注意してください。現代で
はこれらを無視する手相術家もいますが、私の経験では、これらのしるし
は解釈する上で常に興味深いものです。

　大きさの上で注意すべき3つの丘は、右ページの「月丘」「第一火星丘」
「金星丘」です。

手のひらの丘

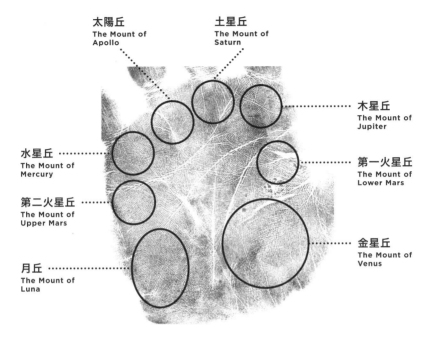

太陽丘
The Mount of
Apollo

土星丘
The Mount of
Saturn

木星丘
The Mount of
Jupiter

水星丘
The Mount of
Mercury

第一火星丘
The Mount of
Lower Mars

第二火星丘
The Mount of
Upper Mars

金星丘
The Mount of
Venus

月丘
The Mount of
Luna

月丘

　ここにあるのは、想像力、過去の記憶、霊的直観、神秘的なファンタジーの世界の領域です。手相術家のロリー・リード氏によれば、月丘は「私たちの潜在意識下に横たわる印象や無意識の原動力、本能や想像力」をつかさどっています。丘が大きい（つまり膨らみが大きい）場合は、創造的本能が力強く、過去や未来に対する感受性や受容性も高いことを表します。月丘は占星術の月に基づく主題と関係しています。世間（世の中の状況を感じ取っているか否か）、記憶（「記憶のループ」はここに表れます。詳細は157ページ）、母親（「母権制線」はここに表れます。詳細は254ページ）、海と長い航海（「旅行線」を見つけられるとすればここです。詳細は279ペー

63

ジ）などです。この丘がピンク色であるときは、並の人たちより多くの直
感的な体験をし、心霊現象を探求する機会に恵まれます。ただしこれは頭
脳線がこの丘を横切っている場合のみです。膨らんだ月丘、記憶のループ、
月丘を横切るカーブした頭脳線が彩る個性や性格は、想像力、音楽性、神
秘主義、印象の強さ、感受性、逃避主義といった特徴です。

火星丘

　この丘が肉厚である場合、あるいは頭脳線がここからはじまっている場
合、第一火星丘が示唆しているのは、肉体的／物理的に（生命線）、ある
いは言葉のうえで（頭脳線）戦うことをいとわず恐れない、挑発的、好戦
的な人物です。この人たちは攻撃が最大の防御であると考えます。彼らは
敵意を向けられることを期待しており、またそれが裏切られることはめっ
たにありません。よく言えば、繁栄し、生き延びようとする意志と闘争心
を示しているということになります。衝動的に、あるいは性急に世の中に
出ていきたいと熱意をもつこともありますが、失望したときは子どもじみ
た反応から残忍さまでさまざまな反応を示します。彼らが疎外感を覚える
ことがあるとすれば、それはたいてい自分自身の行動の結果によるもので
す。手の反対側、月丘には第二火星丘があります。1001個のアイデアをもっ
て、大きなエネルギーと熱意を自分のプロジェクトに注いだ人の手では、
この丘が膨らんでいました。

金星丘

　金星丘は人間関係におけるエネルギーと身体的な温かさの度合いを示
しています。手首を上げ、手のひらを外側に90度曲げたとき、金星丘が
どれくらい膨らんでいるか、またどれくらい手のひらに広がっているかを
確認してください。金星丘が膨らむ、あるいははっきりと形を表す、また
は突き出てきたら、温かく活力があり、人生への意欲（飲食やセックスを
含む）が高いことを表しています。金星丘が大きく目立つ人は、愛情や共

感をたくさん与え、同じくらいお返しがあることが期待できます。この部分の赤みが強い場合は、情熱的です。また最初の恋が花開くと、金星丘も膨らんできます。この丘が狭い（生命線が十分に伸びていないことからわかるように）、あるいは平らな場合は、人生においてもっと多くのエネルギーと温かさを育む必要があります（ただこれらを与えてくれる誰かを探すのではなく）。金星丘が盛り上がっている、あるいは手のひらに（少なくとも中指の中心の下くらいまで）拡がっていると、性格が金星丘の特徴に大きく支配され、人生を謳歌する性質、情熱、官能、過剰な耽溺などの気質が加わります。その結果、肥満になることもあれば、他者からの肯定的な支えに過度に依存する、あるいは何がなんでも官能的な関係性を追求することもあります。月丘が公の領域（探索の場）と関係しているのに対し、この丘は個人／家族の領域（隠れ家、避難場所）を支配しています。金星丘から出ている線（主要なものでは運命線）は家族との強い結びつきを示しており、家族からの援助または干渉が人生に影響を及ぼす可能性を示唆しています。金星丘には、火星線（255ページ）、傷心線（238ページ）、友情線（226ページ）なども見られます。

Hemispheres and Quadrants
半球と四分球

　手のひらは、打球半球と放射半球、さらに上半球と下半球（合わせて4つのセクション、「四分球」）に分けることができます（66ページの図を参照）。実際、手相術家によっては四分球の観点から手を測定し、分析する方法を取ります。手の打球半球側（月丘のある側）は社会的／公的領域と関連し、放射半球側（金星丘を含む手のひらの中央から親指まで）は私的な生活や家庭生活と関連しています。

　下半球（頭脳線より下）は、私たちの人格の中でも肉体的、根源的な側面をつかさどります。手の根元が力強く発達していて幅広い場合は、たいてい運動神経が発達している傾向を示します。金星丘と月丘が両方とも膨らみがよい場合、音楽が人生の大きな部分を占めることが多くなります（音楽鑑賞に熱心で、それがその人にとってセラピーとなっているのか、その

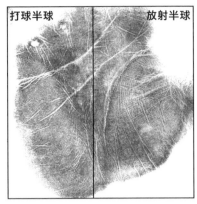
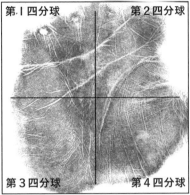

打球半球　　　　放射半球　　　第1四分球　　　　第2四分球

上半球

下半球

第3四分球　　　　第4四分球

人自身が演奏家であるのかにかかわらず）。下半球の多くの線（特に生命線の支線）は、私たちが黄金期に向けて投資し、努力する際に、自分を支え、サポートしてくれる物理的／肉体的エネルギーを示しています。上半球（指の近く）は、どちらかというと汗水垂らして行う努力よりも願望を表します。この領域（特に感情線よりも上）の線は、精神的な活力を維持し、老後の人生の充実に必要です。今、ここに線があまりなくても心配する必要はありません。エネルギーと関心によって線がつくられていくのですから。

　手を四分球に分けると、1つの四分球が活発（または不活発）なように思えることがあります。それは指が上の四半球の1つから真上に伸びているか、上の四半球の1つのほうに傾いているからかもしれませんし、親指と金星丘の位置とサイズによるものかもしれません。指が親指側に傾いている（または人差し指が強調されている）場合、私たちは自己認識を深め、人生の深い意味を発見し、自分の内なる性質や願望を表現し、他人に頼らないように努力しなければなりません。4本の指が自然に打球半球のほうに向かっている（小指側に傾いている）場合、逃避したり、引きこもったりするのではなく、世間に出て仕事をしたり、人と交流したりし、自分の才能を表現していく必要があります。

・手の大きさ

人生や仕事に対する私たちのスタイル、やり方、技術、アプローチなど

　　大きい手：手先が器用、細かい作業を正確に行うことを得意とする、気配
　　　　　　　りができる、スピードは遅いが綿密な行動・思考

　　小さい手：スピード感のあるライフスタイル、大きなプロジェクトをやり
　　　　　　　くりし、監督することを得意とする、素早い行動・思考

・手の形

原動力や動機、意欲

　　正方形の手のひら：実際的、生産的、安全性を求める、計画立案者

　　長方形の手のひら：本能的、直感的、流動的、受容的

・指の長さ

頭脳線によって処理された情報をどのように伝達するか

　　長い指：慎重、潔癖なまでに細かい、批判的、分析的

　　短い指：せっかち、衝動的、本質をつかむ

・四大元素

自分のやり方、全般的な動機、性格的特徴

　　火：情熱的、暖かい、活動的、インスピレーション、利己的

　　地：信頼できる、保守的、安全を重視する、変化を嫌う

　　風：好奇心旺盛、アイデア重視、多才、アイデアの交換を求める

　　水：受容的、感受性が強い、感情的なつながりを求める

・手のひらの丘

手のひらの全体で肉厚で円丘状になっている部分について紹介

・半球と四分球

手のひらの領域間のバランス／アンバランスを探す

　　打球側：社会、公共

　　放射側：個人的領域

　　上半球：熱意、理想

　　下半球：物理的、現実的側面

　　第1四分球：目立ちたがり屋、他者に伝える、表現する

　　第2四分球：「象牙の塔」、自己啓発の探求

　　第3四分球：想像力の領域、集合的無意識への働きかけ

　　第4四分球：安全地帯、慣れ親しんだもの、支えとなるもの

STEP 2: THE MAJOR PALM LINES

ステップ2：基本線

性格をチャート化する

手相の写し9の基本線を見てください。これらの基本線はそれぞれ、元素（エレメント）、特定のエネルギーおよび性格の側面を表しています。

LINE	生命線	頭脳線	感情線	運命線
ENERGY	火	風	水	地
	肉体の質 情熱とエネルギー 人生への かかわり方	メンタリティー 思考プロセス 意思決定能力 論理的思考力	感情の質、 愛情表現の能力	構造 人生の道筋 方向性 職務 働き方 責任

　各基本線の主題を覚えるには、先ほど手の形について詳説したのと同様、その意味を四大元素（エレメント）と関連させることが有効です。私は上記の表のように関連づけています。これは手相術家として、また占星術家としての私自身のこれまでの観察に基づいたものです。生命線は生きるよろこび、エネルギー、人生への情熱を表すもので、火のエレメントに似ていると考えます。頭脳線はコミュニケーション能力や決断力を表し、風の合理性とよく合致しています。感情線は情動と関連しており、深いレベルで敏感に反応する能力は、水のエレメントと一致します。最後に運命線は地のエレメントおよびこのエレメントのもつ仕事に対する倫理観の他、専心、責任感、日常の習慣や仕事との関連性を示しています。

　これとは異なる関連づけを採用している手相術家もいます（生命線と運命線のエレメントとの関連づけを入れ替える考え方です）。生命線が人生の物理的な側面に関連していると同時に、地に根を下ろしている、地に足

手のひらの基本線

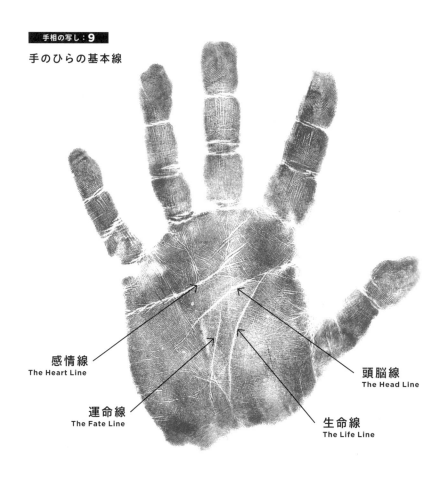

感情線
The Heart Line

運命線
The Fate Line

頭脳線
The Head Line

生命線
The Life Line

がついているという感覚とも関連しているのは、たしかに私もその通りだと思います。しかし生命線におけるこの側面が関連しているのは普通、線の中でも下の部分です。元より手の下部領域は、基礎や根、基底と関連しています。これは手の上部が頭脳的な事柄と関連しているのと同じです。生命線の上部は、燃えるような若々しさと向上心といった性質をもちます。それゆえ生命線の上部は非常に「火」的であると言えますが、生命線が手のひらのさらに下に続くにつれて、成熟した「地」のような領域になっていきます（これは線の時期を見る基本的な方法でもあります）。しかしいずれにしても、名前よりもその意味するところを覚えるほうが大切です。

　時折、頭脳線と感情線が別々に存在するのでなく、1本につながった線

が手のひらを横切っている人がいるのに気づかれることがあるでしょう。これは「ますかけ線」の名で知られています。この魅力的な、強烈な象徴については、本書の112ページで検証します。この線を言い表す最適な表現は、「風と水の組み合わせ」でしょう。圧倒的な感情で知性が働かなくなったり、頑なな理性で繊細な感受性に冷や水を浴びせたりするわけです。いずれにせよ、この線をもっているというのは、なかなか手ごわいことです。

The Key to Understanding Lines
線を理解するためのポイント

　簡単にまとめると、手のひらの基本線が象徴しているのは、私たちの肉体的（生命線）、知的（頭脳線）、感情的／性的（感情線）エネルギー、そして行くべき方向およびそこへ向かいたいという欲求（運命線）です。それぞれの線を川に見立ててください。太い線は流れが強いこと（その線が支配する領域における目的）を示します。切れ目のない線はエネルギーが途切れることなく流れている状態を表しており、繊細な線は川（線）の力が簡単に消散してしまう可能性があることを示しています。また途切れた線や分裂した線は、その線が支配する領域において躊躇や脆弱性があることを示しています。非常に長い線は、その領域に執着するあまり、他の線や領域に支障が出ていることを示します。重要なことは、それぞれの線の全般的な状態を、その線が象徴する私たちの性格の各領域に当てはめてみることです。

私の経験則

1. 基本線の方向、色、強さ、深さをそれぞれ検証してください。線をAからZへの旅と見立てることで、各線で語られている物語をたどり、解き明かすことができるでしょう。線がどこからはじまってどこに向かっているのかを確認します。また、線の一部が欠けている（あるいは線がまるごとない）か否か見てください。線の上に遮るものやしるしが

ないかも確認します。基本線の道筋、どこで分岐しているのか、また
どこで消えたり濃くなったりしているかを把握すると、その人の性格
や人生における意味、効果、相対的な重要性について、より明確なア
イデアを得ることができます

2. 平均的な手相のパターンをわざわざ解釈する必要はありません。注目
すべきは、私たちの予想とは異なるものです。たとえば古典的な「地」
の手は多くの場合、短くて太い基本線だけで、他の線はほぼないのが
普通です。これは予想通りの姿です。しかし金星環（231ページ）が
見られたり、細い線が数多く見られたり、あるいは複雑な頭脳線であっ
たりするなら、これは珍しく、注目に値します。私たちは自身に問い
かけねばなりません。何か欠けている線はあるでしょうか？　1本だけ
異常に長かったり短かったりする線はありますか？　繊細なものだっ
たり、二重になっていたり、他の線に比べて強い線であったりしてい
ないでしょうか？　このような違いが私たちをユニークかつ複雑な存
在としているのです。しるしや線、手や指の形が普通と違っているのは、
手が私たちに重要なメッセージを伝えようとしているのです

3. 何らかの形で線が欠けている、短い、淡い、消えていっているなどの
影響について考えてみましょう。『The Contemporary Astrologer's
Handbook（現代占星術家のためのガイド）』（Flare社、2007年）では、
著者のスー・トンプキンスは、ホロスコープ・チャートにおける「エ
レメントの欠落」を人間の心理の重要な側面として記述していますが、
この観察は手相分析にも応用することができます。手相の中で欠けて
いる要素というのはいずれもより重要な意味をもちます。これらは無
意識的に、または純粋な形で作用し、あるいはどこから作用している
のかよくわからないといったこともあります。また、私たちは自分に
欠けている特性を象徴するような分野で仕事をしたり、欠けている部
分を体現しているかのような人と関係をもったりする傾向があります。
私たちはどこかしらそれを感知して、その意味するところのものに執
着するようになります。そしてその欠落している要素に過度に敏感に
なり、バランスをとるための方法を見つけることもありますが、多く
の場合は過度にそれを補おうとします。

4. ある領域や線が発達しすぎている場合の影響も考えてみましょう。た

とえば頭脳線が手のひらを横切るように伸びている（「シドニー線」と
いいます。詳細は87ページ）、あるいはますかけ線（112ページ）があ
る場合、それはその人の手相全体およびその人の性格を大きく特色づ
けます。この領域が発達しすぎていることで、自身のその部分が暴君
のごとくになり、主体的なコントロールが利かなくなります。たとえ
ば長期にわたって大きな仕事に全力で取り組んでいるものの、自分の
日常的な義務や仕事から離れて休みを取りたいと切望しているような
人の手には、強くはっきりと途切れることのない運命線が刻まれてい
るかもしれません。

線の方向

　生命線は手の橈骨（前腕の親指側にある骨）側、人差し指と親指の間
からはじまります。上から下への流れで時期を判断しますが、運命線と連
動させて下から上への流れで時期を取っていくこともできます。頭脳線は
生命線のあるあたりからはじまり、月丘のある尺骨（外側）に向かって伸
びています。時期もこの方向で取ります。感情線の開始点については、ま
だ議論されています。感情線の開始点は人差し指の下、つまり生命線およ
び頭脳線の開始点の近くであると主張する手相術家もいます（物事を生み
出す源となる3本の基本線がすべてこの部分から外側に向かって伸びてい

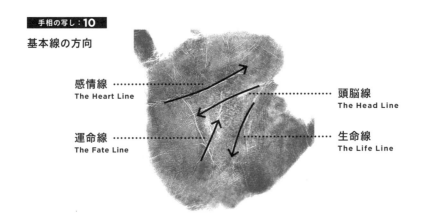

手相の写し：10

基本線の方向

感情線 .... The Heart Line

頭脳線 The Head Line

運命線 .... The Fate Line

生命線 The Life Line

ることから、というのが彼らの側の理論です）。しかし私の経験では、感情線は小指の下から人差し指に向かって読むべきだと考えます（感情線はほとんどの場合、この領域にあるからです）。運命線（および存在する場合は太陽線。詳細は281ページ）は手首側から上に向かって時期を取り、リーディングします。

強くはっきりした線、細く薄い線

これまで見てきたように、一般的に強くはっきりした線は、目的をもって、エネルギッシュに情熱をもって生きていることを示し、繊細な線は、傷つきやすさ、感情的、あるいは肉体面で弱いことなどを表します。手相の写しを見て、線が密で不鮮明な場合は、混乱、あいまいさ、不確実性を表しています。どの線がはっきりしているのか、あるいは細い羽毛のような線だったり、密で不鮮明になっている線だったりするのかを常に確認することを忘れないでください。これにより、人生や性格のどこに強みや問題があるのかが明らかになります。

手相の写しから（あるいは実際に手のひらをつぶさに観察して）、それぞれの手でもっとも強くはっきりした線（写しを見たとき、深く刻まれていてもっとも目立つ線、あるいは目視した際にもっとも目立つ線）を特定します。普通は生命線、頭脳線、または感情線がそれにあたるでしょう。まれに運命線がもっとも目立つという人もいますが、これは多くの場合、部分的に欠けた線になっています。

もっとも強くはっきりした線は、私たちのエネルギーの大部分が現在どこに向けられているのかを示しています。また、現在の生活を支配しているエレメント（火、地、風、水）を示唆していることもあります（火はエネルギーや、人から人へと伝播する熱狂、地は高い信頼性や、現実的な責任を果たすべく尽力すること、風は知性、創造的なアイデアや分析への集中、水は感情面での接触や表現への希求）。これらの領域に向けられたエネルギーがあまりに強いと、作用が大きくなり過ぎる、あるいは突出し過ぎて、その影響が少なくなることもあります。

相対的に見て弱く薄い線は、その部分にエネルギーが欠けている、また

はあまり関心を向けていないことを示唆しています（ただし、その線が重要でないということはほとんどありません。71ページの**3**を参照）。

　理想を言えば、人格のさまざまな部分が全体としてバランスが取れており、それを反映して線の深さがすべて等しくなっていれば良いのですが、ある線が優位になると、たいていの場合は人生の他の線（領域）が犠牲になります。そしてこの支配的な線（領域）は、もっとも影響力の低い線が示している、水面下にある本当の問題を覆い隠すものとなっていることがよくあります。

　もっとも薄く影響の少ない線（それが生命線であれ、頭脳線であれ、感情線であれ）は「アキレスのかかと（弱点）」、つまりその人にとって表現するのが難しい要素や、自身の行動や人生の選択を隠れてコントロールしている「影」であることも多くあります。

　手のひらの線は、私たちが特定の領域に対処したり、補ったり、対処を怠ったりすることで強くなったり弱まったりします。また、以下の内容はスタート時の基本的な情報であることを覚えておいてください。どのような場合でも、より詳細な分析を行うためには、すべての基本線を一緒に評価することが不可欠です。

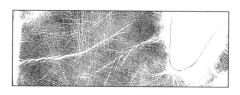

手相の写し：11

頭脳線よりも感情線が優勢
（論理や分析よりも感情が上回る）

手相の写し：12

頭脳線が感情線よりも長く太い
（感情や本能よりも思考プロセスのほうが優勢）

- 太く力強い感情線は、激しい感情が起こりやすく、人間関係や性的欲求が思考や行動を支配していることを示唆しています
- 細く薄い感情線は、愛情や感情を自然に表現することが苦手で、その自覚が根底にあることを示しています。傷つき、自分を守るための壁をつくってしまっているのかもしれません

- 生命線が際立って目立っている場合、人生を最大限に楽しまねばならないときであるのに、エネルギーレベルが不安定になっている可能性を示しています。それゆえ健康的な食生活とライフスタイルを維持することが重要となります

- 生命線が薄くぼんやりしている場合、行動力が不足していることを示しています。これは食生活、健康、あるいは一時的に目的を失っていることなどが原因かもしれません。これらの分野を改善したり補ったりする方法を探しているのです

- 頭脳線が非常に強くはっきりとしている場合、並外れた集中力により仕事ですばらしい結果が得られる可能性を示しているか、どうにも救いようのない状況を救い出そうとしてストレスを抱えている可能性を示しています。いずれの場合も、人との感情的なやり取りや親密な人間関係に身を投じることでもたらされるものと言えるでしょう

- 頭脳線が細く薄くなっている場合、教育で得た知識や技能、分析力を仕事においてほとんど使っていないことを示します。感情的な執着や依存に飲み込まれているならそこから抜け出し、自身をもっと刺激してくれる仕事や会話をする必要があることを認識しなければなりません。

- 運命線がもっとも強く出ているとき、家族を養わねばならないといった責任感に駆り立てられたり、その責任を重荷に感じていたりしている状態、あるいはがむしゃらに働かねばならないという気持ちになっていることを示唆しています。恋愛や個人的な関心事、あるいは本当に自分が好きな仕事は後回しになっているかもしれません

- 運命線は、4本の基本線の中でもっとも薄いことが多いので、手相分析を行う際にはこの点を考慮する必要があります。運命線が目立って薄くなっている場合は、私たちは単調な仕事にとらわれてしまうことを、なんとかして避けたいと考えており、周囲の望み（「そろそろ落ち着いて、ちゃんとした仕事に就いて、家庭をもったほうがいいんじゃないの？」など）通りに生きることを拒否しています。年を取って定年退職を迎えるころになると、手のひらに刻まれた運命線が薄くなっていくのが普通です。ただし、ペースダウンを拒んだり、子どもや孫という新たな責任を背負ったりする場合はそうはならないでしょう

二重になった線

　線が２本になっている場合、それはその人の性質やニーズが二面性をもっていることを示唆しており（たとえば２つのライフスタイル、２つの仕事をもっているなど）、その線の重要性が増します。頭脳線や感情線が２本あることはまれですが、２本以上の糸状の線（重なっていることが多い）が運命線に向かっているのは多くの人に見られます。ただし、２本の運命線が並んで一緒に伸びていることは多くはありません。

- 生命線が２本ある場合（火星線ではありません。火星線は普通、薄く短い線です。詳細は255ページ）、エネルギー、肉体的な強さ、闘争心が高くなります
- ２本の頭脳線は、はっきりと異なる２つの「人格」を示唆しています。多くの場合、これは公私の区別と考えられます（289ページ）
- 感情線が２本ある場合は、感受性の高さと感情の複雑さを増します
- 運命線が２本並んで走っている場合、エネルギーが必要な２つの義務（あるいは仕事）が存在し、子育てと仕事など二重の責任を負うことを示しています。ただしこれは、私たちが「どちらの仕事も同じくらい時間が必要で大変」だと感じている場合にのみ、よく手に表れます

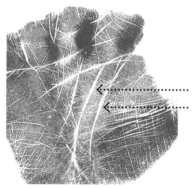

手相の写し：13

２本の生命線

どちらも十分な長さの２本の生命線をもつ女性の右手。この女性はものすごい体力の持ち主で、極東に旅行に行くべく家政婦をして働いていました。彼女にとって人生は、休暇と休暇を取るための仕事という２つに分かれていました。この手相の写しが取られてから数年後、彼女は輸血を受けて肝炎にかかってしまいました

その他のしるしを識別する方法を学ぶ

78ページの**図5**に示されているのは以下のしるしです。

a.はっきりとした障害線：干渉や障害、挫折、影響力のある人や状況との出会い

b.斜 線（頭脳線または感情線から傾斜して出ている線。生命線にはない）：喪失感や落胆。頑張るためには勇気が必要（259ページ）。

c.上昇線（他の線から上昇している線）：成功するため、あるいは手を広げるために努力すること。線が長ければ長いほど、状況を変えようとするエネルギーが大きく、成功や達成への期待が大きい。上昇線が数多くある場合（特に生命線からの上昇）は、野心、目的、成功を示しています（196ページ）。

d.星紋：エネルギーや興味の爆発、体制への衝撃（285ページ）。

e.分岐（V字）：決断のとき。新しい道を進む。エネルギーの分割、2つの才能を生かす。ライフスタイルの二面性。

f.線上にある四角紋：困難な、あるいは不安定な移行期だが、乗り越えることができる。変化や大きな責任（子育てなど）でストレスの大きい時期に「守られている」と感じられる。

g.線の重なり：最近起こった出来事への対応として、計画的に変更していく。新しい展望や生き方（191ページ）。

h.急な途切れ：道が分かれる。1つの章の終わり。改革を行い、再出発するべき時（188ページ）。

i.切れ目／隙間：調整期間、休暇、失業期間（190ページ）。

j.島紋：孤立感や孤独感。「無人島」に閉じ込められたような感覚。モチベーションやエネルギーの低下（200ページ）。

k.ほくろ（黒い点）：計画に黒雲が立ち込めている。遅延や懸念。

l.生命線から手のひら中央に向かって出ている斜線：新たな冒険や旅（おそらく海外への旅）。旅行へ出ようとして、あるいは国や地域を移動しようとして落ち着かない。

基本線上によく見られる重要なしるし

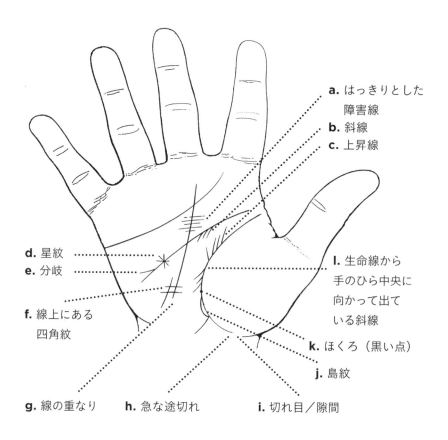

a. はっきりとした
   障害線
b. 斜線
c. 上昇線

d. 星紋
e. 分岐

f. 線上にある
   四角紋

l. 生命線から
   手のひら中央に
   向かって出て
   いる斜線

k. ほくろ（黒い点）

j. 島紋

g. 線の重なり　　h. 急な途切れ　　i. 切れ目／隙間

The Life Line: Our Vitality and Energy

生命線：生命力とエネルギー

　生命線は手の中でもっとも目立つ線となっていることが多く、親指に巻きつくように伸びています。本章「手のひら探偵」の冒頭では、はっきり

と強く出ている線がその人のエネルギーと自己決定力を示すことを述べました。生命線は、私たちの活力と体質を評価するために唯一のかつもっとも重要な線となります。生命線の見た目は、他の線の全般的な頑健さ（あるいは弱さ／もろさ）を裏書きしています。どのように人生にかかわっているのか、また現在の健康状態に関する疑問への答えは、生命線をよく調べることで明らかになります。生命線の長さは我々の寿命の長短を表しているわけではありません。これには留意しておくことが大切です。生命線の長さが表すのは人生に対する姿勢、人生の質に関する事柄で、量（寿命）を表しているわけではないのです。

Q. 80ページの手相の写し14Aと14Bを見てください。どちらの人が強い体質で全般的な健康状態が良い人でしょうか？

　手相の写し14Aの人の生命線は14Bの人よりたくましい印象です。14Aの人の生命線は不屈の強さ、エネルギーと生命力に満ちあふれているように思えます。この人は人生を最大限楽しみたいと考えており、じっと座って年数を数えて過ごすよりも日々を生きたいと思っています。14Bの人の生命線は繊細な印象で、その線は力強さや確信をもって手のひらへと下りていっている感じがしません。14Bはセラピストの方の手相で、数々の健康問題や合併症に悩まされてきました。彼女はひとつの場所で安定した子ども時代を過ごしておらず、実の父親を知りません（生命線の一番上に島紋があることにも注意してください）。

　生命線は手のひらに示された私たち個人の時間軸であり、人生における重要な決断や選択が反映されています。病気、制限のある人生の時期、個人の達成事項および障害などがここに書き記されているのです。研究によると、生命線は妊娠7週目ごろまでに、最初に人間の手のひらに現れる線（親指の一番上あたりから外側の下に向かって）であることがわかっています。

　生命線は通常、手の橈骨側の端（親指と人差し指の間）からはじまり、金星丘を囲むように半円を描き、母指球（親指のつけ根のふくらんだ部分）を包み込むようにして伸びていきます。

手相分析における最大の誤解の1つは、生命線が短い＝短命と信じられていることです（その逆もまた然り）。これはまったくのナンセンスです。生命線が短い場合によく見られる一般的な兆候は、地に足がついておらず状況をすぐに諦めてしまう、戦い続ける勇気やエネルギーがないといったことです。特に左手の生命線だけが短い場合、幼少期に家族が1つの場所や家に長く留まることがなかったなどが原因で、根なし草であるかのような感覚をもっているといったことがあります。生命線が短いと、健康に関することに強い関心をもったり、体質を強くするために何か他に手段がないかと追求したりしている可能性があります。

　2章の「時期判断の技術」（177ページ）を見て、あなたが克服してきた障害や苦労して手に入れた成功、その他の人生の側面について、時期をさかのぼって確認してください。生命線はもっとも変化しにくい線の1つであるため、この線上では、比較的高い精度で出来事の時期を取っていくことができるでしょう。

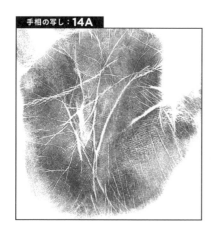

成功しているオーストラリア人弁護士の右手。彼女は事務所で有力な地位に就こうとしています。運命線が薬指の方向へカーブして伸びていることに注目してください。これは彼女の努力が実を結び、大きな成功と満足がもたらされることを示唆しています

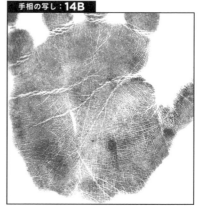

女性セラピストの右手。この写しはこの人が20代のころに取られたものです。現在彼女は30代後半で、10代半ばからずっと胃に関する病気と手術を繰り返してきました

強くはっきりとした線からわかること

・体力、スタミナ、気力、情熱、根づいているという安心感
・回復力と良好な免疫システム。しかし健康であることが当然という感覚になっていることもある
・明確な目標をもち、充実した人生を送りたいという強い願望。人生に正面から取り組む自信

線が力強いほど、人生で遭遇する障害を克服するべく戦い続けます。死ぬなどとは決して言わず、大きなスタミナを見せるのです。線が明確ではっきりしていればしているほど、人生や周りの人々、状況にかかわっていきます

弱々しく細い、あるいは鎖状の生命線からわかること

・エネルギーの欠如、または建設的にエネルギーを方向づけできない
・回復力の低下
・未知のものやリスクを冒すことへの恐れ

生命線が弱々しく見える場合、肉体的なスタミナをつけ、日常の活動や習慣をしっかりとさせ、人生やプロジェクトにもっと情熱を注ぐ必要があることを示しています。火星線が病気やネガティブさとの戦いを助けてくれますが、もし火星線（副生命線）のほうが強い場合は、攻撃性と欲求不満が強くなる可能性があります

When Looking at the Life Line, Consider:

生命線を見ていく場合は、以下のことを考慮してください

• 線の長さ、深さ、明瞭さ
• 線の開始位置が普通とは違っている。平均よりも高い位置からはじまっている（理想主義、高い基準、自己認識を深めるべく探求）、木星丘の真下からはじまっている（自信、権威、目立ちたいという欲求、未来への関心）、第一火星丘の内側からはじまっている（肉体面／物理面を重視しようという考えから、やや好戦的で攻撃的）など
• 生命線が頭脳線とくっついている（注意深い、若いころの直感）、または離れている（自説を曲げない）。83ページの「頭脳線の開始点」のセクションを参照
• 線上に途切れ、島紋、しるし、障害線などがある（後述）
• 線の終点。手のひらの中心に向かって枝分かれしている、あるいは手の

ひらの中心に向かって斜めに伸びている（通常、大きな冒険や海外での生活を示す）。終点が2つに分岐している、終点に行くほど細くなっている、あるいは最後まで太くはっきりしている火星線（255ページ）によるサポートがある。これらの要素は、本書の後半で取り上げます

• 生命線が左手と右手でどう違うか

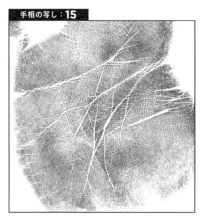

手相の写し：15

生命線が手のひらの中央へと伸びている。これは通常、旅や落ち着きのなさと結びつけられます

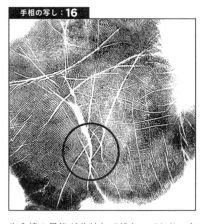

手相の写し：16

生命線の最後が分岐して終わっており、内側の線が親指に向かって反れている（これは人生が困難になっても落胆していてはいけないという警告です）

手相の写し：17

リー・ハーヴェイ・オズワルドの手の短い生命線（運命線がその代わりとなっている。詳細は212ページ）

頭脳線：思考プロセス

　頭脳線は、親指と並んで人生に対する姿勢や成功の可能性を決定するもっとも重要な要素であると私は考えています。頭脳線から自分の適性や思考方法のタイプを認識すれば、私生活上の（左手）あるいは職業的・社会的な（右手）充実度を高めるために、自分がどのような道筋を取るのか、計画することができます。頭脳線のタイプを見極めることができれば、雇用者が誤った種類の仕事に人員を配置するという、長年繰り返されてきた問題を回避するのに役立つことでしょう。もちろん親指や手の形、指紋のパターンなどもさらなる確証を与えてくれますので、これらも詳細に見ていく必要があります。カウンセリングをはじめる際には、クライアントの頭脳線について理解することが不可欠です。なぜならば、クライアントにどのように話すべきなのか、また我々の話すことをクライアントがどのように聞くのかを理解しておく必要があるからです。

頭脳線の開始点

　頭脳線で考察すべき最初の側面は、開始点が生命線と接しているか否かということです。これが手相を分析するうえで重要事項であるか否かを決定する前に、覚えておいていただきたいのは、アフリカやアジアの国々（極東地域は別）では、西洋出身者に比べると頭脳線と生命線の間が離れている人が多い傾向があるということです。さらに「水」の手（61ページ）の人にも、この隙間がよく見られます。いずれにしても、その人がこの一般的傾向とは逆の特徴をもっている場合には、それはより大きな意味を持ちます。

　頭脳線と生命線の開始点が離れている人（84ページの**手相の写し18**）は、自立していて、幼いころから自分の意見や個性の感覚を養い、自分の考えを表現することを好みます。その独立心は、両親が忙しかったり兄弟が多かったりといった「健全な育児放棄」ともいえることが原因となっている

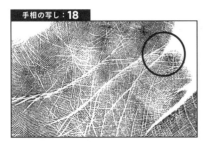
頭脳線と生命線が離れている

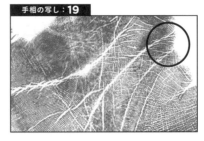
頭脳線と生命線が大きく離れている

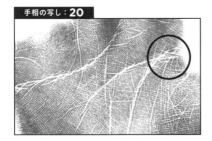
頭脳線と生命線がくっついている

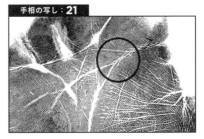
頭脳線と生命線がかなり先で分離する

 こともあります。この人たちは幼いころから自分のことは自分でせねばならなかったり、一人で遊ばざるを得なかったりして、幼くして自立し、責任感をもって行動する必要があったわけです。彼らは自発的で、健全な自信をもって成長しました（ただし人差し指が短い、頭脳線が繊細、また頭脳線の上に島紋があったりすると、それが自己肯定感のレベルに影響を及ぼします）。

　2つの線が大きく離れていると（**手相の写し19**）、衝動的で自分の意見にうぬぼれる場合もありますが、周りの人の中にはドラマチックな表現ができるこのような天性の才能をうらやむ人もいます。高い理念と自身の誠実さを維持できないのであれば、切った張ったの政治の世界は避けるべきでしょう。絶対的権力は絶対に腐敗するということを忘れずに。

　生命線と頭脳線の開始点がくっついている人（**手相の写し20**）は、新しい状況に足を踏み入れる際はよく注意し、決断は慎重に行います。自身が快適であると思える領域に留まり、慣れ親しんだものを好みます。

　2つの線が開始点からしばらくの間くっついている、あるいは頭脳線と

生命線がある程度下に向かうまで分離していない人（**手相の写し21**）は、自分自身の人生を歩みはじめる時期が遅く、20代の手前近くになるまで親の管理下に置かれることが多いようです。過敏になることも多く、時には引きこもり、周りの人が自分の日常生活の運営を助けてくれるのをよろこんで受け入れてきたのです。多くの場合、親が過保護であるか高圧的であるかなのですが、いずれにしても自信を育てることが必要です。このような線の形状をもっている人は、責任を負い、困難に正面から立ち向かわねばなりません。そして共依存関係に陥っていたり、いつも承認を求めていたり、あるいは恋愛関係ではあいまいな態度を取っていたりすることを自覚する必要があります。このような尻込みを補うためか、晩年になってから大きな決断力を身に着ける可能性もあります。

Next Steps
次のステップ

　あなたは穏やかで分別があり、体制や慣習への順応力が高い、抜け目のない（真っすぐな頭脳線）人でしょうか？　あるいは創造的で、既成概念や常識にとらわれることなく考え、必要に応じて軌道修正できる（カーブした頭脳線）人でしょうか？　あなたは人生を深く理解したいと考えていますか（長い頭脳線）？　それとも物事を端的かつ簡潔にしたいと考えますか（短い頭脳線）？　あまり機転が利かない人ですか（荒く無骨な感じの頭脳線）？　あるいは周りの発言に非常に敏感な人でしょうか（繊細な頭脳線）？　頭脳線の長さや形から、私たちの知的視点はどのようなものとなっているのか、見ていきましょう。

Long or Short?
長い？あるいは短い？

　頭脳線は、私たちの合理的／非合理的な反応、思考方法、問題解決方法を明らかにします。頭脳線と指の長さによって、私たちの情報処理のや

短い頭脳線から明らかになること	長い頭脳線から明らかになること

短い頭脳線から明らかになること

- 決断力、即時的、要領が良い、衝動的になることが多い
- 状況の微妙な変化に気づかない
- 事前計画や準備が足りないことがある
- 唯物的、専門的。目の前のことしか見ておらず、何かに対する立場や姿勢が限定的。「今」に生きている
- 人に対する態度はぶっきらぼう
- あまり集中力が持続しない、飽きっぽい

長い頭脳線から明らかになること

- 緻密な思考、考え抜かれた議論と決断、冗舌さ
- 複雑な問題や難題に取り組み、長期的な視点をもつことが可能
- 思考スピードは遅いが集中力は持続する
- 数多くの趣味・関心事
- 調査や問題に取り組む際は、思慮深く考え抜かれたやり方で
- 先延ばしにする

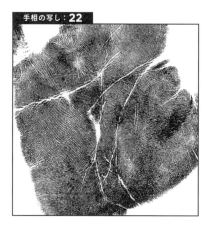

手相の写し：22

短い頭脳線

短い頭脳線に負けず劣らず生命線も短く、感情線がもっとも目立っていることに注意してください。これは集中力が持続せず、興味をもっても長続きしないことを示唆しています

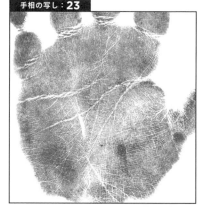

手相の写し：23

長い頭脳線

この頭脳線は手の支配的な線となっており、ぐっと下に下がったかと思うと横ばいになっています。これは特に重要なことです。感情線と生命線が非常に短く、何もかも分析しなければならないという性質を示唆しているからです

り方、コミュニケーション方法が決まります。頭脳線を理解すると、知的な面で、私たちが人生にどのように向き合い、対応するのかが明らかになります。頭脳線の長さは、私たちの知能の高低を示しているのではなく、思考プロセスの射程と範囲を示します。

また、指の長さ（52ページ）や、頭脳線が生命線につながっているか否か（83ページ）も考慮する必要があります。短い頭脳線とは、薬指の下まで届くか届かないかくらいの長さを指します。長い頭脳線は、手のひらの外側に向かって伸びていたり、深くて長いカーブを描いていたりするものを指します。

特別に長い頭脳線

頭脳線が特別に長い人は、高度に科学的、難解なパズルを解く力がある、偏狭と言えるほど執拗なまでに論理的といった可能性があります。最悪の場合、延々と物事を先延ばしにします。頭脳線が真っすぐに手のひらの向こう側の端まで横切っている場合、それは「シドニー線」といいます。これはオーストラリア人の医学研究者が発見したのでこのように呼ばれています。この線は、子どもの場合は多動症や情動不安、大人の場合は強迫観念、非感情的、人生に対する実践的なアプローチと関連づけられます。このタイプの真っすぐな線は手のひらを2つに分断しており、その線の長さは知的プロセスを重視し過ぎており、それが人格を大きく支配している可能性を示しています。ひたむきな一意専心の研究者となる潜在力をもちま

手相の写し：24

**特別に長い頭脳線
（別名「シドニー線」）**
シドニー線をもっている人は、人生の特定の側面に執着すると、腹立ちまぎれに自分の損となる行動に出る可能性があります

組み合わせ その2：頭脳線と大きい手

手の大きさを確認し、頭脳線の長さと比較してみてください。これはあなたが
どれくらい気が長いか（あるいは短いか）を表します。せっかちな（短い）頭
脳線は、大きい手のもつ穏やかな特性を相殺するかのように、いろいろとやら
かしてくれるでしょう。この珍しい組み合わせをもっている人は、仕事を終わ
らせるのにずっと苦労していたり、自分が得意とするプロジェクトを完成させ
るのに時間がかかってイライラしたりしているかもしれません。誰もあなたの
ように仕事をしないことをわかっているからです。力強い親指や長い人差し指
も、あなたをリーダーのポジションに押しやるでしょう。そこでは、ビジネス
のあらゆる側面を自分で管理しようと努めます。長い頭脳線をもっているなら、
大きな成功を収めるためには細部にこだわることが必要となるようなビジネス
において、経営や事業管理に優れた手腕を発揮するでしょう（間違いに気づき、
抜け穴を見つけ、複雑な戦略を考案する）。あなたが引退したら、後を継げる人
はいないかもしれません（この特性が組み合わさると、コントロールを手放す
ことができません）。心理的に、人に仕事を任せることができないようです。私
の父は体格と比較して手が大きい人で、頭脳線が長く、細部にまで並外れて目
が行き届き、80代前半まで自分の会社を経営していました。他の人が見落とし
てしまうようなささいなことにこだわる姿勢が、父に法律の世界での成功をも
たらしたのです。父が残したお気に入りの言葉は、この組み合わせをもつ人た
ちへのアドバイスにも聞こえます。「天才の97パーセントは、"手間暇をかけた
苦労"という技術である」

組み合わせ その3：頭脳線と小さい手

小さい手の場合、頭脳線が長いと（手の反対の端に向かって大きく伸びて、小
指の下まで来ているなど）、思考のスピードは遅くなります（節のある長い指も
同様で、そこに質問能力や分析力が加わります）。しかし、行動力が鈍いわけで
はありません。特に、プロジェクトを監督・統括する能力にはたけています。
電光石火のごとく動くことができますが、意思決定はより慎重に行います。そ
のおかげでリスク計算のできる、お金の管理ができるマネージャーとなります。
ビジネスにおいては、頭脳線が短い（中指や薬指の下までしかない）、あるいは
頭脳線と生命線が離れている人には、無謀さや向こう見ずな人もおり、回避で
きたかもしれない、あるいは少なくとも損失の程度を少なくできたであろうと
思われるリスクのある結果をもたらすであろうことにすべてを賭けてしまう可
能性があります。周りの人や状況に対する直感が働き、行動は速いのですが、

プロジェクトは順調に進むこともあれば沈没することもあります。常に準備をしておき、そこに機会が訪れたとき、成功がもたらされます。このことを覚えておくと良いでしょう。

これらの線の長さと特徴に指の特徴を組み合わせて考え、あなたが目的を達するにはどの方法がベストかを理解しましょう。長い人差し指は、プロジェクトを先導する自信を付加してくれます。一目見てわかるくらい短い人差し指は、自分が大きな力を発揮できる力のあることを世界にアピールするよう刺激します。親指が大きい人は決断力や意志の強さが大きくなりますが、親指が小さいと、周囲のサポートが必要になります。あなたが小さな手と小さな親指をもっているなら、一人で重荷を背負うべきではありません。同僚とともにチームで仕事をすることを考え、より広範な事柄や大規模なプロジェクトの潜在的な範囲について、グループに助言を与える人になりましょう。

す。この影の側面が表れると、自分の感情の複雑さをきちんと見ようとしない、過度に敏感な、神経質で気難しい人となります。

繊細な線？　それとも荒々しい線？
（デリケート）

太く荒々しい頭脳線をもつ人は、問題解決のアプローチが無遠慮でストレートであることを表しています。このタイプの頭脳線をもつ人は、他人を押しのけて自分の道を突き進むことを選びます。その線は短く、親指が無骨な感じであることが多いでしょう。またどちらかというと人生を白か黒かで見る人であることを示しています。また、あまりお行儀の良くない人にも、私は会ったことがあります。彼らはエチケットなど、あらゆる種類の体制や権力層などに対して喜々として侮蔑的な態度を取ります。

繊細な頭脳線は、繊細で精神的にややもろいことを表します。最近の若者には、繊細で、羽毛のように途切れがちな、また島紋のある頭脳線をもつ人が多いことに驚きます。この傾向が大きい場合は、その原因を学力の低下、食生活の乱れ、または簡略化され、コンピューターの文字列に駆り立てられ、短いキャッチコピーであふれた社会などにその原因を求めることもできるでしょう。あるいは情報は簡単に手に入るものの、それが無意味であったり権威的裏づけがなかったりと（フリーコンテンツはだいたい

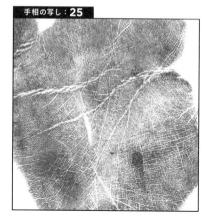

手相の写し：25

繊細な頭脳線
再度となりますが、魅力的な頭脳線の例を
ご紹介します。長くて複雑な線で、部分的
には弱々しくなっていますが、島紋、下方
への傾き、障害線（212ページ）、支線があ
ります

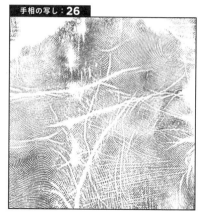

手相の写し：26

荒々しい頭脳線
この頭脳線は無骨で太く、生命線となかな
か分離せず、長さはどちらかというと短め
です

が中身もない）、そういう時代なのだと見ることもできるかもしれません。
このような世界では、長期的な投資は存在せず、何もかもが使い捨てにさ
れています。壊れた？　わざわざ修理しなくていいよ。新しいのを買おう
（こんな使い捨ての世界のほうが良いと思うのなら、どうかご勝手に）！
普通はこのような人たちは、頭脳線より感情線のほうが優勢で、感情面お
よび知性面が十分に成熟しない中で早い段階で性的発達をしていることが
暗示されます。
　頭脳線が弱々しいと、薬物やその他中毒性のある物質が感情、肉体、精
神の健康に大きなリスクをもたらすでしょう。

頭脳線の終点

　頭脳線が終わる場所によって、私たちの思考の方向性や、「あれこれ考
えているときに」どのようなことにフォーカスしているのかなどがわかり
ます。よく見られるのは、感情線の約1インチ（約2.5センチ）下、薬指

と小指の間の下あたりです（**手相の写し27**）。いろいろな形で終点が枝分かれしていることもあります（288ページ）。頭脳線が小指に向かってカーブして上がって終わっている場合、金もうけの計画に思考が向いています（**手相の写し28**）。頭脳線が手のひら（月丘）に向かって急角度を描いて下がっていったり、手首に向かって急降下したりしている場合、周りの問題について責任を負わなくてよい、あるいは痛みや傷を感じなくてよい空想の世界に身を沈めたいと考えています。興味深いことに、この手相をもつ人は、性格の中の空想力を落ちつかせなだめるためにビジネスやオフィス環境で働くことが多くあります（詳細は259ページ）。これが左手にある場合は、自分の中のもっとも深い感情や思考に他人を入らせまいとして、孤独感に飲み込まれていることがよくあります。これは他人から離れて自分だけの世界に引きこもる人によく見られます。（いずれかの手の）頭脳線の終点に星紋があると、周りの環境をコントロールできない、あるいは自分が正気を失うことに対して恐れを抱いていることを示している場合があります。

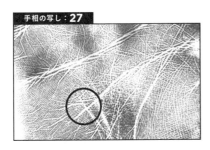

手相の写し：27

よく見られる頭脳線の終端

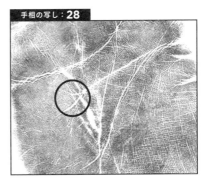

手相の写し：28

上向きの分岐がある頭脳線
直線的な頭脳線の終端が分岐して終わっている、投資銀行に勤めている人の手

カーブした頭脳線？　直線的な頭脳線？

　頭脳線を見るときは、カーブしているか直線になっているかを確認してください。カーブの具合があまりに緩やかで、これがカーブしているのかそうでないのか、初心者には判断が難しいこともあります（斜めになっているものの、線自体は直線であるといったこともあります）。それゆえこれを判断するには、定規をもってきてメインとなる線にあててみてください（開始点と終点部分が少しだけ曲がっていることもあります）。定規を使って頭脳線の主要な線にあてて、カーブがあるかどうかを確認します。カーブがあれば、それは直線ではありません。

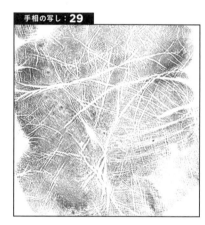

カーブした頭脳線
マジシャン、フェイ・プレスト氏のカーブした頭脳線（194ページ）

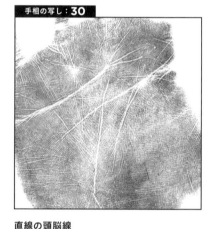

直線の頭脳線
化学工学を学んだ後、通信会社や経営コンサルタント会社で働いていた、非常に高い集中力をもつビジネスマンの直線的な頭脳線

カーブした頭脳線をもつ人が
必要としていること

・想像力と創造力を発揮する
・考え過ぎず、思ったことはさっさとやる（また、単刀直入に、ストレートにものを言う）
・新しいアイデアを試し、計算したうえでリスクを負う
・問題解決に精力的かつ主体的に取り組む
・既存の考え方を疑い、挑み、認識を変える（「真実とは、観点によって変わる」）、既成概念や常識にとらわれることなく考え、謎があれば掘り下げる

カーブした頭脳線をもつ人は、人生に積極的に関与することに心を砕き、支配的な立場を求めます

仕事では
・創造的かつ積極的に、成果主義的な野心家
・独創的なやり方で問題解決を行う
・自立および自律を重んじる

人間関係では
・大きな問題を解決しなければならないときにのみ、コミュニケーションを取る
・恋愛に関する問題はさっさと解決したい
・バランスを取るために1人の時間が必要
・人のせいにすることは避けるべき
・短気になりやすい
・仕事の問題を簡単に切り離せる

直線的な頭脳線をもつ人が
必要としていること

・合理的でビジネスライクだが、非冒険的なアプローチを取る
・結論を出す前に証拠を確認する
・常識的な推論で分析を行う
・問題解決には、冷静かつ現実的に対応する
・集めた調査やデータをもとに実態を描き出し、結論を導く

直線的な頭脳線をもつ人は、冷静で感情的にならずに対応したいと考えており、必要であれば抜け目なく狡猾に行動することもできます

仕事では
・実際的かつプロ意識が高く、ビジネス志向で、目標に向かって突き進む
・作業を構造化して整理する
・行動する前に事実と起こり得る結果を認識する

人間関係では、
・仕事のストレスを忘れるために、夜はリラックスする時間が必要
・バランスを取るためにパートナーとの調和を求める
・解決策を提示されるよりも、理解されることを望む
・優先順位を明確にする前に、感情を共有したり、探究したりしたい
・人や周りの状況を操作することは避けたい
・気分屋で、問題があればそれを深く考え込んでしまう

一方の頭脳線はカーブしていて、他方は直線になっている場合

　片方の手の頭脳線は直線的で、もう片方はカーブしている場合、その人は優柔不断で当てにならない人、あるいは表向きの顔と個人としての行動が一致しない人であることを示唆している可能性があります。親密な人間関係における行動は左手の頭脳線を、仕事のパターンやニーズ、さらには社会的な面での人とのかかわり方は右手の頭脳線を確認してみましょう。

　第3章「恋愛、健康、仕事」では、頭脳線のこの他の側面を明らかにします。第2章の「時期判断の技術」では、頭脳線上のしるしが思考プロセスやストレスへの反応にどのように影響するかを見ていきます。また頭脳線の伸びる方向によって、自分の思考方法や、自分がどのようにしてアイデアを発展させるかが鮮明に示されていることも理解できるでしょう。その前に、95〜96ページの6つの頭脳線を見てみてください。これらの頭脳線は、その手の持ち主の特徴をどのように表していると思いますか？

頭脳線を見ていく場合は、以下のことを考慮してください。

- 線の長さ、深さ、明確さ
- 線の開始点。開始点が生命線と接しているか（健全な注意力）？　線の一部が生命線とぴったり一緒くっついている（自分の人生をはじめる時期が遅い）？　あるいは第一火星丘にある生命線から開始している（攻撃的、闘争的な姿勢）？　まれなケースでは、「浮いている」かのように手のひらの中央のあたりから独立してはじまっていることもあります（超然とした、場合によっては人を傷つけるようなやり方でコミュニケーションを取る）。生命線と離れている場合、それは大きく離れていますか（衝動的で、自分の意見をはっきりもっている）？　あるいは人差し指から下降した支線がメインとなる頭脳線に合流している（自信）といったものもあります。
- メインとなる頭脳線の長さと形。短い（性急、決断力）？　あるいは長い（ゆっくりとしているが、深い思考）？　カーブしている（想像力に

富み、枠にとらわれない）？　あるいは直線的（体制や慣習への順応力が高く、抜け目がない）？

- 線上に途切れ、島紋、しるし、障害線などがある（後述）。
- 線の終点。普通とは違ったところで終わっていますか？　シドニー線（強迫観念、偏狭、腹立ちまぎれに無分別な行動に出る。詳細は87ページ）だと考えてよいほど長いでしょうか。手のひらの中央（空想の世界）に向かってぐっと下りている？　それとも月丘（創造的で深く物事を考える人）で終わっている？
- 左右の手で頭脳線はどんなふうに違っている？
- 手の大きさや指の長さと比較して、頭脳線はどのようでしょうか。
- 他の基本線、特に感情線と比べて濃さや長さはどうでしょうか。

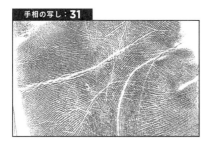

細く、十分な長さのない頭脳線

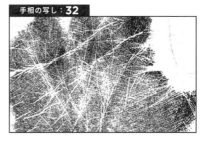

活動家であり、著述家、フェミニズムの象徴でもあるグロリア・スタイネムの複雑かつ枝分かれした頭脳線

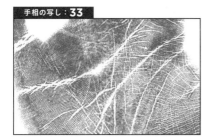

才能にあふれた女性の手。インテリアデザイナーであり、展示会主催者。クリエイティブ・カーブした頭脳線に、枝分かれした支線がさらなる多彩な才能を付け加えています

ぼんやりと写っている頭脳線は、現在優柔不断になっている、心のモヤモヤ、どっちつかずの状態であることを表します

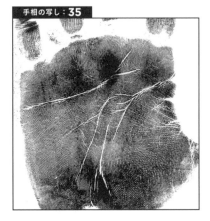

手相の写し：35

非常に珍しい頭脳線

非常に珍しい頭脳線。上昇し、分裂して、手のひら（逃避、空想）に下降しています。横向きの線があることに注目してください。これはバランスを取る役割を果たしています。この手は当時、10代の少年のもので、有名なサッカー選手になることを熱望していました

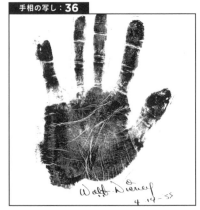

手相の写し：36

もう1つの珍しい頭脳線

ウォルト・ディズニーの奇妙かつすばらしい世界を明らかにする手相の写し。多くの人がウォルト・ディズニーを天才で学識豊かな人物だと考える一方で偏執狂的で恐怖症の隠遁者であるとも考えています。この頭脳線は、中央に大きな分岐点があると見ることもできますし、（私の好みでは）上の分岐線を「才能（タレント）」の線、下への分岐線が空想／創造の領域に深く下りているとみることもできます（シモンズ・マイヤー著『Lions Paws（ライオンの足）』(Barrows Mussey社、1937年)

The Heart Line: Our Emotional Responses
感情線：感情面での反応

　頭脳線は私たちが人生に対処する際、合理的、論理的なレベルではどのように対処するのか（知性面に関係）を示しています。それに対し、感情線は感情面での反応と愛情面での対処能力（感情面に関係）を明らかにしてくれます。感情線には愛情に関する浮き沈みの様子（恋愛に期待していること、他者にどのように手を差し伸べるのか、どのように恋に落ちるのか、愛し愛される過程、失恋した際にどのように反応するかなど）が記録されています。また、私たちの感情の強さや性的欲求の強さも明らかになります。パートナーの感情線を読み解くことで、相手にどのようにア

プローチし、コミュニケーションを取り、誘惑するのが最良の方法なのか、また、相手のニーズや期待をどのように理解し、評価するのかを判断することができるでしょう。

　ここで覚えておくべき重要なポイントが２つあります。１つ目は、線が複雑であればあるほど、感情面での反応や性的側面の発達が複雑になっていることを示します。２つ目は、感情線があまり複雑でない場合、感情面での発達が十分なされておらず、自分の感情や周囲の人の感情とつながる能力が弱くなっているということです。

　興味深いことに、線が均一で、しるしなどがあまりないほど、「沈着冷静で落ち着いた人」と周りから思われることが多くあります。これは感情のコントロールができている、または共感力が欠如していることを示唆している可能性があります。打算的であるということかもしれず（これは恋愛や愛情よりもお金や地位が目当てで相手を選ぶ玉の輿狙いの女性であることを示す古典的なサインでもあります）、また貞節に関しては比較的「緩い」考え方をもつ人という可能性もあります。

　鎖状になった線はほとんどの人に見られますが、これはある程度の思いやりや感受性、傷つきやすさが存在することを示してます。過去に傷ついたことに影響されてなんらかの反応をしてしまうのは、健全な感覚です。線が弱々しく、形がよくわからないなどの場合は、傷つくことにかなり敏感になっていることを示します。感情線が頭脳線に比べて著しく長かったり、深かったりするなら（特に手形の写しで見た場合）、感情の働きが思考や行動よりも優勢であることを示します。その人は感情を明確に表現することができ、ハートのほうが頭を支配していると言えるでしょう。頭脳線が感情線よりも著しく長いか、目立っている場合、その人は自分の思考プロセスをよく把握しており、時には感情を犠牲にしてでも、自分の思考を明確に表現しようとする傾向をもちます。

　私たちは斜に構えた態度で絶望を待っているのでしょうか。あるいは正義の味方が助けに来てくれるのを期待しているのでしょうか。感情線の方向を小指の下から人差し指に向かってたどっていくと、私たちが人間関係に何を期待しているのか、重要な手がかりが得られることでしょう。感情線は途中で消えてしまっていますか？　あるいは人差し指の付け根に向かって伸びていっていますか？　詳しくはさらに読み進めてみてください。

カーブしている？　あるいは直線的？

　私たちは愛情をどのように表現しているのでしょう。どのような関係性を求めていますか？　これらの疑問の答えを見つけるには、感情線が全体的にカーブしているのか、直線的な線なのかを見極める必要があります。

Q. 以下の感情線が直線・カーブ、
　　どちらに分類されるか判断できますか？

答えは右ページの通りです。

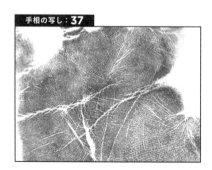

手相の写し：**37**

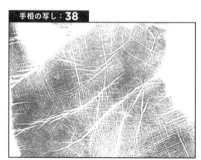

手相の写し：**38**

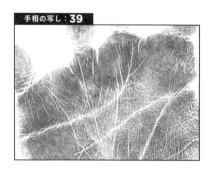

手相の写し：**39**

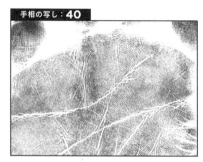

手相の写し：**40**

○**手相の写し37**：直線的で短く、島紋がある、はっきりとした感情線。
　　　　　　　　終点は中指の下あたり。かすかな支線が中指に向かっ
　　　　　　　　て上がって行っており、中指と人差し指の間の位置で
　　　　　　　　V字に分岐して終わっている。線の開始位置は低い。

　これは愛情深く、思いやりのある女性の手相ですが、「自分にひどい仕
打ちをするろくでもない男」や、ゲイの男性を好きになってしまう癖があり、
10代から20代にかけて自己評価の低さに悩んでいました。

○**手相の写し38**：直線的で短い感情線。下向きの細い線がたくさん出て
　　　　　　　　いる。終点は小さく分岐している。線の開始位置は低い。

　これはドラマチックに自分を表現する才能のある、はきはきした頭の回
転の速い女性の手相です。私がこの手形を取ったころ、彼女は自分を虐待
していた夫とすでに離婚しており、男性とはかかわりをもたないようにし
ていました。数年後、彼女は時折男性とのデートに出かけるようになりま
したが、慎重さは崩さず、また大いに不安を感じていました。

○**手相の写し39**：急カーブを描き、中指まで届いている感情線。線の開
　　　　　　　　始位置は高い。

　この手の持ち主は女優で、本人いわく、「男性をよろこばせるためにセッ
クスをして、偽りの感情で応じており、電話しても相手から折り返しがな
いと、利用されているような気分になってばかりだった」と話していました。

○**手相の写し40**：人差し指まで届いている、カーブした長い感情線。線
　　　　　　　　の開始位置は高い。

　どちらかというと理想主義的で、寛大な性質のゲイの男性の手相です。
彼はずっと理想のパートナーを追い求めていました。

以下の概要を読む際には、線が複雑であるか否かや、その他の手の特徴も考慮に入れる必要があることを念頭に置いてください。線の長さはどうでしょう？　枝分かれした支線はありますか？　生命線が非常に力強い、あるいは金星丘（どちらも情熱と肉体を象徴）がしっかりと発達していますか？　感情線の形（直線／カーブ）は頭脳線の形と一致していますか？　頭脳線と感情線の両方を診断することが常に重要です。頭脳線と感情線はどちらも、人間関係のニーズやコミュニケーションスキルについて多くのことを表しているからです。さらに左手の感情線は、より親密で個人的でプライベートな反応を表し、右手は恋愛面での期待や、友人関係や恋愛関係においてどのように交流するのかを表します。

　再度となりますが、頭脳線と同様、感情線でも直線的なのかカーブしているのか確信がもてないときは、定規をもってきて感情線の開始点から終点まであててみて、目立った反り返りがあるかどうかを確認してください。直線的に伸びていても、人差し指に向かってうっすらと分岐した線が伸びていたり、あるいはカーブして伸びていても、真っすぐな水平に分岐した線が伸びていたりします。あなたの感情線もこのように複雑であるなら、もっともはっきり現れている線を選び、線の全体的な流れを見て、その方向をたどって主線とし、その形で判断してください。

カーブした感情線をもつ人は……

・情熱的な性質を包み隠さない、自発的、スキンシップを好む
・公然と人前で感情や愛情を示す
・プレゼントやサプライズ、自然なジェスチャーで気持ちを伝える
・自己顕示欲が強い
・セックスによって緊張が解放され、心が開かれる
・浮き沈みの多い波乱万丈な人間関係を好む
・激しい口論の後、仲直りすることを楽しむ
・冒険的で、魅力的で、温かく、外向的なパートナーを求める
・関係の中で「相手より上に立つ」ことを好む

一般的に、この人たちは愛の問題については自分の気持ちにオープンで積極的であると考えられています

強くて赤みのある手（そして赤みを帯びた感情線）は温かみのある性格を表し、手を握る際に親指が外側になるのは率直さを表します

直線的な感情線をもつ人は……

・どちらかというと分析的
・プライベートな領域で愛情を示すことを好む
・言葉や思い出で気持ちを伝える
・性的抑圧を排除する必要がある
・人間関係では合意と調和を求める
・もの静かで、誠実な、思慮深いパートナーを求める
・人間関係において、対等な関係か、あるいは受容的で、相手を支援する役割を求める

直線的な感情線は、どちらかというと内向的であまり感情を表に出さない人に見られます

覚えておいていただきたいのは、上記の内容は、この人たちが冷たいとか感情に乏しいという意味ではないということです。彼らは単に分析的な人間なので、何か約束をする前に、きちんと状況を理解し、判断を間違わないよう動きたいと考えているだけなのです（色白で細い手や、感情線にしるしなどが何もない人は、感情的になりにくいことを示しています

手を握る際に親指を内側にして（指をそろえて）いる場合は、感情を内に秘めがちな性質を示しています

感情線の形状が人間関係に
どのように影響するか

　正反対の人は引かれ合うといいますが、その先に何が起こるかについては誰も教えてくれません。私の経験では、感情線の形状が似ていると、2人の関係がうまくいく確率が高いことが多いようです。ここでは恋愛のさまざまな段階で、カーブした感情線をもつ人、直線的な感情線をもつ人がどのように行動するのか、概略を見ていきます。

● 新しい関係を求める

カーブした感情線：熱心に関係を築こうとし、共通点を探します。相手の方にも熱意があってほしいと考えており、性的に引かれ合う兆候があるのか、探し求めます。

直線的な感情線：相手からゴーサインが示されるのを待ち、相性が良さそうな兆しが見えたら、付き合いはじめます。感情面と考え方の両面の相性が良いことが必要条件です。

● 関係がはじまったら

カーブした感情線：相手に自分を印象づけ、口説き落とし、誓いを立てて恋に落ちることに非常に熱心です。「追いかける側」であると自認しており、拒絶されるのを恐れていますが、「勝ち取る」ことこそ必要で、相手があまりに簡単に手に入る、あるいは相手のほうが熱心に愛情を求めているような場合は興味を失います。相手からの手応えと評価を必要とします。

直線的な感情線：相手の深い感情を理解し、責任を共有しようと努めます。関係性のバランスを維持する方法を直感的に理解します。相手が幸せであれば満足感を感じます。言葉にせずとも自分の態度や素振りを相手が認識してくれることが必要です。

● 性的な面で求めること

カーブした感情線：自らの満足を求めます。自分から行動を起こし、相手がすぐにセックスを求めないと拒絶されたように感じます。もっと自分の受容力を高め、相手を信頼することを学んだほうが良いでしょう。

直線的な感情線：親密な関係に入る前に、自分が求められていると感じられることが必要です。性的な面への自信を相手の中に求め、安心感、時間、信頼を得ようとします。自分のニーズが確実に満たされるよう動くこと、そして自分が主となる役割を担うことを学んだほうが良いでしょう。

● 問題に遭遇したとき

カーブした感情線：困難に正面から立ち向かい、その後忘れたいと考えます。状況が簡単に解決するよう期待します。いったん離れて充電するための時間が必要で、その後中断したことを再開します。

直線的な感情線：問題が起きてから対応します。心配性で長期的な影響を案じ、常にそれが心の片隅から離れない。困難な状況にあるときは、その関係が永続するものであることを示してもらう必要性を感じます。精神的な脅迫で自分の状況をコントロールしようとします。

● 怒りの表現

カーブした感情線：怒りを爆発させ、叫んだり物を投げたりするが、その後は忘れてしまいます。実際に行動する前に軽率な行動や考えなしに放った言葉の影響を考えることを学んだほうが良いでしょう。

直線的な感情線：すねて、沈黙しつつ、あるいはフラストレーションを抱えて苦しい思いをします。受動的攻撃手段に訴えます。罪悪感を手放し、怒りを表に出すことを学んだほうが良いでしょう。

● 関係を終わらせるとき

カーブした感情線：関係を終わらせるにあたっては、先に動くことが普通です。相違点は正面から受け止め、次に進みます。

直線的な感情線：心配のあまり、それが気分に影響をおよぼし、食事や睡眠にも影響します。手放すことに困難を感じます。

The End of the Heart Line
感情線の終点

　感情線はほぼすべて、手のひらの尺骨（前腕の小指側にある骨）側、つまり小指の下あたりからはじまります。開始点はフォークのように何本かに枝分かれしていたり、島紋のような形になっていたりするのが普通です。これらは10代前半に感情面での適応や調整があったことを示唆しています。

　しかし感情線の終わり方は、それ以上のことを語ります。感情線の終点が明らかにしてくれるのは、潜在的なパートナーシップや感情的な傷に対してどのように反応するかということです。また他者とのかかわりで、どのような感情的経験を期待しているかも示します。

　よく見られるのは、人差し指と中指の間の下あたりで終わっているというもので、これは（線の形状にかかわらず）感情面でも性的側面でも平均的な反応をし、健全な形で相手への愛情や献身を表現することができる（特に終点がフォークのように枝分かれしている場合）ことを示唆しています。感情線の終点がこのようになっている場合は、私たちはパートナーと定期的にコミュニケーションを取り、自分の気持ちや疑問、不安を相手に伝えられるだけの十分な信頼関係を築くことができます。

　感情線がぐっと上に向かって曲線を描き、人差し指と中指の間の指の付け根のあたりまで達しているというのはまれです。これは友情や恋愛を追求するのに積極的（カーブした形）であり、表現力があり、純粋で社交的であることを示しています。この人たちは一般にバランスが取れていて、精神的に安定しています。

　感情線の終点が小さなフォーク状に枝分かれしているのは、現実面と感

情面のバランスが取れていることを表しています。分岐が大きい、あるいはたくさん枝分かれしている場合は、セクシュアリティが複雑で、自分で思っているほどには感情や性的側面をコントロールできていない可能性があります。この人たちは、あまり結果を考えることなく異性に言い寄ったり、からかったり、人の気持ちをもてあそんだりする可能性があります。多くの場合、「自由・独立」対「親密さ・安心感・貞節」をめぐる問題が、人間関係の重要な部分を占めることになります。

　身体的な面では、感情線が著しく短い場合、肺を強化する必要性、そしてしっかりと深い呼吸をする必要があることを示唆しています。300ページのクレオ・レーンの手形を見てください。彼女は肺に欠陥をもって生まれてきました。また、感情線が開始点からすぐのところ（だいたい1インチ〈約2.5センチ〉くらい）で途切れて、新しい線がその上からはじまっている人がいます。これは幼少期の感情的なトラウマのしるしであることが多く、途切れた時点で心が大きく損なわれたため、その後、心の状態を全面的に再構築しなければならなかったことの表れです。これは通常、ゼロから再出発しなければならないことを示しています。悲しくも皮肉なことに、この人たちは「安全な」関係を捨てて刺激的な関係を求めても、結局その後、最初の関係に似た「安全な」関係に戻ってしまう可能性が高いのです。

　ここで説明した以外にも、さまざまな終点の形が存在します。手全体を横切っている感情線もあります（人道主義者の感情線。詳細は239ページ）。線全体の方向は、頭脳線や生命線のほうへ下がっている（嫉妬心、過去の心の傷による自己防衛、強い依存心を示すことが多い）か、頭脳線と生命線に合流している（この「衝突」は、かなり強烈かつ激しやすい性格である可能性を示します）場合もあります。

　感情線の終点の上あたりにさらにもう1つ、支線が出ているのがよく見られます。これは、周りから受け入れられやすいような仮面をつけている、あるいは仕事人として、社会人としてのペルソナを演じている（右手の場合）、または感情を隠し、慎重に守っている（左手の場合）のだと見ることができます。これは普通、他人との距離を保ち、無防備になるのを避けるための自己防衛的な仮面です。この線により、その人には見た目でわかる以上のことが常に潜んでいるのだということがわかります（86ページの

手相の写し22）。

　この他にも数々の上向きや下向きの支線がありますが、これは後述の「愛と友情」（226ページ）のセクションで説明します。

（226ページ）

Long or Short?

長い？　あるいは短い？

　感情線の長さから、私たちの愛に関する期待度について、多くのことがわかります。感情線の長さには、大きく分けて主に以下の5つのタイプがあります。

1. 中指の下で終わる、短くて真っすぐな感情線
2. 土星丘（中指の下の膨らみ）で終わる、短いカーブした感情線
3. 木星丘（人差し指の付け根の膨らみ）の下で終わる、長くてまっすぐな感情線
4. 木星丘の上で終わる、長いカーブした感情線
5. 手のひらの向こう側に向かって真っすぐ伸びた感情線（人道主義者の感情線。詳細は239ページ）

詳細は239ページ

短い感情線をもつ人は……

・人や愛に対してシニカルな見方をしている、人と距離を取る、感情にあまり流されない人が多い。「本当の愛」を見つけられないのではないかと恐れている可能性もある
・現実的で、約束事には慎重
・感情よりも性的な面での活動を好む可能性がある（特にカーブしている場合）
・利己的にならないよう、あるいはすぐにきめつけないようにする必要がある
・過去の傷や不安と決別するべきである
・自分を守るために、感情的な反応をコントロールしたいと考える

短い感情線 ―― カーブしているか、直線的か

　カーブした感情線が中指の下あたりで終わっている場合（98ページの**手相の写し39**）、あまり選（え）り好みすることなく、あるいは親密な関係を抜きに、肉体的な関係の楽しみを追求する傾向が見られます。あるいはもしかすると、感情的にあまり動かされることがない（あるいは動かされたくない）のかもしれません（他の性的指向については240ページ）。官能的で性欲が強く、肉体的な快楽を追求するあまり、感情的な結びつきを求めずにセックスという行為に没頭してしまうことがあります。拘束されたくないのと、経済的な安定を求めるのは、別の話だと考えます。このタイプの感情線をもつクライアントの一人に、マッサージ師がいました。彼は自分の仕事の官能的な面と性的な面の両方の利点を楽しんでいました。直線的な感情線をもつ人にも同じくらい性欲が強い人はいますが、この人たちは人間関係を自分がコントロールできなくなり、自分の弱さが露呈することを恐れます。他の「極端な」線形の場合と同様、自分に足りない部分を補うべく過剰な欲求（たとえば何度も結婚と離婚を繰り返す、また特に性的な面で支配的な立場を取ろうとするなど）をもつ可能性が考えられます。

人差し指の下で終わるカーブした感情線をもつ人は……

- 人の良いところを見ようとする、なるべく高く評価したいと考える、高い基準をもつ、理想主義者、好みがうるさく、満足させることが難しい、ロマンチスト、ナルシスト
- ツインソウル、ソウルメイトを探す、「正義の味方」的、「運命の人」を見つけるべく個人的な探求に没頭する
- もっと現実的な期待をもつ必要がある
- 友人や恋人を持ち上げ、崇拝し、何か良くないことがあればがっかりして、その人を落とす
- 人を味方に引き入れるために寛大に振る舞う

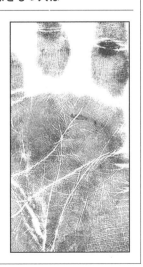

感情線の位置が高いか低いか？

　もし感情線の位置が普通より著しく高い、あるいは低い場合、これには意味があります（もしあなたがますかけ線、あるいはほぼますかけ線と思われる「半ますかけ線」をもっている場合は、当てはまりません。その場合は次のセクションを見てください）。

　感情線が高い位置にある場合、手相の本では、それは理想主義者を意味するといわれることが多いのですが、私はそれよりも自己陶酔的な人を示していると考えています。この手相をもっている場合、もし誰か友人が自分の不幸な出来事を話すのを聞いたときは、次の例文が示すように自分の経験と比較したり、もっと劇的な話をして友人の話の上をいってやろうと

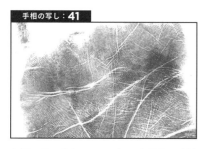

中指の下で終わっている短い直線的な感情線

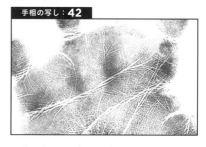

人差し指の下（木星丘）で終わっている長い直線的な感情線

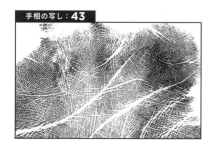

カーブした感情線から、フックのような支線が頭脳線のほうへ、下向きに伸びている。このクライアントは既婚者で、自分のセクシュアリティに戸惑っていました。これはまた、「自由VS親しさ」に課題があることを表します

カール・ユングの手。人差し指と中指の間のところまで、カーブした感情線が高く伸びている

したりしないよう気をつけることが重要です。

- あなたは頭痛持ちなのね。でも私はあらゆる片頭痛が問題にならないほどの片頭痛持ちなの
- あなたの話はいいわ。私の話をしましょう。私のことはどう思う？
- 私、自分のことばかり考えているっていわれるのよね。どうしてそんなふうになったのかしら？

　問題点が把握できたでしょうか。一方で感情線の位置が低い場合は、聞き上手な人となり、必要に応じてサポートやアドバイスを与えることができます。この能力は、他の人が経験している強烈な体験を知り、自分のことのように感じる力から生まれます。

Space Between the Heart and Head Lines
感情線と頭脳線が
どれくらい離れているか

　感情線と頭脳線の間の距離は、あなたが感情的本能（感情線）と知的な反応（頭脳線）にどれくらい距離があるかを示しています。もちろん、ほとんどの人の離れ方は平均的なものですが、その間隔が通常よりも広い、あるいは狭い場合は、何かの意味をもつと考えられます。

　原則的には、頭脳線と感情線が近づいているほど、張り詰めた、視野の狭い、集中的な性質となります。次のセクションでは、両方の線が合流して1本の線になっている場合（ますかけ線）の性格への影響を見てみましょう。

　頭脳線と感情線が狭い間隔でどちらもまっすぐに伸びている場合、自己制御の利いた性格であり、冷静に自分の感情をコントロールできる人であることを示しています。正確な音程で歌うことのできる人を示すサインであることもあります（多芸多才な歌手ではないかもしれませんが）。また、他にも関連する手相があれば、ビジネスの世界で抜け目のないやり手となる潜在性をもちます。この手相の特徴をもつ人に、ポール・マッカートニーやトニー・ベネットがいます。

109

頭脳線と感情線が あまり離れていない人は……	頭脳線と感情線が 大きく離れている人は……
・かなり偏狭で、引っ込み思案 ・閉鎖的、視野が狭い、他人に振り回 　されない、極端な意見をもつ ・差別的、または公正さに欠ける偏っ 　た考え方に固執する ・道徳的または宗教的な規範の影響が 　大きい ・集中力がある、制御が利いている、 　ひたむきに何かに打ち込む（特に両 　方の線が直線的である場合）	・人一倍心が広い ・影響を受けやすい（特に親指が大き 　く伸びる場合） ・寛容でリベラル（たがいに干渉しな 　いスタンス）で、偏りなく公平 ・思考と感情、感情と理性を切り離す 　能力にたけている

組み合わせ その4：左右の感情線の相違
左手の感情線が中指の下あたりで終わっている場合、傷ついて自己防衛的に
なっていて、恋愛に対してシニカルな態度をとっていることを示しています（あ
るいは親の結婚の失敗が原因である可能性もあります）。しかし右手の感情線が
人差し指まで伸びている場合も、相手を選ぶにあたって、非常に高い基準を設
定しており、完璧な相手との出会いを求めていることを示します。この組み合
わせが逆になっている場合、真実の愛と大きな夢を信じていますが（左手の感
情線が人差し指に向かっている）、候補となる相手が自分に近づいてこられない
よう心の壁をつくっています（右手の感情線が短い）。自分の期待通りの人はい
ないだろうと、期待をもたなくなってしまうことも時折あります。

　斜線や枝分かれした支線など、この他のさまざまな種類の感情線につい
ては、第3章の「愛と友情」（226ページ）のセクションで紹介します。

感情線を見ていく場合は、以下のことを考慮してください。

- 線の長さ、深さ、明確さ。極端に鎖状になっている、または二重になっている（複雑な感情的反応）場合もあるでしょう。あるいはまれなケースでは、ほとんどしるしがない（感情面で人とつながりをもつことが難しい、共感できない）という人もいます。形が崩れている（非常に敏感だが、感情に気づいていない）、あるいは力強く赤みを帯びた線（感情が知性を支配している）もあるでしょう

- 線の開始点。感情線は普通、手の尺骨側からはじまりますが、開始点の周辺に島紋や「矢」（詳細は241ページの**手相の写し82**）が見られる場合があります。また開始位置は高いでしょうか低いでしょうか

- メインとなる感情線の長さと形。短い（用心深く、自己防衛的）？　あるいは長い（他人に手を差し伸べる）？　カーブしている（自発的、支配的）？　あるいは直線的（分析的で、バランスを求める）？

- 線上に途切れ、島紋、しるし、分岐、あるいは線の方向に沿って下降している線などがある（後述）

- 線の終点。直線的であれカーブした線であれ、途中で止まっていたり、普通考えられる以上に伸びていたりしていないか。カーブして人差し指と中指の間くらいまで伸びている線もあるでしょう（精神的に安定していて、バランスが取れている）。あるいは人差し指の下の丘のほうに伸びている線もあるかもしれません（理想主義。完璧さを求める）。また頭脳線や生命線に向かって下降していっている場合もあります（隠された激しさ）。支線がメインとなる感情線にくっついていたり、離れていたりする場合もありますし、感情線が手のひらの向こう側に向かって真っ直ぐに伸びている（人道主義者の感情線。詳細は239ページ）場合もあります

- 左右の手で感情線は違っている？

- 感情線と他の基本線、特に頭脳線と比較して、線の力強さや長さの点でどう違うか。感情線と頭脳線の形や長さは似ている？　それとも異なる？

ますかけ線：慣習や周りの人は無視して自分の思うように行動する人

　ますかけ線は頭脳線と感情線が組み合わさった魅力的な線です。個々の頭脳線と感情線に代わって、手を横切って遠く向こうにまで伸びている線路のように思えます。下記の例にあるように、ますかけ線のある手には、細い糸状の頭脳線または感情線がよく見られ、これがその人の性格により多くの視点やバランスを付与しています。ますかけ線の中には、低い位置にあるものもあり、この場合頭脳線だけで感情線が存在しないかのように見えます。このような手相をもつ人は、どちらかというと知性を基本として行動し、感情は抑制します。高い位置の（そしてどちらかというと尺骨

手相の写し：**45**

ますかけ線の上に感情線の支線がある手相

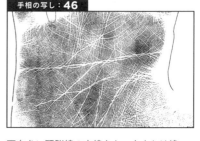

手相の写し：**46**

下向きに頭脳線の支線をもつますかけ線

手相の写し：**47**

もう1つ、ますかけ線の下に頭脳線の一部がある手相

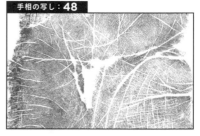

手相の写し：**48**

60代のエネルギッシュな女性の手形。心の傷を受けたが、その後充実した人生を送る決意をした。ますかけ線の上にはっきりとした太陽線（281ページ）があることに注意してください

側にある）ますかけ線をもつ人は、どちらかというと感情や情熱、あるいは強迫観念が原動力となって行動します。人によっては、頭脳線と感情性がたがいにぶつかった形になった、ほぼますかけ線と思われる「半ますかけ線」をもつ人もいます。

　感情線が私たちの感情的反応を具体化し、頭脳線が分析能力を支配していることを理解すれば、頭脳線と感情線が融合して1つになった線は、論理と感情の分離が不可能であり、人生に対して単一のアプローチを行うことになる可能性が高いことがわかるでしょう。古い手相本で、この線をもつ人が野蛮な衝動や攻撃性、残忍性を持っているとされていた理由の1つはここにあります。しかしどちらかというと一般的によく見られるのは、理性的すぎる性格と感情的すぎる性格が交互に現れるというものです。私はこれを天才か愚者かを表すサインだと教えられました。これは手相の世界で見られる極端なコメントの1つではありますが、ここには一片の真実があり、ますかけ線をもつ人は人生のどの分野においても中間というものがほとんどないのです。

　女性でますかけ線のある人はまれです。私はますかけ線の意味を西洋占星術の蠍座になぞらえます。そしてホロスコープの中で蠍座または牡牛座が目立っている人や、天王星が強調されている人の手によく見られるのです。興味深いところでは、元英国首相のトニー・ブレアは、「風」のエレメントの両手にますかけ線があり、ヒラリー・クリントンの左手にもますかけ線が見られます。また数々の悪魔的人物と格闘してきた俳優のアンソニー・ホプキンスや、演技に100％自分を捧げ、演じる役柄のために極端なまでに姿をも変えることで有名なロバート・デ・ニーロもそうです。

　左手にますかけ線がある場合、その人の感情はかなり複雑で、人間関係に満足する、あるいは平穏を感じることがかなり難しくなります。そして自分自身に対しても同じように感じる可能性が高くなります。人間関係においては、完璧でありながら自分の欠点を許してくれるスーパーヒーローを求めます。

　右手にますかけ線がある場合は、自分の努力で立身出世を成し遂げようというエネルギーと情熱をもち、それを支持する「大義」を探します。自分の力を発揮できる環境に身を置けば、山をも動かすことができるでしょう。尊敬を受けることもなく、自分で何も決定する余地がないような仕事

では、何をしでかすかわからない問題児となったり、誤った方向に誘導されたミサイルのように破壊的な人物となる可能性があります。

　両手にますかけ線がある場合、片手だけにますかけ線がある人よりも、以下のような特性が見られます。

ますかけ線のある人は……

- ひたむきさと強さでは群を抜いている
- 自分のアイデアを追求しようという確固たる意志をもち視野が狭くなる
- 自分がルールであり、自分のやり方で物事を進める
- 自分のやっていることを100％信じている。並外れた集中力がある
- 白か黒かの考え方で、人も意見も正しいか間違っているかのどちらかであると信じている。他の人の意見が自分と合わない場合、相手が間違っているのだと考える傾向がある
- 判断をゆがめたり、進むべき道を阻んだりするような、何らかの偏見をもっている可能性がある
- カリスマ性、エネルギー、力強さ（肉体的、精神的）がにじみ出ている
- リラックスすることが苦手で、緊張を感じることが多い（静かに荒れくるう嵐のように）
- 強い宗教心や使命感をもっている。計画を実行する際に、宗教が「確信」を与えてくれることがよくある
- 最後の最後まで、ある状況に執拗に留まることがある
- 建設的な仕事にエネルギーを向ける必要がある
- 強迫観念的な性格である
- 極端なオール・オア・ナッシングの性格だが、周りの人間も、彼らに極端な反応を示す
- 天邪鬼な性格で、わざと反対の立場を取ったり、難癖をつけたりすることがよくある
- 権力を握ると冷酷なまでに有能な独裁者となり、敵となれば手強い相手となる
- １つの目的を真っすぐ見つめ、自分に反対する者は容赦なく排除する
- 世間話や軽口を叩くのは苦手
- 別の見方をしてみることが好きで、暗号や謎解き、パズルで人生を解決

することを好む

- 周りの環境をコントロールして成功を勝ち取る必要がある
- 性的な征服者で、性的に極端で攻撃的なことを楽しむ
- 偉大さや独創性がある（特に右手に線がある場合）

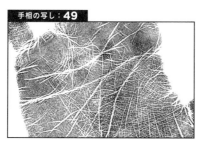

手相の写し：49

完全な形の感情線を上に伴っている半ますかけ線。開始点が、尺骨側から鎖状ではじまっているので、長い頭脳線（あるいはシドニー線）ではないことに注意

手相の写し：50

極端な性的指向をもち、SMの関係でMの役割を楽しむ男性の半ますかけ線

組み合わせ　その5：
ますかけ線をさらに理解し、最大限に活用するためのヒント
ますかけ線をもつ人が、この重要な線の意味するところを最大限に活用するにはどうしたらよいでしょう。それを知るためには、指と運命線に目を向けてください。特に親指のサイズがもっとも重要となります。運命線がはっきり見えない人もいます。それはあたかも仕事や家庭での義務（運命線）よりも、生来の性格から来る原動力や集中力が人生を動かしているかのように思えます。健康面では、過多な仕事で身体（特に心臓）をおろそかにしないように注意する必要があります。手の形もチェックしてください。そのエレメントによって、どこにエネルギーを向け、決断するべきかがわかるでしょう（たとえば「地」の手であれば、肉体面を追求します）。あなたの執着はどのような面にあるでしょうか。感情や知覚（水）？　肉体や物質（地）？　知的活動や表現（風）？熱情とビジョン（火）？　もし「風」の手をもつ人なら、自分の真意を相手に伝えることにこだわる、強引なコミュニケーションを取る人かもしれません。他の人は私のビジョンやアイデアを聞いて理解し、かつ私に同意するべきである、というふうに考えているわけです。

ますかけ線ではないが、感情線と頭脳線の間をつなぐ線が見られる人がいます（ジョニー・フィンチャムはこれを「ミニ・ますかけ線」と呼んでいます）。この線が示しているのは、家族に対する義務や安全への執着（中指の下で線がつながっている場合）や、人気や社会的承認への渇望（薬指の下で線がつながっている場合）などです。

The Fate Line: Our Direction

▌運命線：方向性

　運命線はもっとも変化しやすく、また魅力にあふれた線の1つです。運命線には長いものもあれば短いものもあり、途切れていたり、細い糸状の線が集まった状態であったりもします。また力強くはっきりした線もあれば薄く消えそうな線もあり、開始点・終点の場所もバラバラである上、運命線がまったく見当たらない、ということもあります。一般的には、運命線は手首の上くらいのところからはじまり、中指の下の肉づきの良い部分に向かって伸びています。運命線の進路、線の明瞭さ、方向はすべて、目標、野心、責任、職務に対する私たちの姿勢を表しています。運命線は私たちの人生の道筋、つまり「毎朝目を覚ましたときにベッドから起き上がる動機となる物事」のすべてを象徴しているのです。あなたは物事が起こるがままに受け入れて日々を過ごしていますか？　または事前に計画を立てて動いていますか？　日常の習慣や決まった仕事に対し、責任感をもって取り組んでいますか？　いつ終わるんだろうとうんざりしながらずっと単調な仕事を続けている？　あるいは状況を改善し、変えようと努めていますか？

　運命線は、子どもが家庭の外での役割を感じはじめる年齢や、あるいは10代になって仕事をする必要性を認識したり、試験に合格したり、自分の将来を自分で計画したりする必要性を感じはじめるころに、手に現れるといわれています。非常に幼い子どもの手に強い運命線がある場合、それが表しているであろうことは、責任感の強い性質、自分に期待されていることを早い段階から理解している、家族の一員としての意識をもち、周りをよろこばせるのに熱心なことなどですが、自立心の発達に問題があること

を示している可能性もあります。また人生の早い段階で、他の選択肢を意識することなく何らかの宗教や仕事に固定されているという場合もあります。

　運命線の開始位置は、家族が私たちの人生の道筋に与える影響の大きさを明らかにし、また私たちがその影響に対してどのように反応するのかを示しています。もし生命線と近づいていたり、接していたりする場合は、幼少期の経験が仕事や義務に対する姿勢に影響を及ぼしていることを示します。たとえば家族の支配から逃れるのに困難を感じている可能性などです（243ページ）。逆に運命線が尺骨側の端から入ってきている場合は、家庭内での経験が（それが本人にとって役に立つものであったか、妨げになるものであったかにかかわらず）、家族から離れ、自分の道を切り開くための推進力となってきたことを示します。

　転職が運命線の変化に反映されることもありますが、注意していただきたいのは、転職がすべて運命線の切れ目や重なり、新たな展開として表れるわけではないということです。運命線に表れるのは、仕事に対する考え方や姿勢に大きな変化があった場合です（発生時期の判断は、2章の「時期判断の技術」を参照）。たとえば会社を替わっても、仕事の内容ややるべきことは特に変わらないということもあるでしょう（その場合、線に変化はありません）。しかし新たな職場で非常に大きな責任がのしかかってきたなら、運命線が重々しいものに変わるでしょう。仕事面での性格や、責任や責務に対する姿勢に注目してください（たとえば中指が長いと、真剣さが増し、真面目な性格になります）。また他の線と同様に、線の形や濃さ、方向などが、人生における出来事やその線の支配する人生の領域への姿勢の両方を明らかにします。

　運命線は、私たちの人生の旅路と関連していますが、周りの人とのつながりについても教えてくれます。というのも、仕事というのは常に、ある程度の人とのかかわりが必要となるからです（それが教師であろうと、ウェイターであろうと、また親としての立場や公務員など、仕事の種類にかかわらず）。人生の主たる役割をパートナーシップと考えている人であれば、運命線が表しているのは、もっとも重要となる私的なパートナーとの関係が多いということになります。多くの場合、パートナーや配偶者との結びつきは、特に左手の運命線でもっとも目立つ線が示しています。

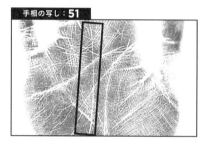

手相の写し：51

一般的な形の運命線。途切れのないはっきりした線ですが、線の力強さの点では、他の基本線と比較してあまり変わらない。階層的な雇用システムで働いている人によく見られます

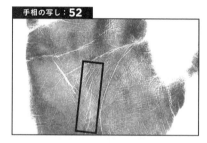

手相の写し：52

メディアでのキャリアを追求したいと考えている若い男性の手。羽毛のような繊細な運命線がたくさんある。契約ごとで働くメディアでの仕事には理想的な手相ですが、このような運命線は、（逆説的ですが）長期的に安定した仕事を見つけようとしている人に見られることもあります

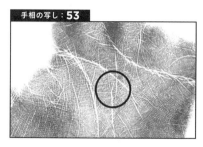

手相の写し：53

長い間交際していた相手と別れた34歳の男性の左手。フォーク状に分岐した運命線と、重なって存在する運命線に注目してください。新しい運命線は手の外側（公的な側面）の端からはじまっており、内向きにこもった人生から周りの影響にオープンな人生となっていくことを示唆しています

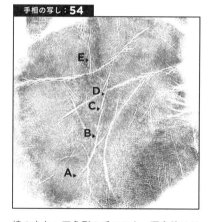

手相の写し：54

線の少ない四角形の手のひら。運命線はどの線も途切れており、インパクトのある出来事があったことを示しています。普通は仕事が変わると、線の途切れとなって現れます。この例の男性は、産業界で働いていて（**A**）、30歳のときに部署を移動し（**B**）、その3年後に仕事を辞めて、専業の占星術師になりました（**C**）。35歳のときにより広い国際社会へと出ていきました（**D**）。その後、運命線は終わって、平行している太陽線（**E**、281ページ）が引き継がれますが、これは常に、努力の成果を享受できるという良い兆候です

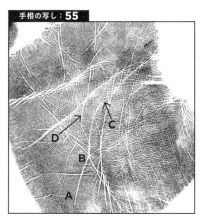

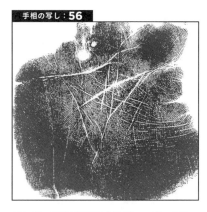

この手には、たくさんの糸状の線と複数の運命線があります。メインとなる運命線（**A**）は、生命線から出ている線とぶつかっており（**B**）、人差し指の方向に向かって反れて行っています（**C**）。この男性は29歳のとき（**B**）に結婚し、パートナーのサポートを受けて、自分のビジネスをはじめることができました。数年後（33〜34歳）には新たに外側の運命線がスタートします（**D**）

テレビ、映画で活躍するジョージ・クルーニーの手相（提供：ピーター・ウェスト、©Pentagon）。クルーニーは、初期のキャリアでは誰の記憶にも残らないような小さな役柄ばかりでしたが、33歳のときにテレビドラマ『ER』（1994年〜）で国際的な名声を得ることになりました。この年齢のあたりで、2本の運命線（うち1本は生命線から上昇している）が現れていることに注目してください

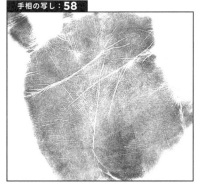

もう1つ、有名人の手相です。詩人、小説家、劇作家、前衛映画監督であるジャン・コクトーの手のひらです。ここでは運命線が早い段階で終わっています。これは日常生活を放棄し、それ以降、体系だった活動がなされていないことを意味していることがよくあります。コクトーの場合は、34歳のときに親友が亡くなり、それがコクトーをアヘン中毒に追いやったことが表れていると見ることができるかもしれません

この手相では、運命線が短い生命線を助けるように伸びており、生命線が一緒になって倍の長さになったかのようになっています（212ページ）

手相の写し：59

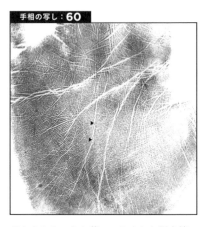

手相の写し：60

もう1つ、手相例を見てみましょう。アジア系の商店主兼実業家の手です。彼は家業を継ぎ、自身の会社も設立。生命線と連動した力強い運命線があることに注目してください。彼は数多くの影響線（222ページ）をもっており、縁談を決めようとすると、数々の悲惨な目に遭ってきました。なお、運命線が感情線のところで終わったり、感情線に合流したりしている場合は、伝統的には人間関係の選択がその人の前進を妨げていることを示しているといわれます

どちらかというと薄い、かすかな運命線。最初は尺骨側（公的な側面）から出ており、その後、折り重なった一連の線に発展していきます（192～193ページ）

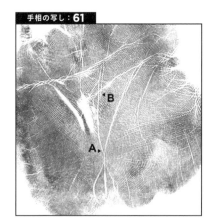

手相の写し：61

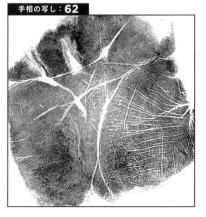

手相の写し：62

運命線は、生命線からはじまっており（**A**、人より少し遅くとも、自分の努力で方向性を定め、成功を手に入れ、家族の影響から脱却する）、その後、頭脳線の真下から平行線と合流しています（**B**）

この手相では、手のひらの下半分には運命線はなく、頭脳線から上昇している線があるのみです（およそ35歳ごろ）。この人は、この時期に家庭をもち、自動車整備士としての事業を展開しはじめました

力強く途切れのない線か、
細い分断された線か？

　運命線が力強く途切れのない線か、細い分断された線であるかを確認してください。運命線は人生の途中で（また人生のある時期に）よりしっかりとした線に見えることがあり、それは仕事が自分の望んでいたよりも大変になっていることを示唆しています。細く軽い感じの線に見えるときは、日常の仕事がそれほど重くのしかかってきていない時期だと言えます。

　これまでに挙げた特性に対する強い代償的行動はどのようなものか、ここでも探してみましょう。運命線がしっかりした途切れのない線である場合、私たちは日常で繰り返される生活を壊したり（途切れのない線への反動）、確定済みで変更不可能な責務や決まった人生の道筋（しっかりした重々しい線）から遠ざかろうとしたりするかもしれません。「どこかに行こう」と画策して、仕事が未完成のままになったり、多くの仕事がやり残しだらけになったり、関心をなくしてしまったりといった結果になる可能性があります。短く途切れた線で構成された運命線や、かすかな運命線の場合は、長期的な計画を立てることで過剰に補おうとしたり（断片的な線への反動）、安全や成功（かすかな線）を求めて努力したりする可能性があります。より長続きする、あるいは実質的な何かを開発しようと必死になっているのかもしれません。

　あるクライアントの運命線は、細い糸状の羽毛のような多くの線からなる運命線でしたが、彼はメディアで長期的なキャリアを築かねばという内なるプレッシャーについて語っていました。このクライアントは、短期契約で不安定なことで知られるこの職業に安心感を求めていました（このような仕事は、断片的な運命線のタイプの人には合っているはずなのですが）。彼は着実に前進し、キャリアの階段を上りたいと望んでいるものの、そうできずにいることに不満を感じていましたが、自分を奮い立たせるだけの活力や意欲がないことも認めていました。これまでと同様、線の強さにはエネルギーが表れています。

　この他の部分についての手相分析にも言えることですが、私たちは常にその人の自己認識のレベルを考慮する必要があります。それと同時に、基

本線の方向や線の力強さに見られるエネルギーや目的意識がどれくらいのものであるか、また教育やその他の選択肢といった外部要因も考慮しなければなりません。

運命線が力強く
途切れのない線である場合は……

・職業生活が安定している、または目的意識をもってキャリアの階段を上っていく
・確固とした目標、計画、取り組み。自分が何者で、どこに向かっているのかを明確に把握している
・人生及び仕事（特に長期的な）に対して義務と責任の意識をもって取り組む。時に自由を求める
・根気強い。挫折や妨害にもめげない

あまりリスクを冒さない、どちらかというと平穏で退屈な人生を表していることもあります。自分に期待されることを行う、あるいは単純に家族の足跡に従うなど

運命線が細い
分断された線である場合は……

・仕事の上でも個人・家庭生活のうえでも変化が多い。すぐに退屈する
・最悪の場合、集中力や自己確立を欠いた人間となる。優柔不断、あいまい、注意散漫になる場合がある
・生活が落ち着かず、また型通りの仕事や繰り返し作業を嫌う。短期的な仕事には向いているが、将来に不安を感じることが多い
・従順な性格で、自己意識は弱い。目標を実現できないことを恐れ、永続性を求めることが多い

いつもきっちりと仕事を完遂できない性格を表していることもあります。個人的な「ドラマ」が仕事の時間を邪魔しているのかもしれません。あるいは心が仕事に向いていないだけかもしれません。が、いずれにしても9〜5時の仕事は嫌っています

運命線が見当たらない場合

　運命線（特に右手の運命線）は社会における自分の居場所や役割（どこに、どのような物事に適性があるのか、あるいはどのような場所や役割を自分は望んでいるのか）を示す良い指標となります。反体制的な人にはあまり運命線が見られないことがあります。通常、手には運命線らしきものがありますが、それを見分けるには練習が必要です。運命線がところどころ欠けている場合は、人生の道筋に方向性や安定性を欠く時期があることを示している可能性があります（194ページのフェイ・プレスト氏の例を参照）。線が重なり合っている場合は、人生の次の段階へと徐々に重なり合いながら移行していくことを示唆しています（191ページ）。運命線が手のひらの上のほうから開始している場合は、進むべき道ややるべきことが定まるのは人生の後の方の段階であることを示しています。このような運命線を私は何人かポップスターの手に見たことがあります。彼らは若いときに有名になりましたが、その後はもっときっちりした仕事に就き、家族をもって落ち着きました。運命線の時期をたどっていくことで（206ページ）、このように人生が新しい段階に入る年を特定することができます。運命線がない場合は、以下のようなことが考えられます。

- 独立心旺盛な、あるいは気まぐれな精神の持ち主。人生の方向性ややるべきこと、パターンなどが定まっていない。舵取りができていない。落ちこぼれる
- 家族や社会からの期待に対する反抗心
- 日常生活や周りの環境に縛られない冒険的人生
- 自分が何者なのか、どこへ行こうとしているのかをしっかりと認識していない

　運命線の時期をたどる方法や、運命線上に表れている重要な出来事を確認する方法については、206ページの「時期判断」のセクションをご覧ください。

運命線を見ていく場合は、以下のことを考慮してください。

- 線の長さ、深さ、明確さ。その線は明確で、真っすぐに上に伸びていますか？　または細い糸状の線が多数重なり合って構成されていますか？　あるいははっきりとした数本の独立した運命線が存在するでしょうか。部分的に欠けていますか？　または完全に見当たらないでしょうか

- 線の開始点。運命線は月丘からはじまっていますか（家族の支配から離れている）？　生命線から開始している、あるいは生命線と接していますか（自分の人生をはじめる時期が遅いが、自分で人生を構築する）？　あるいはまれなケースですが、金星丘から生命線を通って上に伸びているでしょうか（家族の影響を強く受けている）。もしかすると短い生命線から引き継がれている（責任が両肩に重くのしかかっていると感じている）か、手のひらのかなり上の方に表れている可能性もあります

- 運命線の進路。線上に遮るものはありますか？　障害線、途切れはありますか？　方向が変わったり、分岐したりしていますか？　島紋やその他のしるしはあるでしょうか？

- 線の終点。途中、頭脳線や感情線のあたりで早々と終わっているでしょうか。他の指や丘の方向に反れていったり、支線が伸びて行ったりしていますか？

- 左右の手で運命線は違っているでしょうか。個人としての責任（左）と、職業上の責任（右）に関して、違いは示されていますか？

- 運命線と他の基本線、特に頭脳線と比較して、線の力強さや長さの点でどう違うか。特定のポイントで強くはっきりとなったり、あるいは淡く弱々しくなったりしているでしょうか

4本の基本線：手のひらにおける4つの主要なエネルギーであり、人生の初めから終わりまでの旅を示す線

- **生命線**：
  肉体面でのエネルギー、回復力、体質。活力、情熱、人生への関与、充実した生活や新しい経験を追求するためのエネルギー。幼少期および成人期、どこに根付いた・定着していると感じているか。「バッテリー（＝エネルギーの源）」（金星丘とともに）
- **頭脳線**：
  知的、精神的エネルギー。思考プロセスの長さおよび範囲。興味や関心、意見、推論、自分を表現する方法。他者の発言をどのように聞き、処理し、反応するか。意思決定のプロセス。知的観点。人生および人をどのように理解しようとするのか。どのように問題解決を行うのか
- **感情線**：
  愛情に関する能力。感情的なレベルで他者に手を差し伸べる場合とその方法。他者はどのようにその人の心（感情）を動かすことができるのか。感情面での反応と恋愛への期待。精神的な気づきのレベル。人とのつながり方、社交性、異性の口説き方や誘惑のやり方。パートナーに求めること。交際中や破局後（プラトニックなものも含む）における感情の浮き沈みへの対処方法。感情的なニーズおよび反応を、理性的・論理的な反応（頭脳線）からどのように分離するか
- **ますかけ線**：
  感情と論理を融合させ、集中的で視野の狭いやり方で人生を認識し、人生に取り組む。「使命」に向けて多大なエネルギーを注ぎ込む、激しく過激な人物
- **運命線**：
  責任、日常生活、義務、長期的な目標や責務に対する姿勢。選択した人生の道に対する家族の影響。プライベート（左手）と仕事・社会（右手）のペルソナの構造。仕事内容、パートナー、職業の変化。遺産

STEP 3: THE FINGERS AND THUMBS
ステップ3：指

Expressing Our Character
性格の表現

　指の長さは胎内にいるときに決まります。これは自分自身をどのように表現するか（特に頭脳線で処理される情報）を示す優れた指標となります。52ページで、指の長さがもつさまざまな意味をご紹介しましたが、それに加えて各指は、それぞれに特定の領域における私たちの表現方法や個性を支配しています。手の中でもっとも大きな影響を及ぼす指は、イコールその人の性格およびそれと関連した性格特性を支配することになります。

　自分の手を見て、各指の長さを比較してみてください。特に長い、あるいは存在感のある指はありますか？　ほとんどの人は、一番長い指は中指でしょう。しかし人差し指が存在感のある人もいれば、薬指のほうが人差し指よりも長く、確固として真っすぐ伸びているという人もいるかもしれません。親指以外のすべての指の長さが平均的であっても、親指が力強く手全体を支配していることもあります。小指が突出していたり、長かったり、曲がっていたりします。中指の長さが著しく短い場合もあります。

　また、他の指と比べてより真っすぐな指がないか、確認してください。これは、あなたの思考を支配している原理原則や、どのような活動があなたにインスピレーションを与え続けているのかを示している可能性があります。関節炎になってさえも、真っすぐなままであり続ける指があったとすれば、それはその特定の指がつかさどる追求を続ける決意の明確な意志が示されていると考えることができます。このような例として思い出されるのは、薬指だけが関節炎にならなかった2人の女性です。1人は喜劇女優のベリル・リード、もう1人は80代の美容師です。彼女らはどちらも、引退年齢を超えても、ずっと創造的な仕事を続けていました。

- 人差し指が真っすぐな場合、強い倫理観や誠実さを表します
- 中指が真っすぐな場合、自分自身に対する責任感を表します
- 薬指が真っすぐな場合、創造性があり、拍手や注目を浴びることがモチ

ベーションになっていることを示します

- 小指が真っすぐな場合、自分の意見を聞いてほしいという気持ちが強いことを表します

支配的な指に関する
性格的特性のキーワード

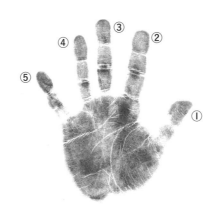

① **親指**
Thumb

冒険的、攻撃的、大胆、戦闘的、勇敢、動的、エネルギッシュ、熱意・ひたむきさ、爆発しやすい、頭が固い、せっかち、鋭敏、不屈の精神、強情、パワフル、押しが強い、意志が強い、占星術的には火星

② **人差し指**
Index Finger

野心的、議論好き、権威的、辛辣、支配的、ドラマチック、進取的、横柄、独立心のある、影響力のある、楽観的、パワフル、自己決定を行う、我が強い、頑固、専制的、占星術的には木星

③ **中指**
Middle Finger

不安、厳格、良心的、従順、忠実、躊躇、勤勉、内向的、秩序だった、謙虚な、悲観的、慎重、控え目、融通が利かない、自信がない、真面目、占星術的には土星

④ **薬指**
Ring Finger

優しく人当たりが良い、芸術的、情け深い、思いやりがある、教養がある、落ち込んでいる、おもしろく楽しい性格、お世辞上手、名誉を求める、優雅、（言動などが）無思慮・軽率、怠惰、洗練された、スタイリッシュ、虚栄心が強い、占星術的には太陽と金星

⑤ **小指**
Little Finger

分析的、明瞭さ、狡猾さ、雄弁、表現力豊か、子どもっぽい、他人を操作するのがうまい、敏感で察しが良い、説得力がある、皮肉屋、冗舌、占星術的には水星

The Dominant Digit
支配的な指

1本の指が他の指より際立っている場合（明らかに長い、短い、存在感がある、真っすぐである、傾いているなど）、127ページの**手相の写し63**で記載しているキーワードで、私たちがどのように自分の性格を表現しようとしているのかがわかります。

The Thumb – the Chief
親指−首長（チーフ）

親指がもっとも重要な指であることは間違いありません。火星と同じように、親指は私たちの原動力、意志の力、また主張力や説得力の程度を明らかにします。また自分自身および周りの環境や人々をコントロールする必要性を感じている程度を示す尺度でもあります。親指の形や大きさが普通とは大きく異なる場合は、それがその人の個性として表れますので、性格を見極める際にはしっかりと考慮する必要があります。

Strong or Weak?
「強い」親指か、「弱い」親指か

「強い」親指とは、しっかりしていて幅も広く、親指そのものが際立った印象であり、曲げたときも人差し指の下部の少なくとも半分まで届く長さの親指ということになります。長い、力強い親指をもつ人は、重要な人物になる必要があると感じており、周りからは強い性格と個性をもつ人間だと認識されねばならないと考えています。また自分が有能で能力が高いと感じられることが必要です。この人たちは心血を注げばおよそ何でもできます。支配的で、好戦的、独立し、厳格に統制が取れており、権威ある役割を担う、威厳をもつ人物です。人に強い印象を与えようとしますが、人からの影響も驚くほど受けやすいことがあります。親指が目立って大きい

場合、抵抗に遭うとより強くなるタイプであることを示します。障害が、この人たちの最良の部分を引き出すのです。

　力強い親指をもつ人は多くのことを成し遂げることができますが、困難があれば、それが他所で発生しているのであっても、そちらに行ってしまう可能性のある人間だということを覚えておくことが重要でしょう。

　細く短い、全体的に弱々しい感じの親指をもつ人は、自制心に問題があり、考えを実行に移すことができないことを指し示しています。親指が「弱い」場合、手のひらの線のもつ可能性を打ち消してしまうかもしれませんので、自制心や意志の力を発揮し、自立心や自己主張能力、自信などを育てることが重要となります。親指が小さい人は、独り立ちすることを学び、安易な解決法に逃げないようにせねばなりません。ベテランの手相術家であるヨハン・ヘルムボルグは、小さい親指を金星の気質（外交的、狡猾さ、依存的、快適さを求めるなど）と関連づけています。小さな親指をもつ人は、「報われない才能ほど多いものはない」ということを忘れずに、自分の能力と与えられたチャンスを最大限に生かすことが大切です。

親指の第1指節（末節骨）

　親指の指先が「強い」（付け根のほうから関節までの長さよりも、関節から指先までのほうが長い）場合、その人は決断力のある「行動者」であり、その意志の力、エネルギー、自発性、力強い性格で多くのことを成し遂げます。指先が過度に幅広い場合は、無駄に大きな力を使って問題を解決しようとする可能性があります。この人たちは、人生の問題を解決するにあたって、もっと繊細で制御の利いたやり方で行うことを学ぶ必要があるでしょう。指の先端に行くほど丸く膨らんだ「ばち指」の親指もあります（245ページ）。

　先端が短く、小さく見えるときは、持続力を高め、人の意見に頼らない決断力を身につける必要がありますが、それが身につくまでは、他の人と協力して計画を立て、望むことを実現していくとよいでしょう。

　指の先端が柔軟であればあるほど、人生で驚くことがあってもそれに適応することができます。これには可塑性があることも示唆されています。

指の先端が固いことは、その人が時代の変化に対応できない頑固で抑制的な性格であると同時に、1つの仕事に専念することができるタイプであることを示します（ある手相分析会議では、ピーター・ウェストは、携帯電話でメッセージを送らなければならない状況に適応して、親指は世代を経るごとにしなやかに、柔軟になっていくだろうと指摘していました）。

親指の先端が自然な状態で、目立って後ろ向きに曲がっている（あるいは後ろ向きに曲げることができる）人がいます。このような人は非常に過ちに寛大ですが、意志の強さに欠けるところがあり、いつまでたっても十分であると思えない人もいます。金遣いが荒く、店に入るとクレジットカードを使わないでは出てこられないという人もいるでしょう。私の友人にこのようなタイプの指先をもった人がいます。彼女はロンドンの有名なデパートに勤めていて、毎週給料日には、従業員割引を利用して買い物をし、店を出る前に賃金の大部分を使い果たしていました。

親指の第2指節（基節骨）

親指の第2指節（付け根から関節まで）が、上の指節よりも長い人は、多くのアイデアをもっており、それを合理的に考えて発展させることができることを示しています（特に他の指が長く、頭脳線も長い場合）。この部分が長ければ長いほど、状況を分析し、理性的、論理的かつ定量的な考え方で対応するのを得意とします。この人たちは行動する前に思考します。問題に着手する前の準備に時間をかけることで、最初から障害を予見し、それを回避できるのです。もし親指の下の指節が先端部分と比べて著しく長い場合は、アイデアマンとして自分が思いついた案を他者に実行するようその気にさせたり、自分のアイデアを買って将来それを開発するよう他者を促したりするほうを得意とします。

親指の関節から下が短く、関節から上が長い人は、多くのことを成し遂げるに必要な推進力はもっているが（一般に直接販売することも含め）、その案を発展させるのは他者に任せたほうが良いでしょう。この親指の下部が非常に太い場合、周囲の人を遠ざけてしまうほどに外交力が欠如している可能性があります。この部分がどちらかというと細い場合は、常識が

欠けている人であることもありますが、非常に合理的で安心感があり、魅力的で、機転が利く人となるでしょう（状況について、本音を隠していることも多いのですが）。

　もちろん両方の長さのバランスが取れていて、理性的に計画を練り、強引な力技でないやり方でそれを実行することができれば、それは理想的です。

> 生まれてすぐに親指を伸ばしている赤ちゃんは、はっきりした性格であること、そして周りの環境を早くよく知りたいという意欲にあふれているという兆候が早々と示されていると言えます。生後数日以上経過しても親指が手に密着していたり、手のひらのほうに曲げられていたりする場合は、デリケートな子である可能性が考えられています。また、看護師によっては親指の在り方で、患者の生きようとする意志の強さを見る人もいます。親指が真っすぐ伸びていれば、まだ病と闘う意志も力もあるサインであると考えるのです。

The Index Finger – the General

人差し指−将軍

　人差し指は、形、長さ、他の指との相対的な位置関係、指紋など、そのすべてが私たちのエゴやセルフイメージ、虚栄心、野心に関する重要な手がかりを与えてくれます。右手の人差し指は私たちが外の世界に向かって見せている人間像、つまり公的な表向きの顔を象徴しています。左手の人差し指はその人の基本的な行動様式および自信の程度を表しています。人差し指は親指と並んで、私たちの本当の姿、そして私たちの自身に対する理解がどのようなものかを決定づける一端を担っています。また人差し指は私たちが他人と自分をどのように比較するのかも示しています。人差し指がつかさどるのはその人の信念であり、個人的な関心に対する手がかりを与えてくれます。この指は、自分のことが第一優先事項であり、自分のことばかり考えており、自己決定的です。またこの指は、私たちの中の以下の要素の程度がどのようなものであるかを示してくれます。

- 自信、プライド、自尊心、個人的基準、完璧主義
- 自己認識、自己意識
- リーダーシップの能力と権威（主導者と原則／指針）
- 自分の力、自立心、影響力に対する感覚
- 前向きな信念を持って辛抱強く頑張り続ける能力
- 自分自身に忠実で、自分を裏切らないことの必要性

　人差し指が平均的な長さ（薬指と同じくらいの長さ）であれば、これらの特徴が適度に、健全なバランスで発揮されます。手の中で何かしら目立つ部分に目を向けるべきであることを思い出してください（平均的、典型的なものは無視してください）。そして頭脳線も確認してください。この線に島紋があったり、ひどく途切れていたりすると、このような人差し指の特徴が十分に発揮されることが難しくなります。

　人差し指が長い（薬指よりも長い）人は、自らの人生の主導権を握り、責任をもつ必要があります（人生がこの段階に移行するのは、30代前半になってからかもしれませんが）。人差し指の下の膨らみが大きく、指の付け根のしわが高めである場合は特にそれが言えます。この人たちは、親のように守ってあげたいという思いを本能的に他者に抱くことがありますが、愛する人からも同じように守られることが必要です。彼らには健全なエゴというものがあり、それは「神のごとく振る舞う」、あるいは「善きサマリア人（サマリア地方の住民、新約聖書ルカによる福音書10章25〜37節にあるたとえ話）」として振る舞い、周りから特別視されたいという欲望に支えられています。この人たちは状況の主導権を握るのが好きで、軍隊を指揮する将軍のごとくになることもありますが、責任を負いすぎて、周りからの期待を重く感じてしまうこともあります（特に親指以外の4本の指の中で人差し指が一番太い場合）。よく言えば、自分自身を理解し定義するために、自身の真実を追求する探究者です。過度の虚栄心や、周囲の人々や出来事をコントロールしたいという願望はもたないようにすべきです。人差し指が長いのは、「歌姫気質」のサインの1つではありますが、それは派手で自己顕示欲が強いということではありません。それは単にこの人たちが甘やかされて傲慢な性格になることがあり、世界に自分の欲求

が反映されることを期待したり、他の人よりも自分のほうが優れていると考えたりしているからです。私としては、他人からそんなに上から目線で振る舞うのはやめてほしいなと思いますが、自然とこのようになってしまう人にとっては、それを避けることはとても困難です。優越感をもつと、それが失敗への恐れや他人を失望させることへの恐れにつながることがあります。指先がとがっていると、偉そうになる、男性を尻に敷くといった性質が加わります。またこの人たちにとっては宗教とは私的なものであり、特定の宗教体系に従うことはなくとも神との深いつながりを感じています。

　人差し指が短い（薬指よりも短い）場合、自分の劣等感を補うべく、自身の存在を世界に向けて証明しようとする本能が働く可能性があります。周りの人はこれをナポレオン・コンプレックスだと言うかもしれません。人差し指が短い人たちは自分が出来損ないであるとか、十分な能力がないと感じているからです。このことが強調されるのは、この人たちが自分と他人を比較するのに多くの時間を費やしているからでしょう。社会生活の場面では、気恥ずかしさから尻込みしたり臆病になったりする（あるいはもし左手の人差し指が短い場合は、私的な人間関係においてきちんと自己主張ができない）ことがあります。このような状況に対処するために、彼らは自分が重要な人物であると見られるよう努めます。しかし心の奥底では（そして虚勢の仮面の下では）、自身に対する疑いの心や、自分には価値がないのではないかという思いが渦巻き、自分を勇気づけ、自信を維持するために葛藤しています。そして成功への恐れが、物事を達成することから自身を遠ざけている可能性もあります。この状況は自分への陰謀が企てられているのではないかと思えることがあり、他人の問題の責任を取ることを余儀なくされていると感じることもあります。この人たちは、自分が責任をもたねばならないのは自身の行動に対してのみであるということを学ぶ必要があります。そしてもっと自分を律し、自分の個人としての責任や職業上の責任にきちんと向き合うことで成功することができるのだということを学ばねばなりません。ネガティブなセルフイメージや不安感については、支配的な親の姿や、幼少期の環境が抑圧的なものであったことが原因となっている場合もあることは、私も気づいています。彼らはただ自分らしくあることが許されなかったのです。特に左手の人差し指が短い場合は、家族の信仰や宗教に対する拒絶を示している可能性もあります。

The Middle Finger – the Upstanding Citizen
中指-良き市民

　中指は大きく変形したり湾曲したりしていない限り、文字通り、そして比喩的な意味でも手そのものを支える存在です。この指と関連づけられている土星のように、中指は手を支える支柱、あるいは「背骨」とも言えます。この指は指紋、大きさ、傾きも含め、義務や責任に対する私たちの姿勢はどのようなものかを教えてくれます。「人生や約束事に真剣に取り組んでいるか？」「仕事に就き、信頼される職業人となることができるか？」「自分の責任はどこにあるのか？」このような疑問に対し、中指は両手の運命線と一緒になって答えてくれます。

　中指が目立って長い（他の指と比べて頭一つ出ているような状態）人は、何が正しくて何が間違っているかを判断する能力が高いと自ら考えています。職場では的確に批評をくだし、科学的な方法論で状況を評価し、研究プロジェクトを担当し、高い基準を維持します。仕事に忠実で自己制御が

できており、信頼性が高く責任感があります。しかし一人でいることが楽しいので、いつも社交に積極的な気分ではないことも、周りに対して明確にしておく必要があります。この人たちは人生を真剣に受け止めており、規則は守りますし、強い良心をもっています。しかし内向的であったり、学問や理論上の細かいところにこだわり過ぎる傾向があったり、また古風で内省的である場合もあります。また唯物論的である可能性もあります。中指がかなり著しく長い場合は、病的な性質を反映している可能性があります。つまり、孤独、寂しさ、憂鬱な面があるということです。

　中指が目立って短い（薬指・人差し指と比べてほんの少し長いだけ）場合、それは責任を負うこと、他人が決めたルールに従うのを嫌うことを示す強力な手がかりとなります。中指の短さに加えて運命線が短い、あるいは運命線がない場合は、大学を中退していたり、激しい出世競争や、あるいは社会全般からなんらかの形で脱落していたりする可能性があります。いずれも反逆のサインです。人生にしっかりとしたシステムや決まった習慣がないと、簡単にレールから外れてしまう人です。短い中指をもつ人にとって重要なのは、状況に踏みとどまることです。軽率な決断をくだしたり、困難な状況に陥ったときにその場を立ち去ったりしないように、時間をかけて行動する。あるいは状況を別の角度から見てみましょう。義務や責任といったことが得意でないなら、一定のルールに厳格であることが必要となる仕事や人間関係は避けたほうが良いでしょう（ただし人によっては、常にシステムと対立していると感じるのではなく、「システムの中で」仕事をしようとすることが有益な人もいるはずです）。ラテン諸国に訪問すると、キャリアにおける成功の多くは、よろこびを追求し、単調な仕事を避けることで築かれていると容易に理解することができるでしょう。

「地」の手（正方形の手のひら、短い指、線が少ない。詳細は59ページ）を診断するにあたっては注意が必要です。指の長さに関連した特徴を性急に当てはめないようにしてください。指は、小指も含め、どれも同じようなサイズに見えることが多くあります。一見すると中指が妙に短く見えるかもしれません。「地」の手では指はすべて短めで同じような長さであることも多いので、ここで述べているような特徴は無視したほうが良いでしょう。

The Ring Finger – the Performer-Exhibitionist

薬指－パフォーマー／目立ちたがり屋

　薬指は、創造的・芸術的な事柄をつかさどっており、その人のこれらに対する関心の度合いを示します。この指の長さが示すのは、私たちが公の場（特にステージ上）で自分をうまく「見せる」ことができるのかどうかです。特に男性の場合は人差し指よりも薬指のほうが、少し長いのが普通です。

　薬指は伝統的に「リスクを取る」ことと関連づけられ、それゆえギャンブラーや、冒険的な要素や危険を伴う仕事で成功している人の薬指は、一般的に長いのです（とはいえ、難題に挑戦したり障害を克服したりするためには、長い人差し指をもつ人も必要となりますが）。薬指が人差し指よりもかなり長い場合に特有のもう１つの性質は、生来の創造的才能です。この人たちは与えられた状況に自分の才能を適用し、最大限に生かすことができます。俳優たち（特に自由奔放で目立ちたがり屋）の多くは、薬指が長く、非常に真っすぐな形であるのがよく見られます。この人たちにとっては拍手、称賛、評価を得ることが何よりも重要となりますが、それは非常にもろいエゴ（短い人差し指）を過度に補おうとしているからです。私の経験から見ると、政治家は長い薬指をもつ人が多いようです。これはその人自身の魅力、カリスマ性、国民からの信頼を示唆しています。興味深いのは、ネルソン・マンデラ氏（下の２枚の写真）の薬指が長いことです。彼は親指もかなり大きめ（個性の強さ）であり、頭脳線の開始位置が遅く、生命線から飛び出すように出ています。

しかし、薬指の長さだけでは才能はわかりません。渦巻き（159ページ）や特徴的な頭脳線が特定の生来の才能を指し示しています。私たちはそれらを選んで発達させようとするかもしれませんし、しないかもしれません（刻まれたしるしが普通とは違っているほど、その人はその才能をストレートに発揮させていかざるを得なくなるでしょう）。薬指が長い人は権力、影響力、尊敬、お金といった「利益」（人差し指）よりも、名声によってもたらされる称賛や賛辞を好みます。この人たちは孤独に力を追い求めるよりも、賛美を愛する気持ちのほうがはるかに大きいので、彼らがお金を求める目的は、快適なライフスタイルと、大いに愛情を示してくれる仲間を得るためです。薬指が長い人たちは自分を良く見せて、人気者で雄々しいと思われたいのです。何よりも、この人たちの性質は創造的ですので、このような分野で機会が訪れたら、熱意をもって受け入れることでしょう。

　薬指が長い人は自己表現を通して自分自身を理解しようとし、努力に対しては、具体的な結果を出したいと考えます（特に頭脳線が真っすぐな場合）。この人たちは常に快く対応できる、魅力的で感じの良い人であろうとします。しかし絶対的な誠実さや実利面での本音を知りたいのなら、人差し指が長い人に聞くべきでしょう。薬指が長い人は、心地よく親しみやすい、なるべく自分が常に明るく幸福感を得られるような雰囲気を提供したいと考えているため、事実を「盛ったり」、粉飾したりする可能性があります。

　洋服やアクセサリーが好きで、自分のスタイルをよく理解していることも、薬指の長さに関連づけることができます。

　薬指が短い人は、非常にまれです（あまりにも珍しいので、手相術師の多くはそれを話題にすらしません）。これは芸術や創造的追求全般に対するペリシテ人（聖書では古代イスラエルに敵対する。好戦的に描かれた）の態度（「芸術？　なんのためにこんなものをつくったんだ？　意味がわからないね！」）を示しているのだと私は思います。薬指が短い人は、自発性を発達させ、抑制を取り除く必要があります。私の見たところ、薬指が短い人は、まったくと言って良いほど自分の私的な領域に人を入れない（公人としての生活を送っている場合には特に）人で、舞台に上がったり、自分を表現したりすることに気恥ずかしさや恐怖心を抱くことがあるよう

です。薬指が短いパフォーマーというまれな事例に出会ったら、その人の動機は名声や称賛とは別の何かであると考えてください。薬指が短い人は、大衆紙に話題を売り込むような人たちではありません。彼らは、私生活は神聖なものと考えており、自分をアピールすることも避けます。

Masculine and Feminine Qualities:
an Innate Understanding of Balance and the Need to Compensate

男性的性質と女性的性質：
生来のバランス感覚と補完の必要性

　私のクライアントで長い人差し指をもつ人は、性別にかかわらず、自身の「女性的」な性質について深く理解している人がほとんどで、彼らはこの性質により自然に順応しています。しかし彼らは一般に「男性的」とされる「強い人物」のイメージを与えるべく努力し、「男性的」な報酬を得ようと努めます。薬指が長い人には逆のことが起こります。彼らは自然に「男性的」で攻撃的なやり方で周りに働きかけてしまうため、自分の中の「女性的」な受容力を高めてバランスを取ろうとします。人差し指か薬指、いずれか優勢なほうの指が、生来の特性をその反対の性質と調和させて、男女のバランスを取ろうとするようです。

　手の線を見ていくに際して、頭脳線と感情線について言えば、一般的に直線的な線はどちらかというと「女性的」な性格（思慮深い、繊細、計算高い）、曲線的な線はより「男性的」な性格（行動的、率直、繊細さに欠ける）であると言われています。

　「クリエイティブ・カーブ」（小指から下に向かって大きく弧を描いている線。302ページのマシュー・マニング氏の手を参照）は「女性的」な属性を描き、創造性、直感力、柔らかさ、批判あるいは同情に対する敏感さを付加します。このほかの女性的な受容力が高い性質を表す特徴としては、指先がとがっている（170ページ）、指先に「感受性の雫」がある（229ページ）などです。

リバプール大学生物化学大学の研究によると、人差し指より薬指が長い男性は生殖能力が高いということです（252ページ）。さらに研究チームは、（人差し指と比べて）薬指が長ければ長いほど、反射神経が良いことを発見しました。この特徴は、一流のプロサッカー選手、才能ある若い音楽家、数学者など、空間認識能力のテストで優秀な成績を収めた人、またはその能力を必要とする仕事に就いている人に見られました。これは興味深い発見ではありますが、統計結果を手相分析に応用するのは注意が必要です。この研究では、薬指が長いのは肺や脳、心臓の発達に重要な時期に高いレベルのテストステロンにさらされたことを示唆しているとしており、一方で人差し指が長いのは、エストロゲンや黄体形成ホルモン（いずれも女性の生殖に不可欠）の発達と関連するとしています。平均的には（そして私の経験から見ても）、男性は人差し指よりも薬指が少し長めである傾向があり、女性の場合はどちらの指も同じくらいの長さか、人差し指の方が少し長めという傾向にあります。

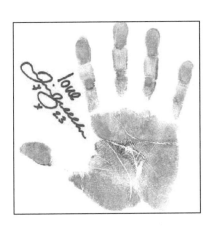

ファッションアイコンであり、グローバルなメディア・ブランド、サッカー選手でもあるデイヴィッド・ベッカムは実に、いかにして自分を「見せる」かをよくわかっています。彼の薬指が長いことに注目してください。これは2005年に取られたサイン入りのベッカムの右手の写し（反転させていません）で、慈善団体「Children in Need」及び「Great Ormond Street Hospital Children's Charity」（www.gosh.org）という慈善事業の募金活動のためにオークションにかけられたものです。ジェームズ・プレストンによる募金集めのための本『Celebrity Handprints』でも入手可能です

プロレスラーから知事に転身したジェシー・ベンチュラの手には長くとがった人差し指があります。私はこれを見つけた際には興味をそそられました。彼は政治の世界でもエンターテインメントの世界でも実務的なアプローチを取る人でしたが、それは現実的で無駄を排し、責任を持って引き受けた任務を遂行するという生来の人差し指の性質（そして薬指のマッチョな表現がそれを補って

いる）を示しています。しかし彼がショーマンであったころの羽根やピンクの衣装で飾り立てたきらびやかなセンスはどうでしょう。長い人差し指と小さい薬指は、この複雑な人物の両面を表しています。1つの指の性質が優勢になると、その人はバランスを取ろうとしたり、過剰にそれを補おうとしたりすることが示されています。

The Little Finger – the Communicator and Deal-Maker
小指-コミュニケーター／交渉人

　小指はすべての指の中でもっとも興味をかき立てられる指です。この指は、性的関係、金融、ビジネス、商業などあらゆる領域における交流をつかさどっています。小指は私たちが私的で親密な関係（左手）、社会的な関係（右手）においてどのように他者と関係をもつかを示してくれます。また、親の問題や執着が私たちの内面および外面にどのような影響を及ぼすのかという情報も与えてくれます。

　小指の長さを判断する前に注意していただきたいのは、小指自体は長くても、手の低い位置にあるため、短く見える場合があるということです(152ページ)。小指の長さが平均を上回っている場合（普通は薬指の上半分まで到達しています）、その人は多弁で、人を説得したり、影響を与えたり、また操ったりすることを得意とします。弁舌の才があり、営業分野や、トリックスターとして成功する可能性があります。常に良さげな取り引きを素早く提示できるからです。生来の文章力や会話力を備えている人が多く、他の人が簡単に見過ごしてしまうようなシグナルを読み取る天才です。

　小指が短くずんぐりしている、または他の指と並ぶと繊細に見えるといった場合、自分を表現することが困難になります（そして外国語を話すのが怖くなったりすることもあります）。大人になっても恥ずかしがり屋のままで、人と目を合わせるのを避けたり、人と会って交流しなければならない公のイベントなどでは引っ込み思案になったりします。これは右手の小指がそうである場合に特に顕著になりますが、指の第1指節（末節骨）が長い場合は、それほどでもありません（これは周りの人と気楽に過ごせ

てウィットやユーモアを発揮できることを示唆しているからです）。左手の小指の場合は、感情面での発達が遅い可能性があり、この人たちは時間をかけて相手に自分の気持ちを言葉にして伝えることを学ぶ必要があります。感情的にも性的にも未熟なまま、バラ色のメガネをかけて恋愛を見たり、おとぎ話のような結末を期待したりする人もいます。この人たちは人間関係において自分がどのように反応しているのか、もっと意識し、自覚せねばなりません。どちらの手の場合も、恋愛での問題に失望しやすく（小さな言い争いで「もう終わりかも……」と考えてしまう）、ちょっとした批判に対しても敏感で、過剰な反応を示してしまうことがあります（特に感情線の終点が人差し指のあたりまで来ている場合）。しかしこのように子どものような素直な態度であることから、小さな子どもたちは親近感をもちやすい存在です。子どもと同じレベルで関係を築き、効果的にコミュニケーションを取ることができるので、素早く信頼を得ることもできます。他の大人よりも子どもたちの本能、期待、反応をよく理解できるのです。保育士や子ども向け番組の司会者は、（左右どちらであれ）短く、繊細な小指であるのを多く見かけました。興味深いところでは、マイケル・ジャクソンや、"永遠の少年"的な歌手ロビー・ウィリアムズの手にもこの特徴が見られます。

　アンドリュー・フィッツハーバートは、彼の革新的な著書『Hand Psychology（手の心理学）』で、このことについて詳細に調べています。

- パートナーとの関係において未熟な反応をする
- ネガティブな感情をコントロールできない、客観的に見られない
- 見た目が若々しく、人生に対する熱意にあふれている
- ささいなイライラに強く反応する

The Three Phalanges of Every Finger
親指以外の各指の3つの指節

　これまで見てきたように、指を観察することで得られる情報は多く、中には複雑なものもあります。しかしこのセクションでご紹介する内容は非

マイケル・ジャクソンの手をブロンズで鋳
造した像の写真を後ほど見ていきますが、
まずは彼の非常に小さい小指、正方形の手
のひら、ちょっと珍しい、太く武骨な親指
を確認してみましょう

ポップスター、ロビー・ウィリアムズの小
指が平均的なサイズよりも小さいことに注
目してください

常に簡単に覚えておくことができます。ここでは親指のことはしばらく忘
れてください。親指以外の各指には指節と呼ばれる3つの部分があり、そ
れぞれの指節が意識レベルをつかさどっています。指節の長さは目視では
わからないと思いますので、各指節の長さを測ってみると良いかもしれま
せん（手の甲ではなく、手のひら側で測ります）。

第1指節（末節骨）

　第1指節（爪、末節骨）は高い霊的欲求を示します。8本の指の大部分（あ
るいはすべて）の指の第1指節がもっとも長い場合は、その人は宗教的な
傾向をもち、静かに自分のやり方で人生の意味を問いかけ、理解しようと
追求します。人差し指に注目してください。人差し指が長いと、この傾向
が強調されます（興味深いことに、組織化された宗教団体の指導者や伝
道者の手には、このような宗教性の兆候はあまり見られません。このよう
な人たちの手はだいたい、「地」の手で、物質主義的かつ保守的な傾向を
もちます）。この指節が短い人は、自分の領域外の出来事にあまり興味を
示しません。

第2指節（中節骨）

　第2指節（中節骨）は私たちの組織的なスキルおよび実践的なビジネスの才能と関連しています。この指節がもっとも長い人は、ビジネス環境の中で競争し、生き残ることが目的となっている人です。頭脳線が直線的、あるいは（頭脳線ほど重要ではありませんが）「地」の形の手であれば、この分析の重要度が増します。この指節が短い人は、金銭的な物事を整理するのが苦手である、また有効性が実証されている時間管理システムを使用して効果的に、あるいは一貫して働くことに困難を覚えます。

第3指節（基節骨）

　第3指節（基節骨）は、人間のもっとも基本的な欲求、快適さ、欲望に対応します。この指節がもっとも支配的である人は、自分に甘く快楽主義的で、特に食べ物、衣服、所有物、飲み物、セックスなどにその傾向が発揮されます。また物を捨てられず、たくさんのものが散らかった状態になっていたりします。線の少ないであろう「地」の手であれば、この特徴がはっきりしたものとなります。この指節が著しく短いということはめったにありませんが、もしそのようなことがあった場合は、身体が必要とすることを無視して健康を害する可能性があることを示しています。より一般的に見られる特徴は、第3指節が縮こまって見える場合で、これは食べ物の好き嫌いが激しいことを示しています。

　数年前、あるクライアントが私のオフィスに到着すると、自分は人生にジレンマを抱えており、非常に悩んでいると言いました。彼女とその家族は、彼女は聖職に就かねばならないという決断をくだしました（このことは、数年前に彼女に明かされました）。しかし彼女はひそかにある男性と性的関係をはじめていました。この女性は秘めた関係とセックスを手放すことに葛藤を覚えていました。彼女の基本的欲求は、聖職者としての宗教的義務への傾倒よりも強かったのでしょうか。相談を受けている間、彼女は自分の宗教上の義務について長く語っていました。しかし彼女の手を見ると、

第1関節（爪）が短く、同時に第3関節（基節骨）が非常に発達していて、それが彼女の苦境を浮き彫りにしていました。

この手の指について何か気づいたことはありますか？　小指の関節が3つではなく4つあるのに気づかれたでしょうか。関節の折り目のしわも多いことに注目してください。過去何度かこのような例に出会いました。彼らは皆、通信関係の仕事をしており、この写しの例の人もラジオ局で働いていました

Finger Positioning – the Party Piece

指の相対的な位置関係。
パーティーでお得意の余興は？

　友人に関する情報を即座に、正確に把握できるようになりたいと思いませんか？　この方法では手のひらを見ることすら不要です。指の相対的な位置関係を確認するだけで、現在抱えている問題や今の状況について、興味深い洞察を得ることができます。両手を振ってから、手を真っすぐ上げるか、テーブルの上に手をそっと置いてもらってください。そして指がどのように広がっているかを観察します。たがいに寄り添っている指もあれば、手から目立って突き出ている指もあるでしょう。

　先に進む前に、左手と右手のもつ意味の違いを覚えておいてください。また指の位置関係はほとんどの場合、現在の状況を反映した一時的なものであって、固定された行動パターンを表しているわけではないことも覚えておいてください。ただしある指が別の指に向かって（または別の指から離れて）曲がりはじめた場合には、これは長期的な性格特性の表れと見てください。指の相対的な位置は、その人の自分に対する自信が増す、ある

いは弱まる（人差し指）、抑制が取り払われる（中指）、人間関係でもっと自由を欲している（小指）などの要因により、変化します。以下に紹介する兆候は、もっともわかりやすく、また正確な事例です。そのうちのいくつかは、下記の**手相の写し65**に見ることができます。

指の相対的な位置関係

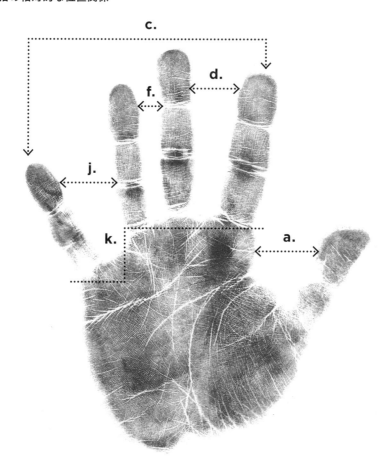

a. 親指と手のひらの間の開きが狭い（30°以内の角度）

不安を感じている、あるいは他人からの評価に恐れを抱いている。後ろに引っ込みたい。

プライバシーを尊重してもらいたいと考えていて、自分の個人的な情報を人に教えることはほとんどありません（普段から常に親指がこの状態なら、ホロスコープにおいて秘密主義の蠍座や控えめな土星が支配的である可能性があります）。警戒心が強く、侵入されないよう警戒していて、自己完結しています。社交性を期待されると、非常に抵抗感を感じます。自分をよく知る友達はほんの一握りだけで、後はその人と「懇意にしている」と向こうが思っている知り合いがいるだけです。周りが見ているのは、その人が「こう見てほしい」と思っている姿、つまり氷山の一角にすぎません。その人を知ることができるのは、本人が自分のプライベートな領域に入れてくれた場合のみです。実に「招待制」の人なのです。この手のメッセージは、「私のプライベートを尊重してください。近づきすぎると私を失う危険がありますよ」です。自分個人の領域こそがこの人にとっては重要なのです。

手相術家のエド・キャンベルは、この人たちは個人の境界線を確立しており、他人に「ノー」と言うことができ、自分には容認できない行動を周りの人が取ればそれを拒絶する人たちであると指摘しています。私はこのような性質は人生の後半、特に頭脳線が生命線から離れたり、頭脳線が強くなったりしたあたりで発揮されると思います。このような線引きをすることで、この人たちは当然、気難しい、堅苦しい、自分勝手といった烙印を押される結果となります。手にこの特徴があると、どちらかというと自己完結的で他人からの承認をあまり必要としていないため、職場で「むかつく女」「嫌な女」のレッテルを貼られる女性も多くいるだろうと思いますが、どれくらいの女性がそのような目に遭っているのかは推測の域を出ません。親指が弱々しい人は、最悪の場合、自分も他人も欺く傾向があり、意志が弱いといった可能性があります。特に親指の先が内向きに丸まっている場合はそうなります。

左手の親指が右手の親指よりも手のひらとの角度が小さい人は、私生活

への立ち入りは厳しく排除しますが、日常レベルでは社交や人付き合いも学んで身に着けています。

　右手の親指のほうが左手よりも手のひらとの角度が小さいことはまれです。しかしもしそのような場合は、周りの人はその人がその環境の中で快適に過ごしていると考えているが、本人は、世界は怖い場所だと感じています。私生活において（左手）あるいは公的な役割において（右手）、人に対して自信がもてているときには、親指がリラックスして手のひらから離れている傾向にあります。愛する人を信頼することを学ぶことが、一般的にはリラックスして快適に感じられるようになる大きな一歩となります。

b. 親指と手のひらの間の開きが広い（最大90°の角度）

<u>自分に自信があり、他人といても落ち着いている。</u>

　この人たちは寛大で社交的、気持ちもオープンです。ただ、抑制がないので、あまり知らない人にもすぐに自分の私生活についていろいろ話してしまいます。周りから見ている姿は、だいたいその人のそのままの姿です。この人たちは快活で社交的な振る舞いで、人々に印象づけたいと考えています。しかし同時に自分のことばかりに関心がいっており、自分の話で会話を独占したいということも多くあります。周りの人からすると、一人で独白のごとくしゃべっているのを見て、「あなたのことはもういいわよ。私のことも聞いてくれない？　あなたは私をどう思ってるの？」と思うこともあります。

　前述のエド・キャンベルはこれについても明確な洞察を述べています。親指がこのような位置関係にある人は、個人の境界線を引くことが困難で、悪い関係を終わらせたり、人に「ノー」と言ったりすることが難しくなるそうです。彼は、これを共依存の典型的な兆候であると主張しています。セラピストとして働くことを選んだ場合や、その他にも他人が自分を頼ってくるような状況においては、親指がこの状態にある人は、もちろん基本ルールを確立しておく必要があります。友人関係や恋愛関係では、もう少し相手との線を引いておくほうが良いでしょう。

c. 人差し指と小指がどちらも手のひらから外に向かって突き出ている（他の指から離れている）

閉じ込められるのが嫌で、ストレスがたまるような状況や制限される状況には反抗したい。

自分は慣習にとらわれない生活を送っていると感じており、人間関係にも仕事のペースにも、自分のリズムというものを見いだす必要があると考えています。また一人でいることを楽しみます。周りの人は自由奔放な人だというかもしれませんが、この人たちは、彼らなりのやり方で社交的であろうと努力しているのです。

d. 人差し指が手のひらから外へ出ている

自信があり、大胆で、ほしいものを手に入れようとする。

この人たちは現在、自分のニーズを主張して、自分のことは自分で決定する力がある人間であると見られたいと望んでいます。自分は自らの人生に責任をもっており、自分で人生を描きたいと思っていることを周りに知ってほしいと思っているのです。この人たちは、人生をどのように進めるのかについて、強い意見をもっているため、周りの人は、彼らに何か指示や助言をすることはほぼ無理だなと思うことでしょう。独立したいという彼らの情熱をパートナーが受け入れることができなければ、関係を続けるのが難しくなるでしょう（人差し指が外へ出ていないが、真上に強く真っすぐ伸びていて、中指から離れているということがあります。これは自己充足力と意思決定能力があることを示しています）。

e. 人差し指が中指のほうに傾斜している

社交的でない、恥ずかしがり屋、周囲をうるさいと感じている。

愛する人から安心感を与えてもらう必要がある、またはしばらくの間は独立するよりも家族の元にいたいと考えている可能性があります。右手がこのようになっている場合、それは世の中に正面から立ち向かう自信をなくしている「いまいちついてなくて、やる気が出ない日」の兆候です。どの方向に向かって人生を進めるのか、またどのようにして自分の野心を達成するのかについて、大きな不安を感じているかもしれません。

f. 薬指と中指が寄り添っている

　自分のプロジェクトにある程度時間を割く必要があります。一人の時間を楽しんではいますが、将来について特に不安を感じており、一人でやっていくことを恐れている可能性もあります。他人にうまく利用されているような気がしたり、リラックスしてくつろぐ気にならなかったりしています。

　これは、責任に縛られている典型的な兆候で、他人が自分のことをどう思っているのか、また自分への期待について気をもみ、心配しています。この責任には、愛する人に対する責任や老齢の、あるいは体の弱い家族に対するものである場合もあります。たとえば自分の時間を割いて、病気の親戚の世話をする責任を家族の中で引き受ける場合もありますが、殉教者のような雰囲気が漂う場合もあるようです。自己犠牲を楽しむような部分も、ある程度はあるかもしれませんが、自分のための時間をつくらなければ長期的には苦しむことになるかもしれません。しばらくは家族と義務が優先されるとしても、罪悪感をあまり感じなくなったときに逆上して暴走する、あるいは秘密裏に自分の個性を表現する方法を見つける可能性があります。自分では保守的と思われることは嫌なのですが、自分でこの道を選んでいるわけです。性的な面では、自分を解放して愛の行為を楽しむことへの恐れがある可能性があります。薬指と中指が近く寄り添っているとき、その人は、楽しい時間を過ごすことに罪悪感を感じることなく、自分自身が満足感を得られる道を探求する必要があります。

　中指が小指の方へと顕著なカーブを描いて曲がっている場合、状況はよ

り深刻で、これが何年にもわたって継続していることを示します。責任感、犠牲心、殉教心などの重い感覚に、今すぐにでも対処する必要があります。

g. 薬指が中指から大きく離れている

個人的な目標を見失うことなく休暇を楽しまねばなりません。

これは自分自身のスペースを必要としていて、周りから助けを求められても抵抗しているという兆候です。家族や仕事の責任から離れる時間をもつことが、その人にとって有益であることを示しています。

h. 小指が丸まっている

現在、セックスや性的な親密さを怖がっている。

これは手のひらを開いたときに小指が自然と丸まっている（あるいは元の形に戻っている）状態です。小指がためらって恥ずかしがっているかのように見えます。小指はコミュニケーションの問題、特にセックスと恋愛関係に関連しているので、これらを抑止している原因に対処せねばなりません。小指が自然と丸まってしまう場合、その人は自分の性的な面や、どのようにして誰かと親密な関係になれるのかについて自信がもてないという可能性があります。家庭内で性的なことをあまりあからさまにすべきでないという古い時代からの感覚もあるかもしれません。

i. 小指が薬指側に傾き、曲がっているように見える （一時的な状態ではないと思われる）

まずはこの指の状態が関節炎や事故によるものではないか、確認してください。関節炎などが原因でなければ、以下のことが当てはまるでしょう。

小指が傾いている人は、ビジネスや金銭に関して頭の回転が速く、勘が冴えています。

　この人たちの抜け目のなさは、確定申告をさっさと済ませようと所定のプロセスを経ずにやってしまうとか、どうやったら手早くお金を稼げるかの探求といった方面でも発揮されることがあります。周りの人は彼らを詐欺まがいだとか金もうけ主義だと言うかもしれませんが、この人たちは人を操るうまい技術をよく知っているのです。

j. 手のひらから飛び出すようにぴんと伸びた小指

　過去の心の傷や、自分を言いなりにさせたい、また過剰に保護したがる、自分を所有したがる人たちから距離を置くべく、自分のスペースや時間を必要としています。

　感情面や性的な面で一時的な困難があることを示しています。誰かと恋愛関係にある場合、自分のスペースを必要としているものの、相手との間にどこか孤立感を感じている、あるいは自分の心配や不安を伝えることができない状態になっています。相手とは別の仕事をする、定期的に家を空ける、書斎として別の部屋を用意するなどが有効なことが多いでしょう。自分が望む自由が得られない（あるいは囲われて束縛されているように感じている）と、どこか別の場所に秘密の性的関係や恋愛関係をもつ場合もあります。結婚生活に付随する仕事や日常生活から離れた恋愛関係を求めてしまうのです（これは小指と薬指が離れている人が必ず不実であるということではありません。人間関係において自由と自立を必要としているということが、この指の位置の特徴なのです）。

　女優のキャサリン・ヘップバーン（彼女自身、手相術家でもある）がかつて「男と女はたがいに隣の家に住んで、時折訪れ合うべき」と言っていましたが、小指がこの状態にある人には、この気持ちがぴったりくるでしょう。小指がこのようになっていて、かつ独身の人の場合は、完全な「24時間体制」の関係を築くには、準備ができていないということになります。

自由なままでいたい、あるいは条件や制約のない関係を模索したいと考えているのです。最近傷ついたことがまだ心から離れないのかもしれません。今は自分の場所を誰かと共有したくないと思っていますが、小指が少し丸まってきたら、もう少し気軽に共有できるようになり、人を信頼することに前向きになっていくでしょう。

　もしこのような小指の状態が一時的なものではなく、常に真っすぐ伸びているのなら、この人たちのパートナーは、自分の相手が時折「お休み」が必要なタイプであることを理解し、あまり拘束したり、相手が息苦しくなったりしないよう、注意する必要があります。

k. 小指が他の指に比べて著しく低い位置にある

　この特徴は、最近では非常に頻繁に見られます。これはどちらか片方の親に対する誤解か、喪失感が原因で、親に対する執着があることを示しています。子どものころにこの位置が変わることもあります。

　小指が低い位置にあるのは、幼少期に両親のどちらか（普通は父親）が感情面で、あるいは物理的に不在であったことを示していることがわかりました。この喪失感を補うか、アンバランスな状態に対処する必要があり、またこの親（及びその親との関係）を心理学的に理解できるよう、探求している可能性もあります。親が生きているなら、コミュニケーションを取って理解を深めることが最良の手段かもしれません。これが解決されていないと、その問題の親とよく似たタイプの相手か、または正反対の相手に、気がついたら引かれてしまっている、ということになるかもしれません（たとえばある女性は、ある日目が覚めたら、離れたはずの父親（のような人と）と「結婚」していて、無意識のうちに自分の母親と同じような生活をしていたことに気づいた、という例もあります）。おそらく必要なのは、これらの両極端の性質のバランスが取れているパートナーを見つけることであろうと思います。問題となっている親の動機や性格を理解できると、この微妙なバランスを取ることができるようになるでしょう。それができないと（良い意味でも悪い意味でも）、自分のパートナーを親と不当に比

較してしまい、自分が設けた不可能なまでに高い基準を相手に押しつけたり、相手のものではない問題に取り組ませたりしてしまうことになるでしょう。このようなパターンでは、自分が想定している人間関係の役割を確認し、破壊的なパターンがあればそれを変えていくことが重要となります。

内面および外的状況に変化があれば、指の位置関係も変わるという証拠は、ダイアナ妃の写真にも見られます。この写真に撮られることが多かった女性の右手を観察すると、とても興味深いことがわかります（記号は146〜152ページと対応）。結婚当初、彼女の親指は手のひらに非常に近いところにありました（**a**）。これは世界の舞台における自分の役割を受け入れるのにためらいがあり、またひそかに摂食障害の問題があったことを示唆し

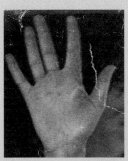

ています。後に自信がついてくると（そして他の影響に対してもオープンになってくると）、親指は手のひらや他の指から離れていきます（**b**）。また、小指が真っすぐ伸びているのは（**j**）、パートナーとの関係がうまくいってないこと、自分のスペースを必要としていること、婚外に性的な関係があったことを示しています。薬指と中指が近づいてきているのは（**f**）、彼女の罪悪感と、おそらく周囲からの期待および彼女自身の公的な役割によって課される拘束を表しています。さらに人差し指（生来長めの人差し指で、これは生得的に備えた女性らしさ、自己陶酔、自分で自分の人生の舵を取る必要性を示しています）は他の3本の指から離れており（**d**）、周囲に自分を主張する必要があることを示しています。

Q：次ページの手相の写し66を見てください。A、Bのどちらが、より抑制的、控えめ、また保守的でしょうか。

手相の写し66Aの手相は指がすべて広がっており、外向的な人であることを示しています。縛られたり制限されたりするのは嫌います。この手は、オープンで受容力のある人のように思えます。まるで自分が時間もエネルギーもお金も、惜しみなく使う寛大な人間であることを周りにも知ってほしいと思っているかのようです。彼女は毎日を9〜5時の仕事で制限される、

あるいは息苦しくなるような束縛のある人間関係を受け入れることができません。自由が最重要事項であり、何かしら団体の正規メンバーになることは拒否しますので、反社会的な人であると見られている可能性もあります。彼女は自分の人生と個性を探求するための自由と空間を必要としているのです。

66Bの手相は、体制や慣習への順応力が高く、人生には保守的なアプローチを取る女性のものです。指が全体的に近く寄り添っているのに注目してください。これは控えめであまり自分のことをオープンに話さない、また自制心の強い人であることを表します。**66B**のような手をもつ人たちは、自発的に動くことに恐れを抱いており、安全に何もせず観察しておくほうを好みます。用心深い性格なのですが、それは不安を抱えていて、引っ込み思案になっており、緊張しているのかもしれません。仕事では、この人たちはきちょうめんで、プロジェクトに徹底的に取り組み、自分の手の内を見せません。イギリスの元首相であるジョン・メージャーは、指がそろえられた、控えめで自発的ではないタイプの例です。占星術的には、このような手相の人のホロスコープでは、山羊座や土星が強調されていることが珍しくありません。メージャー元首相の出生図では、月とアセンダントの両方が山羊座にあります。

風変わりで型にはまらない、強い情熱をもった弁護士の手相（ますかけ線があることにも注意してください）

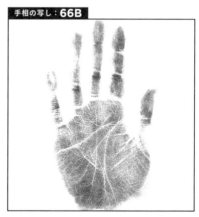

慣習や因習性を示唆するしるしがたくさんある手相。小指が非常に小さい（若々しさと素直さ）のにも注意してください

指

私たちの心理的側面。私たちの原動力は動機がどのように表現されるのか。

- **親指**：私たちの意志の力、主張力、説得力、性格的な強さ。論理的思考力と自制心。周りの環境や、自身の基本的な動物的衝動をコントロールしたいという欲求およびその能力。外交的スキルと適応性（ギブ・アンド・テイク）。自分のニーズを満たす方法（自分の論理的思考力と交渉力が、自分のほしいものを手に入れたい、あるいは自分の意志を押し通したいという欲求とどのように作用するか）。自分が周りにどのような影響を与えるのか、あるいは周りの個性によって、どのように自分が形づくられるのか
- **人差し指**：セルフイメージ（アイデンティティー）、意識と自意識、利己心、自信とプライド。自分自身を理解したいという欲求（個人のビジョン）、自分の力、自尊心、誠実さの感覚。自身の権威および独立をどのようにとらえているか。周りの人に与える影響力、組織化する能力
- **中指**：ルールや規則、上下関係、約束や義務に対する態度。安定性、真面目さ、成熟度。道徳意識、愛国心、幼少期の価値観
- **薬指**：公の場での姿（ペルソナ／仮面）、及び自分自身と自分の才能をどれだけうまく表現することができるか。芸術、音楽、デザイン、色彩、創造性に対する姿勢および才能。ドラマ性、称賛と喝采を求める気持ち。演じることへの欲求。よろこびを得るための方法。空間認識能力、スポーツの腕前
- **小指**：コミュニケーション能力。言語への向き合い方と、ニュアンスや「本当に伝えようとしていること」への関心。説得力、営業力、交換・やり取りおよび取り引きの能力。他人を意のままに操る才能。性的発達、好奇心、テクニック。親への執着および親が原因となっている心理的障害

- **親指以外の各指の3つの指節**
  意識レベル。関心や動機が向いている方向
    第1指節（末節骨）：霊的、哲学的、抽象的な事柄
    第2指節（中節骨）：ビジネス領域、組織、時間管理
    第3指節（基節骨）：基本的なニーズ、快適さ（特に食べ物）、感覚的、物　　　　　　　　　　　質的な物事

- **指の相対的な位置関係**
  個人的、あるいは仕事上の環境における現在の方向性。現在、性格の中で主な原動力（各指）となっている性質がどのように表現されているか

STEP 4: FINGERPRINT PATTERNS
ステップ4：指紋のパターン

Our Psychological Blueprint
私たちの心のブループリント

　私たちの指紋は私たちの遺伝的マーカーであり、私たちの受け継いだ特徴と態度です。それらは私たちの人格のもっとも基本的な側面と不変の基盤を表しています。指紋は、指の相対的な長さのように、子宮内で決定され、胎児の発育の5カ月目までに手に現れ、私たちの個々のキャラクターの事前設定された条件です。指紋は、妊娠中に子宮内で起こっていたことのユニークな記録を反映しています。それらは永続的でユニークです。科学者は指紋が独特のパターンを形成する理由を知りませんが、手の分析者は遺伝的人格特性を特定するうえでの指紋の重要性を認識しています。手相術家のロリー・リードは、それらを鮮やかに「DNAの目に見える署名」と呼んでいます（実際、手全体が脳を可視化したと言えます）。リードはまた、指紋を「すべての個人的な野心、スキル、さらにはあなたの興味の間違いのない指標」と説明しています。

Dermatoglyphics
皮膚紋

　皮膚紋とは、手のひら全体にわたって皮膚隆線（ひふりゅうせん）が織り成す模様の学名です。この「皮膚上の彫刻」は手のひらの表面上にループ、渦巻き、突起状の形（三角形の合流点）を形成します。このような模様には重要な意味があります。たとえば、右ページの**手相の写し67**にある「記憶のループ」です。これらの特徴に関する意味は後ほど第3章「恋愛、健康、仕事」で見ていきます。

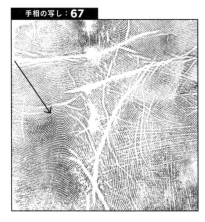

記憶のループ
「記憶のループ」は、それ単独で意味するのは、感情的な記憶が刺激となって想起される優れた記憶力です。頭脳線がここに入り込んでいると（この例にはありませんが）、クリエイティブな作業をする際に特に有効に働くというサインとなります

The Fingerprint Types
指紋のタイプ

　指紋の基本パターンは「ループ」「渦巻き」「アーチ」の３種類で、この３種類にいくつかのバリエーションがあります。全体の約65％がループ、約30％が渦巻き、約５〜６％がアーチであるといわれますが、この統計は人種によって異なります。たとえばループはアングロサクソンに多く見られますが、ドイツ人やデンマーク人だと渦巻きのほうがより一般です。

　指紋を明確に観察し、各指の指紋がどのパターンに分類されるかを判断するには、インク、口紅、粉などを用いて写し取ったものから読み取ると良いでしょう。10本の指すべての指紋を確認してください。ほとんどの人は２種類以上のパターンをもっていることがわかると思います。数えてみて、手の中で、もっとも支配的なパターンはどれかを調べてください。とはいえ、その人の性格特性を決定し、この他の部分で得られた観察結果を確認するうえでもっとも重要な役割を果たしているのは、両手の親指と人差し指の指紋であることも覚えておいてください。

　以下に示すのは、指紋の３つの指紋パターンとその数種類のバリエーションです。さらに詳しく知りたい方は、ジョセフ・M・ルーダスによる『The Science at Your Fingertips（あなたの指紋の科学）』の教育用シリーズを読んでみてください。

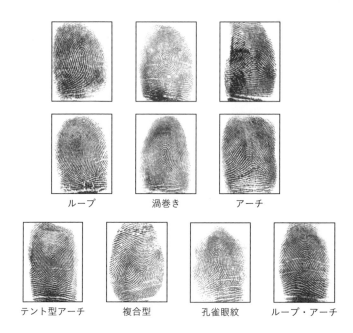

ループ	渦巻き	アーチ

テント型アーチ	複合型	孔雀眼紋	ループ・アーチ

The Loop

ループ

ループ型の指紋は、指先に向かって押し寄せては消える波のように思えます。ループ型の指紋は、潮流に合わせて変化することのできる多才かつ適応力のある性質を示しています。ループ型は他人とうまくやっていくことのできるおおらかな人に見られ、そのパターンそのもののごとく流れのままに動き、適応することができます。ただし、ほとんどの指（あるいは全指）がループ型であるなら、優柔不断でオリジナリティーに欠けるといった場合もあります。

　ループ型の指紋が支配的な手の持ち主は、営業職や小売店の店員、またうわさ話や日常の出来事（主に他人のこと）を四六時中話している、しゃべり好きでなおかつ神経質なタイプの人です。常に変化を求め、特に他人に対して飽くことのない興味をもっています。テレビドラマで起こるさま

ざまな出来事や、絶え間なく登場人物に襲いかかる試練や苦難を追うのも好きです。たいていはこのタイプの人のライフスタイルは活発で、友人も多く、電話代も高額になっています。ループ型の指紋が意味するのは、軽薄さ、時に浅はかさ、そしてめったに波風を立てることはない性格でしょう。健康、特に神経の緊張や疲労から身を守るためには、予定表に書き込まれた約束、日付、イベントなどから離れて、休息を取ったり一人の時間をもったりして、リラックスすることが必要です。

　ループは指先の高い位置に見られることが多く、これは非常に感受性が高く（「水」のエレメントと親和性が高い）、また高い理想をもっていることを示唆しています。ループには、小指側から親指の方向に向かっているパターンと、親指側から小指側へ向かっているパターンがあります。後者は「橈側蹄状紋」と呼ばれ、自分のことよりも他人のことを優先する、受容力のある人に見られます。

渦巻き

的の標的や同心円の渦巻きのような渦巻き型の指紋は、その指紋がある指に応じて、特有の気質や才能を表します。渦巻きが支配的な手の持ち主は、服装から創造的な仕事への取り組み方まで、その態度はもちろん、やろうとしていることすべてにおいて個性的な、激しい人たちです。薬指にだけ渦巻きがある人が多く、このような場合、芸術、建築、グラフィックデザイン、ファッション、音楽などの才能が見られます。遅かれ早かれ、渦巻き型の指紋の持ち主は、その才能が人生において生産的な形で現れ出てきます。

　渦巻き型の指紋が多い人は、風変わりで型にはまらずドラマチック。普通は秘密主義で、自分へのこだわりが強い人たちです。渦巻きが多いと、普通とは違う、人に合わせることができないユニークな人になります。その好みから反応の仕方まで、非常に極端です。非常に一途かつ目標志向の

人であり、人生を最大限に充実させることを必要とします。負けず嫌いで、反対されたり嘲笑されたりすると、不機嫌になるまたは故意に挑発的になる、あるいは合理性を欠いた天邪鬼（あまのじゃく）な態度に出ることがよくあります。情報を処理するための時間が必要で、また途方もない集中力の持ち主です。周りの人は、これを優柔不断と間違ってはいけません。また、この人たちが仕事に集中しているときには、それを邪魔しないよう注意する必要があります。彼らは未来に目を向けており、将来何が人気を呼び、流行するのかを見通す才能をもつ人も多くいます。

　不思議なことに、この人たちには周りに家族がいないことが多く、友人もぽつぽつとしかいません。自分が他国に住んでいるかのような気分を味わうことが多くあります。周りに違和感を覚え、時折孤立しているように感じます。皮肉なことですが、この人たちが自分の「異質さ」をポジティブな特性として受け入れはじめると、周りの世界は彼らのアプローチに同調してくれるようになります。秘密主義で、過去の経験のいくつかはしまい込み、決して他人に明かすことはありません。抑圧している感情があるなら解放する必要があります。ある研究（*British Medical Journal*, 14 August 1993, pp. 405–409）では、特に右手に渦巻きがある人は、大人になってから血圧が高くなることが報告されています。また、右手の渦巻きと高血圧との関係を示す研究もあります。

　私がこれまで出会った中で、7本以上の指の指紋が渦巻き型であった人は、極めて普通とは異なり、かなり変で、エキセントリックでした。良くいえば、「変わった市場性のあるスキルをもっている」、あるいは「服装や態度、行動が少々普通とは違っている」などとなるでしょうか。独立心が強く、自分で自分の人生のルールを決め、「私が私自身の法だ」とばかりに振る舞います（「（私のやり方が気に入らないなら）嫌なら結構よ。出て行ってちょうだい」というわけです）。私のクライアントの中でもかなり変わった、気難しいクライアントの一人に、自分の周りから女性を遠ざける女性差別主義者の女性がいました。また、ネズミの巣のような髪型と奇抜な服装で有名な変人や、話すのに困難を来すほどの吃音（きつおん）があって、人目を引いている人もいました。私は最近ニューヨークで、変人であった作家のクエンティン・クリスプ（彼の生涯はポール・ベイリーによる『Stately homo（風格のある人間）』、自伝『Resident Alien（レジデント・エイリ

アン）』に描かれています）の鉄でできた手の鋳造物を見ましたが、当然のことながら彼の指紋の多くが渦巻きでした。

アーチ

アーチ型の指紋は、何層にも重なった丘のように思えます。これは効率的で実務的、幾分古風な性格を表しています。アーチ型の指紋をもつ人は、生産的であるべきで、仕事を学ばねばならないと考えているため、熟練した手作業の世界に進むことが多くあります。私のクライアントでアーチ型の指紋をもつ人は、その多くが機械、工学、陶芸、彫刻などの仕事に就いています。多くの人が「モノを直す」ことを生業としており、アウトドア活動や身体的な面を追求することを好みます。飾らない素朴さがあり、ガーデニングなど自然とかかわることが良いストレスなどのはけ口となるでしょう。現代のテクノロジーは彼らの好みと比較すると「実体験」感があまりないため、抵抗感をもっている場合もあります。また、必ずしもIQテストで優秀な結果を出すタイプではありません。

　アーチ型の指紋をもつ人は、その指が支配する領域において、地に足がついた存在であらねばならないと考えています。平凡で親しみやすい、気取らない人間であると周りから見られることを望みます。アーチ型の指紋がもっともよく見られる指は人差し指で、これはその人が生真面目で、見栄を張らず、実際的な性質をもち、人生にもそのような姿勢で臨んでいることを示唆しています。家庭においては、きっちりと家を取り仕切ることを好み、子ども時代から規律について多くを学んでいる、あるいは子ども時代にはそれが欠如していたという人が多いようです。内気で、感情は抑える傾向にあり、引っ込み思案な場合もあります。自己評価が低い人も多く、強く耐久力のある身体をつくり上げようとすることもあります。またアーチ型の指紋が他の指にある場合は、批判や嘲笑をかわすために道化を演じたりすることもあります。他人の動機を疑ってかかりますが、自分の

本能的直感を疑うこともあります。

　仕事においては結果重視型で有能ですが、やや自己防衛的で反社会的なところがあります。勤勉さと献身がなければ何も得られないことをわかっているので、目的を達するまで粘り強くやり抜きます。障害があっても、その障害が摩滅するまで抵抗を続けます。人より多くの困難に遭遇するので、独り立ちできるようビジネスを学び、自分の感情を明確に表現する方法を身に着ける必要があります。ある音楽関係のクライアントは、パートナーの裏切りに対する怒りを発散するために、一連の曲をつくって録音し、演奏していました。彼はそれが自分にとって最高の治療法であったと話していました。新しいことに挑戦するのが好きなら、エネルギーヒーリングやレイキは、この指紋パターンの現実的な側面を表現するための興味深い手段となるかもしれません。そうでないと、この模様の形のごとく、不安を解放できず、覆い隠してしまい、ストレスが蓄積する可能性があります。占星術家のリズ・グリーンは、何かを地下室に押し込めても、それらはすべて、何らかの方法で外にはい出る方法を見つけ出し、玄関の前に姿を現すことになると述べています。体を動かし、感情のはけ口を見つけて、緊張感を解放することが特に大切です。

The Tented Arch
テント型アーチ

小さな縦型のテントポールに持ち上げられたかのようなアーチを形成している、このテント型アーチの指紋を表すキー・フレーズは「伝染する熱意」です。この人たちには他者を刺激する力があります。テント型アーチの指紋が見られるとすれば、普通は人差し指のみです。

　新しいプロジェクトを追求することに非常な興味を示し、将来の計画を立てるとなれば気合が入ります。しかし残念ながら、この人たちの興味は程なく薄れていくので（もっと新鮮で新しい、刺激的な挑戦が必ずやってくる）、周りからは「最後までやり遂げることのできないアイデアマン」

というレッテルを貼られることもあります。飽くなき好奇心をもっており（世界は謎に満ちていて、それを解明するのが待ちきれない）、教師になったり研究活動、不正との戦いなどにかかわると、優れた能力を発揮します。さまざまな意識啓発週間などの活動に熱中することもあり、常に最先端の情報に関心を向けていて、人の意欲をかき立てることを得意とし、刺激的な講演や講義を行うことができます。また、他人にも大きな関心をもっており、伝記や伝記映画にも興味をもちます。

複合型

この二重になったループ型の指紋は、普通は親指と人差し指にのみ見られます。このタイプの指紋は、個人的な事柄に関して決断力がない、あるいはあいまいさのサインです。また、公平性や、他人の状況について両面を見極めることができる能力があることを示唆しています。

　周りからは、この人たちは「苦悩する魂」と見えることがあります。彼らはよくジレンマに陥っており、必要としている物事と責任との間で身を引き裂かれる思いをしている、あるいは人生を変えるような大きな決断を迫られるようなことが絶えず発生しているからです。この人たちは自分の直感をもっと信頼することを学ぶ必要があります。しかし自分の経験や分析の結果を他者に提供することにより、優れた戦略家やセラピストとなり得ます。優れた仲裁人や判事でもあり、その外交的な性質は、他人から望むものを得るのに役立ちます。すべての側面を考慮し、重要となる行動指針のプラス面とマイナス面を比較検討できる能力をもちますが、それは自身に関する懸念を伴わないことが条件となります。自分のこととなると、たとえそれがパーティーのための衣装選びくらいのことであっても、延々と先延ばしにしてアドバイスを求めたり、人から安心感を得ようとしたりします。

The Peacock's Eye
孔雀眼紋

これは珍しい指紋パターンです。このパターンが見られるのは、普通は薬指か小指のみです。古い手相の本では、この指紋パターンは、何かに守られていると感じている幸運な人にあると説明しています。

　古い手相本の教科書的解釈は奇妙なことを述べているように思えるかもしれませんが、私のクライアントや生徒で、この指紋パターン（特に薬指か小指に）をもつ人の多くが、天使による加護があり、見守ってくれており、特に（事故など）危険があった際に守ってくれていると信じていると語っていました。天使に特別な関心をもっている人のほか、亡くなった親族が見守ってくれており、自分を導いていると信じている人もいました。手相術家のロビン・ロウンは、このパターンについて、見栄っ張りで自分のことを簡単に手出しできない特別な人間だと思っているが、一般的には事故に遭いやすいとしています。

The Loop Arch
ループ・アーチ

この指紋パターンは、アーチ型とループ型が組み合わさったもので、両方の指紋パターンが均等に指先を共有しています。公式には認められず、単なる「ループ」として処理されることもありますが、このパターンは頻繁に見られるものです。実際的かつ現実的な努力（アーチ）がないと、これは「何でも屋」（ループ）のサインとなります。この人たちには達成したいことがあり過ぎるからです。計画性があれば、これは高い生産性となり得ます。

多才で高いスキルをもっていますが、「落ち着く」ということがなかなかできません。周りの人から見ると、永遠の学生とか、決して大人に成長しない人と映ります。多芸多才な性質のせいで、常に「次のこと」に興味がいくのですが、これはテント型アーチの人たちの落ち着きのなさと、ある意味共通しているところがあります。それゆえ仕事を完成しないままやりっ放しにしてしまうのです。適切なトレーニングを受け、1つの分野に特化してから他の分野に移るようにする必要があるでしょう。

───────── ステップ4　主なポイントのおさらい ─────────

指紋のパターン
先天的で変わることのない、基本的な性格的特徴

- **ループ**：
  適応力が高い、多様性を求める、何でも屋、神経質、社交的
- **渦巻き**：
  激しい、自分へのこだわりが強い自己陶酔型、個人主義的、未来志向型
- **アーチ**：
  有能、堅実で信頼できる、飾らない素朴さ、実務的、抑制気味で引っ込み思案、見栄を張らない
- **テント型アーチ**：
  熱心なお節介焼き、好奇心旺盛、狂信的、周りを刺激し、鼓舞する
- **複合型**：
  戦略的、優れた調停者、優柔不断、安心感を求める
- **孔雀目紋**：
  事故に遭いやすいが、保護されていると信じている。顕示欲が強い
- **ループ・アーチ**：
  多才、落ち着きがない、多くのことを成し遂げたいと思っている

組み合わせ その7：指紋の組み合わせと相性

それぞれの指紋の意味は、その指が象徴する意味と一致させることができます。以下をご覧ください。もっとも重要な指紋は、人差し指と親指です。

親指の指紋：自分の意志とエネルギーをどのように適用するか。物事の成し遂げ方。問題解決のやり方

人差し指：自己意識。個人としての自分をどのように認識しているのか。個性を主張する方法

中指：仕事や日常生活、責任に対する考え方

薬指：創造的才能の傾向

小指：コミュニケーションや性に対する考え方・姿勢

以下にいくつかの例を紹介しましょう。

・親指にあるループ型の指紋は、仕事に対する柔軟な姿勢を表しています（非常に一般的な組み合わせです）

・中指にあるループ型の指紋は、誰か他の人と一緒に仕事をする必要があるタイプであることを示しています（これもよく見られるパターンです）

・親指にある渦巻き型の指紋は、自分のやり方で物事を進めたいという頑固な欲求をもつ、反体制的な人や革新者を示唆しています

・人差し指にある渦巻き型の指紋は、世界を違った角度から見ることができる、自分の考えに没頭した、真理探求者を示唆しています

・中指にある渦巻き型の指紋は、フリーランスとして働くほうが合っており、9〜5時までの安定した仕事は避けるべきであることを示唆しています。また1つの道から別の道に移る際、大きな変化が多いことも示しています

・薬指にある渦巻き型の指紋は、ドラマチックな感覚をもっており、芸術的・デザイン的な才能があることを示しています。また注目されることが好きで、わがままで気難しい女王様のごとく振る舞う人もいます

・小指にある渦巻き型の指紋は、激しく変わったやり方でコミュニケーションを取る、またセックスへのアプローチが独創的で冒険的、あるいはきわどいことを示します

・親指にあるアーチ型の指紋は、働き者で一匹狼であることを示します

・人差し指にあるアーチ型の指紋は、誠実で周りからも信頼される人間であるという自己イメージをもっていることを示唆しています

・中指にあるアーチ型の指紋は、毎日の決まった仕事が日常生活に欠かせないものであり、屋外での仕事や手を使う仕事が適していることを示しています

RINGS, FINGERTIPS AND NAILS
指輪、指先、爪

Rings
指輪

　どの指に指輪をしているのかを見てみると、現在の心の悩みや関心がわかります。指輪をしている指を見ると、現在その人の心をもっとも大きく占めている事柄や、その人が前面に押し出したい、強化したいと考えている性格特性が明らかになるでしょう（指の性格特性については127ページの**手相の写し63**を参照）。もちろん、指輪を着けることで何かしらの状況や性格が発現するわけではありません。どの指に指輪を着けたいと思うのか、その気持ちに現在抱えている問題やニーズが一致して反映されるということです。指輪の存在は、現在不安に感じている部分を支え、バックアップしてくれます。さらに指輪のサイズは、着けている指の長さと一緒になって、特定の意味を強調します。非常に大きな指輪は、その問題がかなり強迫観念的になっていることを示します。

親指の指輪

　親指の指輪は、外部からの影響や提案に関係なく、「何が何でも自分のやり方を通すのだ！」という強情さ、頑固さを示します。周りの環境をコントロールしたいと考えており、指輪を身に着けているのは、そのためのサポートが必要だと感じているのです。左手に着けている場合は、自律性が必要であるという思いが強く、それが独善的に自分の個人生活に適用されていることを示し、右手に着けている場合は、この思いが職場の同僚に対しての押しつけとなっていたり、仕事上のプロジェクト遂行の中でそれをごり押ししていたりすることを示します。

人差し指の指輪

　人差し指の指輪は、リーダーシップや自信を外に向かって示す必要があると感じていることを意味しています。しかしそれは内気さや低い自己肯定感を隠している、あるいは壊れやすい自我を守っているなどが潜在的な動機となっている可能性もあります。また、自己発見を求めていることも示しています。人差し指が薬指よりも長い場合、人差し指に指輪を着けているのは、自分の中の支配欲が強調されている、あるいは他人に自分の権威を押しつけたいと考えていることを示唆しています。指輪を左手に着けている場合は、威張り散らす主婦と尻に敷かれた夫となっている可能性を示し、右手に着けている場合は自分の運命をしっかりとコントロールしたいと考えていることを示します。

　数カ月前、この改訂版が完成する前のことですが、私が電車に乗っていると、横にとても人懐っこい社交的な若い男性が座っていることに気づきました。彼は車内中の皆に話しかけていました。少しやり過ぎ感もありましたが、何か怪しい宗教に改宗させようとしたり、はたまた共同別荘の購入に誘ったりしていたわけではなかったので、私は単に普通より愛想の良い人なのだろうと考えていました。

　私が何を生業にしているのかを知ったとき、彼は極めて否定的に、「それは“コールドリーディング（相手の気持ちを準備もなく言い当てるテクニック）”をやってるってことですか？」と言いました。少し驚いたものの、私は自分を抑えて、彼自身について尋ねてみました（私が自分のことを話すのに時間を費やしたい人だったら、手相術家／コンサルタントにはなっていなかったでしょう！）。しかしこの若者は、自分にスポットライトが向けられることには非常に消極的でした。私は彼の右手の人差し指に大胆な指輪があることに気づきました。そしてこれが彼の自信を後押ししており、自己肯定感に関する問題や不安を覆い隠しているのではないかと（黙って）考えていました。するとこの若者は自己啓発の第一人者であるアンソニー（トニー）・ロビンズの大ファンであることがわかりました。独自のNLP（神経言語プログラミング）や、自己肯定および自信を高めるプログラムによって「眠れる巨人（潜在能力）を目覚めさせる（Awakening the giant within）」自己啓発の大御所です。私は彼が着けていた指輪について触れ

たものの、そのデリケートな部分には踏み込まないよう注意しました。この出会いで注目すべき点は、彼は人差し指が象徴することを何も知らず、「これは"トニー・ロビンズの指輪"なんです」と私に告げたことでした。彼は最初にトニーのワークショップに参加した後、この指輪を購入し、以来ずっと（ある理由から）この指に着けているのだということでした。

中指または薬指の指輪

中指に指輪を着けるのは、特に意味はありません（孤独への恐れを表していると指摘する手相術家もいます）。薬指も同様に大きな意味はありません（恋愛関係における誓いのしるしとして、金星と太陽の占星術的性質が高められるというのはありますが）。中指は責務および責任感、成熟度、社会（これらはすべて、中指および土星に関連する言葉です）と関連しています。若者が、自分が大人になったことを示すためにこの指に指輪を着けたり、ゲイのカップル（特に同性婚が合法化される前）が誓いの指輪を着けたりしています。「自分のやりたいようにやる。相手の経験や意見などどうでもいい」というとき、中指を立てる侮蔑のジェスチャーをしますが、これは生意気で横柄な、反権力的な思いあがった姿勢を示しています。

小指の指輪

一流のビジネスマンがシグネットリング（印象を彫刻した指輪）を小指に着けているのに気づいたことはあるでしょうか。この指そのものと同様に、この指に着けた指輪にも複数の解釈が存在します。

左手に着けている場合は、一時的に性的な、あるいは恋愛における問題を抱えている可能性を示します。また、私的な人間関係において自由を求めているという可能性もあります（指輪よりも、小指自体が他の指から離れる方向へ突き出していれば、それが示されますが）。時として、恋愛関係に入るもっとも大きな動機としてお金が優位になっていることを示している場合もあります（玉の輿狙いの女性は両手の小指に指輪を着けている

かもしれません！）。性的な問題や身体的な悩みを抱えて、寝室で無力感にとらわれているという可能性もあります。後者については、他の特徴によって裏付けられますが、これは後の章で説明します。

私には、あるクライアントの例が特に鮮明に思い出されます。彼女はいつも左手の小指に指輪を着けており、婦人科系の問題をずっと抱えていることを明かしてくれました。子宮摘出手術の後、彼女は「もう私の手にはしっくりこないと感じるわ」と言って指輪をはずしてしまいました。これは極端な例ではありますが、小指に指輪を着けるということは、（「原因」ではなく）不安や身体的な問題を幾度となく浮き彫りにするのだと私は気づきました。

右手の小指に指輪を着けている場合は、「獲得」することに重点が置かれます（通常はセックスや性欲を犠牲にして）。金もうけ主義者、金銭的利益への執着が高い人、貪欲なタイプの人は、右手の小指に指輪をはめます。指輪が大きければ大きいほど、「全能のドル（金銭）」への執着が強いことを意味します。

Fingertip Shapes
指先の形

とがった形

敏感で感受性が豊かな人です。受容力の高さと、気分や感情を察するサイキック的能力のほか、問題をコントロールする必要があることを示しています。人差し指の指先がとがった形の場合は、サイキック的な才能か、はたまた周りに対して口うるさく、偉そうにしたいという本能を示している可能性もあります。小指の場合は弁が立ち、魅力的に振る舞うことができる人であることを示します。

丸形

　もっとも一般的な指の形状であり、人生に対してバランスの取れたアプローチを取ることができ、順応性があることを示しています。ただしこれは、手のもつ他の多くの要因によって相殺される可能性があります。

四角形

　四角形の指先の持ち主は、生来的に構造・理性・秩序を求めます。きちんと整理整頓し、時間を守り、勤勉で杓子定規的ともいえる仕事への取り組み方は、周りから見てもわかるくらいで、人差し指か中指がこの四角形の形状である場合に特にそれが顕著になります。

へら形（幅広で平べったい形状）

　このタイプのもっとも強い特徴は、日常に自由を求めることです。スポーツの世界やアウトドアで活躍する人たちには、このへら形の指先がよく見られます。エネルギッシュで落ち着きがなく、身体を動かす活動を好みます。多くの人が冒険家であり、山登りにも意欲的で、純粋にスリルを求めて危険なスポーツにも挑戦します。ギリギリのきつい締め切りに間に合わせることも楽しむ人です。アドレナリンが噴出するのを感じることが強力なモチベーションになるので、盛り上がっているところに水を差すようなパートナーや、一緒に冒険や旅に出かけるのを怖がるような人は避けます。
　へら形の指先がもっともよく見られるのは薬指で、これは人前に出る仕事で能力を発揮することを示します。特別扱いされないと気が済まないタイプの人で、自分の考えをドラマチックなやり方で表現することができます。人差し指がへら形になっている人は、冒険心があり、自由を求めるタイプであることを示し、自分の能力に自信をもっているように見える人です。中指の指先がへら形になっている人は、9～5時までの規則的な仕事はできないタイプです。

Nails

爪

　指で物を拾い上げたり操ったりするように、私たちは爪で物を引っかいたり、突いたり、きれいにするための道具として使用します。緊張してニュースを待っているときや結果を心配しているとき、爪をかんだり爪の先をほじったりもします。それゆえ爪は、私たちがどのように状況を評価し、分析し、選択し、分解して考えるのかを示す実際的な指標となります。**図6**に示した爪の形の違いによる意味を以下に説明しましょう。これをより完全に理解するためには、その爪のある指を見て、その指が支配する領域と爪をリンクさせて考えてください。手入れしてマニキュアを施された爪の形には注意が必要です。爪床を覆っている部分のみを見てください。

図6

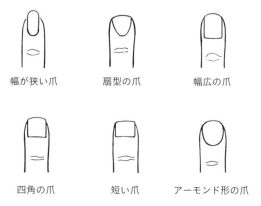

幅が狭い爪　　扇型の爪　　幅広の爪

四角の爪　　短い爪　　アーモンド形の爪

動揺やショックなどのトラウマが爪に記録されることをご存じでしょうか？健康な成人の爪はキューティクルから先端まで成長するのに4〜6カ月かかります。3カ月前に受けたトラウマは、キューティクルから爪の約半分までのところに、わずかな隆起状のへこみとして現れます。

幅が狭い爪、扇形の爪

　この2つのタイプは一途さを表していますが、物事や人を評価する場合、偏狭で視野が狭い、保守的なアプローチを取ることが多い傾向にあります。新しいアイデアや状況を進んで取り入れることはできないかもしれません。最悪の場合、過去の観察や偏見から一気に人を決めつけてしまうこともあります。

幅広の爪

　幅広の爪をもつ人は、寛容さと新しい経験に対してオープンであることを示します。この人たちはアイデアも人も、公平に評価しようとします。評価を行う際には、後から変化や改善することも、また自身の可能性があることも認めようとします。時にはきちんと識別し、より良い判断を行う必要があります。爪の形が自然の状態で短く幅広である場合は、ダイナミックで時に攻撃的な、押しの強いやり方で物事を進め、理由に耳を傾けるよりも衝動的な評価に頼る性質が加わります。

四角の爪

　四角の爪をもつ人は、アイデアに対しても人に対しても、秩序だったアプローチを取る人であることを示します。問題があれば系統立てて慎重に検討します。最悪の場合、彼らは違いや例外を認めることを忘れ、独断的な評価をしてしまうこともあります。

短い爪

　短い爪をもつ人は、人や状況を素早く判断することができることを示しています。しかし忍耐力に欠け、自分の期待に応えてくれない人や、自分

の厳格な道徳基準を満たすことができない人にはすぐにうんざりしてしまいます。最悪の場合、すぐに結論に飛びついたり、わざと難癖をつけて反論したり、強い批判で新しい案をこき下ろしたりすることがあります。

アーモンド形の爪

アーモンド型の爪をもつ人は、新しい事柄に対して偏狭なアプローチをすることを示しています。そのアプローチは、自分の限定された（物質主義的な）枠組みでの評価に基づいて行われてしまっていることもあります。分析能力に磨きをかけ、より優れた判断力をもつことが必要となるでしょう。

Other Hand Features

その他の手の特徴

また、手のひらや指の色、質感、柔軟性なども考慮する必要があります。

色

『Your Health in Your Hands（あなたの手の中の健康)』の著者であるロリー・リードによると、手の色はその人の気質と一般的な健康状態の両方を反映しているということです。手のひらの赤みが強すぎる場合は、高血圧、闘争心、エネルギー、肝臓の問題などがある兆候です。手がかなり赤い場合は、スポーツで攻撃性や怒りを発散する方法を考えたほうが良いでしょう。真っ白な手のひらは、温かさの欠如、血行不良、エネルギー不足を示しています。青みがかった手のひらは、循環器系や呼吸器系の問題を、黄色の手のひらは、黄疸、肝炎、高コレステロールを示しています。

質感

　手の質感はその人の性質に関する手がかりを早い段階で与えてくれますが、判断する際にはその人の年齢や、どのような職業に就いているかを考慮することを忘れないでください。このどちらもが手の質感に影響を与えます（高齢になると、手のひらは多くの線で埋め尽くされます。317ページのグラッドストンの手相の写しを見てください）。手の皮膚が粗い（皮膚小稜の模様が少なく、目視しやすい）のは、嵐を乗り切ることを学んだタフに生き抜いてきた人であることを示しています。一方で、きめ細かい肌の手は、繊細さ、周囲の状況を敏感に察知する能力、感情面での受容性を示しています。もしあなたが特に優しい人、自然な上品さを兼ね備えた人を探しているなら、柔らかい手をもつ人を探し求めるべきでしょう。柔らかい手は繊細さを表しますが、もしもたるんでいたら、それは甘やかされることが必要な、ぜいたく好みで人生に快楽主義的なアプローチをしている人であることを意味します。最悪の場合、自分に甘い怠惰な人となります。

柔軟性

　しっかりした手は、強く、弾性と回復力に富んだ性質を表します。固い手は、頑固さ、たまった不満、変化に対応できないことなどを表します。しなやかな手は、柔軟性があるものの、周りからの影響を受けやすいことを示しています。自分の意見を形成し、よりしっかりした個性と気骨を身に着け、自立した生活を送り、決断を家族やパートナー任せにしないようにしなければなりません。指、特に指先が後ろに曲げることができるほどに非常に柔軟である場合、外向的で人付き合いが良く、またお金に関する自己管理ができないことを表します。指および指先が非常に固い場合は、不屈の気質を示します。正しいか間違っているかで判断する意識が強く、柔軟さに欠ける場合もあります。

第 2 章

TIMING TECHNIQUES

時期判断の技術

TIMING EVENTS
出来事の時期判断

　手相鑑定では、今の人生を読み取ることができます。手相に現れる未来というのは、日々の選択を繰り返し行ってきた結果であり、これからの道を示しています。それは自由や自分の意思に反した、回避できない決まった道ではありません。人間は、未来のために目標達成に向けて頑張り、困難にも立ち向かうものであると、私はあらゆる意味を含めて信じています。自分の人生は自分でつくるのです。自分の考えや行動に責任をもてれば、いつでも違う選択をすることができます。

　評論家と一部の手相術家の意見を見てみましょう。手相の線は、日常生活の中で変化や成長を遂げ、現れたり消えたりします。であれば、いつどのように線が現れるかわからないのに、どのように過去と未来を読み取れるのでしょうか？　手相を読むたびに、その人の今を知ることができます。それは、その人が歩んできた経験の集大成であり、いくつかの（一見したところ）決まった行動パターンから未来を暗示するのです。離婚を経て、最近再婚した女性の場合、再婚したころは、初めの結婚（と別れ）で経験した一連の記憶がよみがえってくるかもしれません。彼女は、新しい関係に期待しつつも、将来に不安を抱き、2人の関係がうまくいくよう頑張ります。再婚によって、未来への基礎を築いてるのです。しかし、彼女が期待した通りにはいかないかもしれません。今回も失敗を繰り返し、過去の問題が新しい夫婦関係にも影響を及ぼし、同じ結果を招くかもしれません。もしくは、過去の行動パターンを避けることで、2回目の結婚では幸せになるかもしれません。いずれにせよ、彼女は過去の記憶と、独自の対処法をもって新しい関係に進みます。どちらも彼女の未来に大きく影響します。

　手相術家として私たちは、クライアントの性格を読み取り、過去を理解し、現在の立ち位置を見極めることが可能です。手相鑑定は線上で起こりうる数年先も読み取り、これから起こり得ることに対して多くのヒントを教えてくれます。常識とその背景を知ることで（特にクライアントが人生に何を望んでいるかを知ること！）、クライアントと対話をしながらさまざまな選択肢を検討することができ、提案できます。

　自分が何を必要とし、どこに「所属するべき」か、多くのクライアント

はすでにわかっていると思います（もしくは勘づいています）。しかし多くの人は、そこにたどり着く方法がよくわからず、自分の望みをかなえるための確証を手相術家に求めます。もちろん、私たちの仕事は未来を予測し、確証できない出来事を伝えることではありません。むしろクライアントにとって現時点の有益なことを話し、時には可能性ある道の提案をすることが私たちの役割です。それは、私たちの経験に基づいた新しい選択肢や提案の場合もあれば、クライアントが人生や未来に何を求めているかを（再）発見する手助けをする場合もあります。

　手のひらの「過去」を読み取った際は、その時期を記録することが重要です。たとえば、生命線の上部や運命線の下部を見てください。手相に過去の出来事がまだ現れている場合は、引き続き、人生に影響を与え、重要で忘れがたい出来事を形成していることを意味します。人生、人、はたまた自分自身を理解するのに役立つ、今でも参考となるしるしが、手のひらには常に見ることができます（興味深いのは、過去の「人間関係線（220ページ）」が、今でも手に強く刻まれていることです。今の2人の関係性を継続的に形成し、過去の人が強く記憶に刻まれている、もしくは過去の関係がベンチマークの役割として未来の関係を担っていることを、クライアントは確認できます）。　線には二面性の解釈があったことを覚えていますか？　手相の線は変化し、成長します。なので、しるしは現在の性格を示すと同時に、生活に何らかの影響を与え続けている「過去」の出来事も表しています。今の自分は、人生における重要な出来事や出会いの積み重ねによる集大成なのです。

　私たちが正しい道を歩み、出来事を前向きにとらえ、今を生きるためのツールとして、次に紹介するセクションを活用していただければと思います。前述したように、手相の線は、今の状況と、現在に至るまでの道のりを示しています。優秀な手相術家は、手の形、指、基本線、指紋を見て、その人の性格に基づく動機や要望を確認します。そして、過去の出来事に対するとらえ方を理解し、今後起こり得る人生の課題に対する反応を予測します。そして、将来の兆候を手相で読み取ることで、落とし穴に気づくことができ、より良い選択ができるようになるのです。未来を示す線にゆがみを（手に出現しているように）確認した場合は、現れた理由を意識することが重要です。自分の選択を"コントロール"することは、すべての

出来事を予測することよりも、はるかに重要です。

　私が手相を習いはじめたころ、時期を判断する方法について、2人の講師がそれぞれ違う方法を教えてくれました。その後、大学生になると、手相術家がよく耳にする手相に関する質問について、2つの枕言葉があることを発見しました。それは、「私は……をもっていますか？」と「いつ……？」です。そこで私は、過去の出来事を質問して、発生時期やその時のとらえ方や影響についてメモを残すようにしました。手相の写しで練習を重ね、クライアントとのインタビューでは具体的な日付、出来事、詳しい背景を聞き出して、根気よく練習することが非常に大切です。

　手相の時期を測る前に、手相線に関する一般的な質と量を確認しましょう。どこでエネルギーが使われているのか？　それはつながっているのか？　分散しているのか？　人生の主要な出来事が（基本線によると）、その人にどの程度効果があるのか？　私が手相で時期を判断するときは、時期を軸に考えるようにしています。それは、自分がどの時期にいるのかを（または望むか）認識するのに役立ちます。仕事で評判を上げる時期なのか？　家族が助けを求めている時期なのか？

　人生とは、時期とリズムで成り立っています。なので、多くの人は新しい期間や時期に突入すると、進むべき道に疑問を感じ、もっていないものをほしくなります。優柔不断、不活発、エネルギーの分散は、時間を浪費する三大原因なのです！　あなたが望む限り、そしてあなたのためになる限り、時期を把握して現在の状況を受け入れましょう。では、手相で時期をどのように確認すればよいのでしょうか？　手相の線が示す相対的な強さ（また指の位置）によって、何が重要で、何に注意を払う必要があり、何がおろそかになっているのか、そして今どこにスポットライトが当たっているのかがわかります。

　手相に現れた出来事の時期を読み取るには、非常に多くの時間と練習が必要です。たとえば、運命線から未来を読み取る場合は、他の基本線の時期も確認し、将来起こり得る出来事の時期やとらえ方を確認することをお勧めします。過去の出来事を確認する場合は、実際に起こった出来事の内容を知ることも大切ですが、それ以上にその時期のとらえ方に注目してください。そのため本書に掲載した手相プロフィールでは、過去の出来事や背景などの詳細を記載しています。

手相に描かれている出来事が何であれ、まずはその人の性格を理解してください。性格を理解することで、何をモチベーションにしているのか、出来事に対してどのようなとらえ方をする傾向があるのかが、わかります。

Tracking Events
人生の出来事を観察する

　次のページの**図7**では、手相の時期を判断するのにもっとも信頼度が高い４つの線をご覧いただけます。それは「生命線」「運命線」「太陽線」「頭脳線」です。たとえば、運命線の21歳から35歳までの期間は空白が多いので不思議に思うかもしれません。これはなぜかというと、その時期は人生を左右する大きな決断をする時期だからです。私の経験上、20代後半、30代半ば、そして50代半ばから後半にかけて、人生において大きな展開が発生しています。それらは７の倍数の年齢７、14、21、28、35、42、49、56と続いて起こります。特に35歳は特徴となる時期で、重要な分岐点を示すことが多いです。通常は、頭脳線と運命線が交差する箇所がその時期です。最近では、40代、50代、60代で方向転換する人が増えていますが、若いころは初めて恋愛、仕事、責任を経験する重要な時期です。ゲイル・シーヒィーは著書『New Passages（ニュー・パッセージ　新たなる航路）』の中で、この初期のころを「試用期間の20代」という言葉で表現しています（チャンスをつかんで夢をかなえようとする、長い青春期）。これが「激動の30代」へとつながります（将来リーダーになるべく「本気の最終リハーサル」の時期で、新たな野心、決断、時間的な制約が伴う多くの役割をこなす時期）。年齢を重ねるごとに、時が経つのを早く感じるようになり、それは手相でも時間の空白として表れます。65歳以上のクライアントの場合、手相で未来について読むことは、特にしません。それは若い人でも同じです。16歳以下は見ないようにしています。人生の重要な出来事については、手の全体的な印象（線、指紋、手の形）のほうが、時期を測り、細かい部分を見るよりも、はるかに多くの情報を明るみに出してくれるのです。

　手相の写し68を見てください。彼が重い目の病気を患った27〜28歳（**A**）

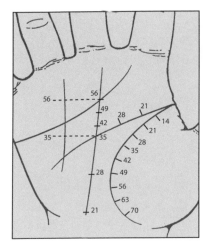

図7

時期判断の地図：人生の道しるべ

ご覧の通り、35歳は主要な年で、上に向かって伸びる運命線と頭脳線が交差する時期です（なお、頭脳線が図よりも高い位置にある場合、運命線との交点は40歳前後になると思われます。その場合は、35歳を手のひらの中心部に設定して推測してみてください）。友人やクライアントの重要な出来事があった年代の詳細を聞いてみると、コツをつかむことができます。

それでは、この時期判断の地図を念頭に置きながら、下のクライアントの手相の写しを見て、簡単な経歴と人生の出来事が起こった日付を見てみましょう

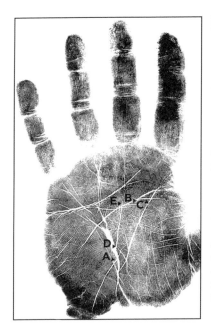

手相の写し：68

ピーター

まず、その人の性格や周囲との付き合い方を表すしるしを探してみましょう（左は彼の右手です）。「風」の手（60ページ）をもつ彼は、アイデアにあふれ、神経質なエネルギーの持ち主で、話を聞いてもらい、それを理解してもらうことを必要とし、常に考えやアイデアを吟味しています。指紋が渦巻き型で、その特徴が強く見られるため、自分流のやり方を大事にします。他人に受け止めてもらえない（受け止めてもらえていると感じられない）ことが多く、自分で運命を切り開きたい、自由に行動したい、他人の言いなりになりたくないと思う人が多いです。洞察力と集中力、そして妥協を許さない、挑発的で自由奔放な性格が手に表れています。頭脳線が長くて力強く、多くの障害線があります。曲線が描かれているので、この男性は時代の一歩先を行き、違った角度や枠にとらわれない考え方をすることを示しています

のときに、太い健康線（247ページ）によって、運命線が乱れ、途切れています。彼は仕事を1年間休み、学業も諦めて家にいることを余儀なくされ、エネルギッシュであった彼は、大変憂鬱な状況に陥ります。このころ、頭脳線が下降し（**B**）、生命線の内側から現れた新しい頭脳線（**C**）に入れ替わっていることに注目です。火星線や火星の丘を起点にしているすべての線は、闘争心、エネルギー、積極性を意味します。その頭脳線は、彼が反発や対立を追求し、ほぼ期待を裏切らないことを表しています。それによって、彼は無限の闘争心を持ち合わせているのです。火星の領域を起点とする頭脳線は、人の間違いを証明することに意欲的で「証明してみせる」「撃ってから問う」タイプのアプローチをします（特に曲線の場合）。

　彼の健康が回復する29歳（**D**）のころ、運命線は復活し、彼は人生を軌道に乗せ、試験にも合格します。しかし3年後、障害線が現れ、仕事上の問題（同僚との衝突）が発生します。彼は、36歳で起業せざるを得ない状況に追い込まれます（運命線が消えはじめ、最終的には太陽線に置き換わる点に注目）。運命線は、彼が仕事を失う（44歳）40代半ば（**E**）で徐々に消えてなくなり、無念にもフリーランスとなります（渦巻き）。ここで2本目の太陽線が現れ、やがてこれが主要な線となります。

　時期判断の地図（182ページ）によると、元々の太陽線は現在の50代半ばで終わります。彼の本業である仕事は終わりますが、それは他に追求したいことを優先する過程であることを意味します。

Time On Our Hands... Some Tips
時間を有効活用するためのヒント

- その人の性格や個性をよく理解したうえで、時期を測るようにしてください。特定の線で年齢を確認できた、性格と（手や指の形、指紋のパターン）気質（線がたどるコース）から、その人が取る反応や言動を「予測」することができます。重大な出来事が将来に及ぼす影響は、その人の受け止め方と密接な関係があるのです。なので、その人の性格や気質を理解することで、もっとも正しく「予測」することができるのです。人生に起こる変化に対して、抵抗を感じていませんか？　いくつもの経験を

経て、最後の一撃が今回なのか、それとも念願であった突破口になるのでしょうか？

- どちらの手？　もし、「出来事」が利き手ではないほうにだけ現れ、利き手には現れなかった場合、何とかして逃れることができ、避けられると学んだことがあります（私が最初に学んだ内容でもあります）！　その多くを、どのように見分けるのでしょうか？　私には逃げ口上にしか思えませんでした。経験から言うと、しるしが現れる手が左手の場合は、その状況や感情が大変個人的なものであることを指し、右手の場合は社会的、職業的に世界の「そこ」で繰り広げられることを示しています。

- 時期を判断するのにもっとも信頼でき、両手で見ることができる線は、生命線（人生の出来事を確認できる主要な線）、運命線、太陽線（281ページ）、そして頭脳線です。障害線（212ページ）、切れ目、島紋（200ページ）の他、これらの主要な線上に現れるしるしは、線と交差あるいは合流した位置よりすべての時間を測ることが可能です。

- 線をたどる：親指／人差し指側から、頭脳線と生命線を読み取ります（生命線が下降し、親指の付け根のふくらみを囲んでいます）。運命線と太陽線は、下から上に向かって読みます。興味深いことに、生命線を下から上に向かって時間を測ることもでき（運命線の時期判断の地図を使用）、運命線に現れたしるしを確証することができます。

- 感情線と、その上にある結婚線（223ページ）の時期を判断するのは難しく、既存の方法では信頼性に欠ける場合があります。方式には多少当たり外れがありますが、占星術を学んでいる学徒が時に太陽の星座を正確に当てられるように、手相を学んでいる学生の中にも、これらの線から人間関係の詳細を導き出すのが得意な人もいます。さらに、手相術は知れば知るほど、わかることが多く……初心者のような無謀な賭けをすることはなくなります！　難しいのは、人間関係の行方を左右するこれらの線が、人生の中でもややあいまいな領域にあることです。感情が動く（または感じなくなった）時期を特定するのは、しばしば不可能です。

基本線の時期判断の地図（と方向）について

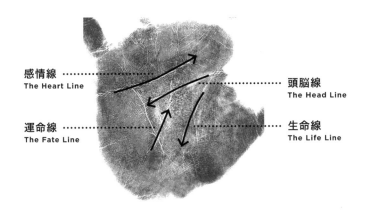

感情線 ……… The Heart Line

頭脳線 The Head Line

運命線 ……… The Fate Line

生命線 The Life Line

関係が終わる時期を知るには、どのようにすれば良いのでしょうか？別れるときでしょうか？　それとも何年か前に愛が冷めてしまったとき？　あるいは、何年も経ってから、諦めることを覚えたときでしょうか。人間関係線は（220ページ）、「水星の指」とも呼ばれる小指の下に表れます。占星術では、水星はヘルメス神として知られ、必ずしも「現実」に起こることを表しているわけではなく、心の奥で大切にしていることが何であるかを示します。さらに、感情線（96ページ）は、感情的な出来事を大まかに把握することはできますが、人間関係については他の線のほうが、より正確な時期を把握することができます。

• 性格分析と同様、手相で時期を判断する際にはさまざまな角度から総合的に判断することが重要です。1つのしるしだけで判断してはいけません。人生を変える大きな出来事は、生命線（物理的、地理的、環境の変化）、運命線（人生の道筋や日常生活の変化）、そしてひょっとしたら頭脳線（態度の変化と重なる場合）でも読み取ることができるかもしれません。特定の年齢で線が強く刻まれているほど、その出来事が重要であり、人生のさまざまな場面に影響を与えていることがわかります。

• 人生の将来を見るときは、年齢を示す凶のしるしに気を取られ、悲惨な

出来事を「予言」してクライアントを怖がらせてはいけません。未来を予測できる知識があるのであれば、それを活用して人生を積極的に変えられます。可能性が見込みへと変わる瞬間は、運命に身を任せるかのように、人生を操る運転席に座るか、あるいは拒むかの行動を起こすときです。

- 他でも言われているように、手は実際に起こった出来事よりも（主観的な視点より）そのときの反応や結果を示すものだと言われています。幸せや悲しい出来事がどのように起こったかは、文字通り手相に表れますが、その出来事の裏にある心情（反応）に注目することが重要です。愛する人の死は、自由を意味したのでしょうか？　それとも苦悩のはじまり？　結婚や出産でストレスを感じたのか、または心が満たされる平穏な時間だったでしょうか？

さらなる手がかり

- 手相で時期を判断するのは、10代半ばから60代半ばまでが理想的です。これらの年齢よりも前もしくは後の人の手相を鑑定するときは、手（及び指）に現れる線、形状、質感を基に、出来事、エネルギーがどこにあるか、クライアントが人生に求める欲求、動機、問題などで判断します。クライアントにとって何が重要なのか？　変化にどのように対処して、人生の次のステージに進んでいくのだろうか？

- クライアントが30歳以上の場合は、運命線に注目してください。18〜21歳から30代半ばまでの過去の出来事は、時期を判断する練習に最適です。

- 手の大きさと線の長さを考慮しましょう。線を測定し、期間を7年ごとに区切って分けるのは慎重に行う必要があります。たとえば、生命線の中には非常に湾曲したものがあり、通常よりも手のひらに大きく描かれているものもあります（そのため垂直に下降する線よりも長いです）。

また、頭脳線の中には短いものもあり、当然のことながら、その到達点を超えて時期を判断することは不可能です。

• 次に何が起こるのか？　手相の線や線上に現れる主要なしるしを読み取るときは、その線が良い状態であるか、もしくは弱まっているか、状態を確認しましょう。これから起こり得る出来事の結果を表す兆候としてとらえることができ、クライアントにどのように対処すべきか、早い段階で注意を促すことができます。基本線が強まったり、消えかかっている、分岐したり、島紋を形成していませんか？　支線や分岐（選択を表す）、または重複（変更や計画の結果まで、時間を要することを示す）も確認してください。たとえば、精神的にダメージを受けるフラストレーション、ストレスや挫折期間（頭脳線上に島紋のしるしで現れることも）の後に、きれいな頭脳線がある場合は、有益な兆候を意味し、その人が精神的かつ感情的にも強くなっている過程であることを示します。私が頭脳線上で見たこのしるしは、深刻な経済的問題を抱え、雇用主からお金を盗んだ男性の手でした。刑務所に入る危機と、2人の子どもとの面会がかなわなくなる危機を乗り越え、彼は自分の人生を取り戻しました。しかし、困難な時期が先に待ち受けていることが手相でわかる場合は（羽毛のような弱い頭脳線より下降する、もろい線たちが見られるなど）、潜在的に潜む問題を認識し、強い決意とアイデア（頭脳線）をたしかなものにする良い機会です。そして、強い意志と高い意識をもてば、ふたたび人生をやり直すことができることを忘れないでください。線が消滅、または後から薄くなっている場合は、その時期は元気がないことを意味します。時には、これは良い兆候の場合もあります（運命線が感情線の上部分で薄くなるのが理想。これは、日常の骨が折れる仕事や仕事における重責から引退することを示します）。しかし、多くの場合は自分の現状をコントロールできないと感じる時期に入ったことを表します。もちろん、線は（または線の一部）、時間の経過とともに強弱が生まれます。それは私たちの行動や反応を反映しているのです。前もってすべてが決められているのではないのです。

Interpreting Life Changes on the Hand

人生の変化を手で読み取る

　それぞれの線上で時期を詳しく見る前に、線上に現れるもっとも重要とされるしるしや模様を詳しく見てみましょう。これらの主要な線上に現れる障害線、切れ目、島紋などのしるしは、線と交差または結合する位置から時期を判断することができます。また、そのしるしの後、線の状態が良いか悪いかも考慮することを忘れないでください。

Sudden Stops, Gaps and Overlaps

突然の断線、隙間、重複

　線が突然断線しているときは、重要な一区切りを意味します。線にはっきりとした隙間が見られるときは、最近の激務が原因で休息を必要としている可能性があります。驚くような出来事に遭遇することはよくありますが、長い目で考えれば落胆する必要はありません。たとえ未知の世界を旅するのが怖くても、自分を奮い立たせ、立ち上がって、ふたたびはじめることが大切です。重複のしるしは、ここ最近の出来事に対処し、人生を計画的に変える必要性を示しています。一般的には、中断、隙間、重複から時期を判断するのは調整期間が発生するので難しいですが、主な変化は、新しい線が主流になるときに起こります。以下に記されている文字は、190ページの**図8**に各特徴を示します。

a. 生命線が突然中断、または何度も途切れる

　最近のライフスタイルや選択を見直す必要があります。もし病気が原因の場合は、進むべき道を見直してください。中断した後に、線が細くなっている場合は、今の障害に惑わされず、周囲とのかかわりを大切にする必要があります。右ページの**手相の写し70Ｂ**（**70Ａ**の6年後に撮影）では、左手の生命線が途切れて、その後重なっています。これはオーナーが、恋

人との関係が終わりショックを受ける少し前のものです。その結果、彼は新しく住む場所を見つけ、別れを乗り越えます（左手の中断された生命線＝私生活での大きな変化／終わりにより、行く当てがない気持ちになる）。

b. 頭脳線が突然中断する

　他の仕事を検討する、個人的な問題を別の角度からアプローチするなど、もっと柔軟に考えても良い時期を表しています。トラブル発生の場合は、相手の立場に立って問題を考え、和解の可能性を探り、前進します。前向きに考え、後ろは振り返りません。多くの場合、切れ目（**図8**、**g**）の下にかすかな線が入っていることがあります。これは、移行期間中にサポートの役目を果たすことを意味します。

c. 運命線が突然中断する

　これは、最近抱えている問題について対処するか、または勇気をもって断ち切ることを警告しています。予期せぬ妊娠や失業などで、休養を余儀

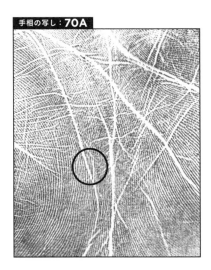

手相の写し：**70A**

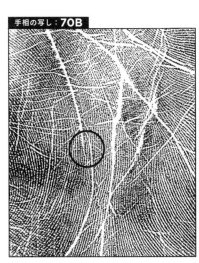

手相の写し：**70B**

なくされることもあります。ある時は、優先順位を変えて、規則的ではない日常生活を送ることを意味します。

運命線が終わり、太陽線に変わったように見えるときは、幸せを求めて努力した結果の幸運を期待できます。人生の苦労が少なく、クリエイティブな道や趣味を追求したり、子育てを楽しんだり、自慢の祖父母としての時間を過ごすことができます(194ページの手相プロフィール1を参照し、人生の劇的な変化を運命線で判断できる例をご覧ください)。

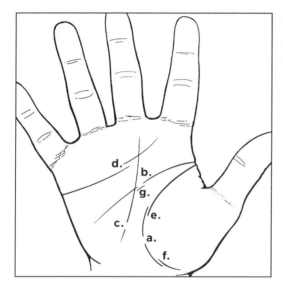

図8

基本線で見られる中断、
隙間、重複

d. 感情線に見られる目立った切れ目

これは、関係が終わってしまったことによる心の傷を表しています。失恋の傷を癒やす、過去を懐かしむ気持ちを表すしるしでもあります。金星丘にある傷心線（ハートブレイク・ライン）(238ページ)が裏づけとなります。最近の健康状態や人間関係の不調について、専門家のアドバイスを受けることを検討しましょう。トラウマを受けたり失恋をした場合は、友人に支えてもらいましょう。

e.とf. 重なり合う生命線

　これらは、食生活やライフスタイル、環境の変化を考慮すべきであることを意味します。しかし、変化には不安を伴うことが多く、調整と勇気が必要でしょう。特に、時間の経過とともに線が断線していく場合は要注意です（189ページの**手相の写し70B**を参照）。

　新しく現れた、低い位置にある生命線が、さらに手のひらの内側に向かっている場合は（**図8、e**）、世界とのかかわり合いをもつよう、今の状況が背中を後押ししています（または強制されます）。これは、自信をもちはじめる時期で、仕事や友人、趣味を通して新しい人と出会い、自己成長や自己理解に邁進する時期でもあります。また、新しい旅立ちの時期を表すこともあります。手のひらの高い位置にあればあるほど、人生の早い時期に訪れます。生命線の重なり合いが強く見られる場合は、人生を完全に変える可能性があることを意味します。それは、転職や結婚など人生における主要な出来事を指します。

　新しく現れた生命線が、親指に近い生命線の内側で現れた場合は、健康上の理由で、より孤立した生活を余儀なくされるかもしれません。人生や人に対して、恐れを抱く可能性があります。隠れたいと思う本能を抑え、もっと世の中に溶け込む努力をしなければなりません。この線は通常、手首に向かって伸びる生命線の末端に現れます。その年齢になると、医師からはゆっくりと家で過ごす時間を増やして、老後を楽しむようアドバイスがあるかもしれません。年を重ねると体力も落ちてくることは誰もが知る通りですが、精神的に落ち着いてしまうと早く死を招く可能性があると私は考えています。60歳や65歳で仕事を完全に辞めてしまうのは間違いで、心身ともにショックを受けるでしょう。仕事は引退しても、人生は引退してはいけません！　情熱をもって取り組むことができ、仕事に代わる刺激的で意義あることを見つけましょう。そうすれば、若さを保つことができます。この重複が手に現れているときは、毎日を忙しくし、新しい冒険を発見することで暇の時間をなくし、挑戦を求め続けることが大切です。

　基本線で見られる重複の例は、次ページの**手相の写し71**、**72**と**73**をご覧ください。

組み合わせ その8：保護を示すしるし

線上で重複が確認できる場合は、その周りに四角紋（箱）がないか確認してください。それは、困難な時期だが、状況をよりよく理解したうえで不安定な時期から前進できることを示しています。線が重なり合うことは、少しずつ状況が変化していくことを期待できます。状況が突然終わりを迎えたとしても、線の重複があれば手法を変える時間の確保ができることを意味します。四角紋は何年も現れていることがあります。その場合は、柔軟に対応していく必要があります。そして「これもいつかは終わる」という信念をもち続けましょう。

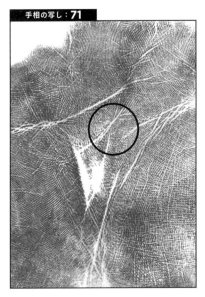

手相の写し：71

重複している頭脳線

人生の新しいはじまりの時期を表しています。もしかしたら、最近「生まれ変わる」ような経験をしたかもしれません。たとえば、離婚、人生を変えるような出会い、精神的に生まれ変わる機会を得るなどです。自分の立場を見直し、過去は捨てて、よろこんで受け入れる新しい心構えが大切です。興味深いことに、これは過去に頭部を負傷し、長い療養期間を経て、新たな生活がはじまったことを表しています。この写しによると、線の重複を30歳から31歳のころに確認できます

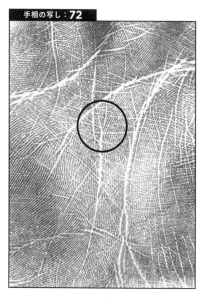

重複している運命線

乗り越えられないと思うような状況でも、人生の方向を変える必要性に気づいていれば、スムーズに移行することが可能です。この重複の多くは、今後の結婚や親になる兆候です。この写しでは、32歳から34歳の間で現れています

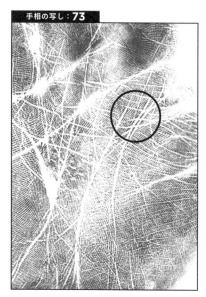

**数々の四角紋で守られた、
重複している生命線**

この手相の写しは、父親の死をきっかけに15歳で家を出て、演奏家・音楽家として独立した女性のものです。手相の写しは60年代のころのものです。悩みは尽きず、特に18歳のときに経験した、中絶手術のミスによって、命を落としそうになります。24歳で音楽の仕事から離れ、翌年には母となり、厳しい経済状況を経て、26歳のときに宗教（仏教）に出会います

Fay Presto

フェイ・プレスト氏の手相

　これは、マジシャンのフェイ・プレスト（別名レティシア・ウィンター）の手相です。彼女は、30代前半に生活を劇的に変え、「自分を失業させた」と話しています。右ページで手相の写しを見てください。運命線には、はっきりとした2つの空白があり、31歳のときにふたたびはじまることに注目です。生命線から上昇する力強いバックアップの運命線がありますが、これは再出発やライフスタイルの変化を遂げる際の努力を表しています。運命線と平行して（31歳）、または生命線から下降して（30代後半）、異なる2つの出来事の時期を確認できます。31歳のときにフェイは、一連の性別適合手術を終え、女性としての新しい人生を歩みはじめます。自分に合う職業を探していた彼女は、35歳のときにはじめたマジックの世界で、拍手喝采を受けるマジシャンを目指すため、美容セラピーや観劇、ファッションを楽しむことを断念します。頭脳線と接する35歳のときに、運命線がわずかにシフトします。33歳と34歳のころ、2本の小さな支線が運命線から現れた頭脳線を横切り、薬指へと向います。これは、自己実現と人生の選択による心の満足を示しています（運命線で確認できます）。その後の数年間、彼女は自分の技術と評判を高め、今では著名人や王族を含む有名なクライアントをもつまでになりました。彼女のマジックは、クロースアップマジックに必要といわれる華やかさ、地に足のついたユーモアと興奮をもたらしてくれたと評価されます。彼女は議論を呼び起こしながらも、見事、女性初の「インナー・マジック・サークル」（英国の奇術師団体。卓越した奇術師のみが入会を許される）会員として選ばれたのです。

　他にも特徴として挙げられるのは、手のひら近くにある力強い親指です。血気盛んで頑固な人物であること、また、自己防衛的で（基本的に）プライベートを大切にする人物であることがわかります。真面目さを示すループ（276ページ）をもっていることから、技術に対しては献身的で、四角

い手のひらは強い倫理観と、人としての品性を持ち合わせていることを表しています。カーブした頭脳線と人道主義者の感情線（239ページ）をもつ彼女は、「プランナーや策略家ではありません。結果を深く考慮せずに行動します」。彼女の強引な性格と正義感は、「馬鹿げてる」「遺伝子学的な間違い」と彼女が名指ししている人たちに向けた行動に表れています。「信じてください、私は現実をすべて知っていますし、それとは何の関係もありません。というか、できる限りかかわらないようにしています！口のチャックを閉じていると……遅かれ早かれ爆発します。私は人生を完全に再構築するか、死を選択しなければなりませんでした。長い間、社会のルールに沿って生きようとしたことによって自分を殺していたのです」
（フェイ・プレスト、1994年のテレビ番組「Illusions of Grandeur」での発言より）

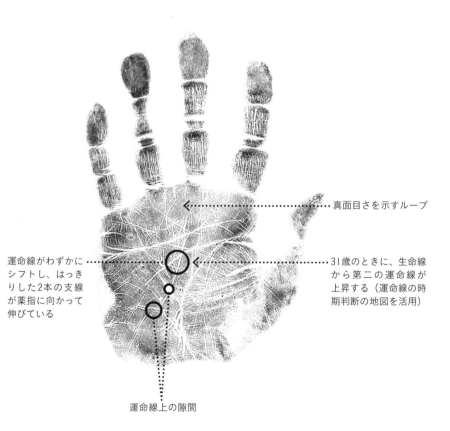

真面目さを示すループ

運命線がわずかにシフトし、はっきりした2本の支線が薬指に向かって伸びている

31歳のときに、生命線から第二の運命線が上昇する（運命線の時期判断の地図を活用）

運命線上の隙間

支線

　支線と基本線が接する正確な位置によって、時期を読み取ることができます。これらの線は、努力、野心、達成感を表します。それらは常に短い細い線で、状況を変えようと努力する時期を示すほかに、生来の性格的特徴を明らかにする、2つの意味をもっています。支線は、他の地点や切断した線を起点とするのではなく、線そのものから上昇するものでないといけません。線がどの指に向かっているかを確認し、各々の指がもつ意味を理解したうえで、どの部分に力が注力されているか確認しましょう（以下の記号は、右ページの**図9**と対応しています）。

a. 生命線から中指に向かって上昇

　中指に向かって上昇する支線は、新しいビジネスや家の購入、関係を築くことをはじめるのに必要な資金調達、時間とお金をかけた大きな投資をするべき時期を示します。生命線から中指に向かって伸びる長くて深く刻みこまれた線と間違えないでください。それは運命線で、達成に至るまで後半に努力が必要となることを示します。後者は、たたき上げの人であることを表しています（119ページ**手相の写し55**と216ページの**手相の写し**をご覧ください）。

性格の特徴：責任感、献身的

b. 生命線から小指に向かって上昇

　小指の方向に上昇する線はまれで、通常は生命線の下部分よりはじまります。財務改善の努力や、より大きな金銭的報酬が得られる時期を示しています。より一般的なのは、頭脳線から小指に向かって上昇する線で、同じ意味をもつことが多いです。この上昇線を、小指の下から生命線に向かって下がる、より長く斜めの健康線と間違えないようにしてください

（247ページ、201ページの**手相の写し75**、238ページの**手相の写し80**を
ご覧ください）。
性格の特徴：優れた金銭感覚

c. 生命線から手の外側に向かって下降

　これは旅行や新しい場所への移動の時期を表します。または生命線が
支線よりも強い状態で残っているときは、移動したい時期を示します。
性格の特徴：落ち着きがない

d. 生命線から親指に向かって内側に曲がっている

　健康上の不安や落胆から、生活や仕事から身を引くことを考える困難な
時期である可能性があります（82ページの**手相の写し16**をご覧ください）。
性格の特徴：恐れ

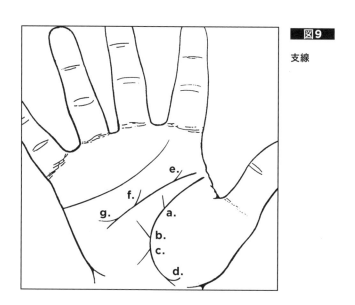

図9

支線

e. 頭脳線から人差し指に向かう支線（またはその逆）

　新たな信念をもつ、大きな自信を深めたとき、または特別な意味を成す「精神的」な達成を表します（たとえば、本の出版など）。
性格の特徴：明瞭または自信に満ちている

f. 頭脳線から中指に向かう支線（またはその逆）

　金銭、家庭またはビジネスで責任が大きくなる時期を表しています。
性格の特徴：権威があり、科学やビジネスに精通。

g. 頭脳線から小指に向かう支線（またはその逆）

　成果に見合った金銭的な報酬を得ることを求めます。支線が小指の方向に向かっていない場合は、ライターズフォークのしるしに分類される可能性があります（288ページ、下記の**手相の写し74**をご覧ください）。
性格の特徴：実利主義

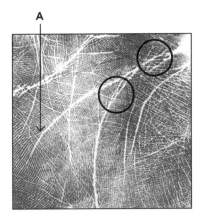

A

手相の写し：74

生命線から上昇する複数の向上線
20代で何冊もの本を書いた多忙な若者の手です。チャンスをつかんで出世します。頭脳線の先端がライターズフォーク（**A**）であることに注目ください

・生命線から人差し指に向かって上昇する線

　生命線から上昇する線は向上線です。生命線から上昇する多くの線は（方向を問わず）、成功への願望を示し、自身及び状況の改善を当然のごとく望みます。目標を高く掲げ、不眠不休の人のしるしです（左ページの**手相の写し74**を参照）。

　人差し指に向かって上昇する線は、自立の必要性を示します。家を出て独立するときや、新しい目標やキャリアに向けて努力する時期に現れます。線の序盤は学業成就、その先は「現実の世界」に踏み出す大人としての最初の一歩、そして終盤（約半分）では、大きな成果や長年の野望達成を示すことがあります。それは、優れた動機づけの役目を果たします。というのも、私たちにまだ影響力があり、個人の貢献に誇りをもてる時期を予見するからです（この類いの支線を、人差し指の下からはじまる生命線と間違えてはいけません。それはより強い線で、若いころに抱く人生への大きな熱意と野心を表します）。

性格の特徴：自由を求め、自立している。

・生命線から薬指に向かって上昇する

　この方向に上昇する線は、自己実現やクリエイティブな分野での成功の時期を示します（300ページで紹介しているクレオ・レーン氏の手相で確認できます）。幼少期や10代で有名になった有名人の中には、生命線から薬指に向かって早い時期に線が現れている人がいますが、これは早い時期に名声を得てチャンスを得たことを意味しています。生命線の途中からはじまる人間関係線と間違えないよう、注意してください（221ページの**手相の写し79**を参照）。

性格の特徴：創造的な生産性がある。

・頭脳線から薬指方向へ伸びる線

　これは、独創的な新規開発事業への挑戦のために重ねてきた一層の努力が、個人的な充実感や仕事における評価と称賛につながる時期を表しています（211ページのキャサリン氏の手相もご覧ください）。

性格の特徴：多才で芸術的

Islands
島紋

　島紋は制限される期間を意味します。どの線にも現れる可能性があり、人生の困難な時期を表します。無人島に一人でいることを想像してみてください。手のひらの島紋は、支えになってくれる人がいなくて、不安や閉じ込められていると感じ、孤立した状態を表しています。特定の線上で見られる場合は、身体的な弱点を示すこともあります。手相を読むときは、このような難しいしるしに細心の注意を払って、読むことが大切です。

・生命線の序盤に見られる島紋

　人生の序盤に起こる問題を示唆：閉塞感、家族や先生からの誤解、体調不良や身体的制限の期間。非嫡出子が受け入れられていない時代には、出生の謎、特に父親がわからなかったケースも示しました。

・生命線の終盤に見られる島紋

　この症状が現れたときは、現状からの解放が必要とされます。時には、体調不良や体力の低下に伴って現れることもあります。

　症状は島紋が終わるまで続きます（204ページ）。島紋は、現在の状態

30歳から40歳のころ、
生命線上に大きな島紋を確認

や状況から抜け出す方法を探していることを表しているのです。生命線の後半に現れた場合は、避けるべき長期にわたる不健康の可能性を示しています。島紋が現れる時期を判断し、病気にならないように気をつけることが大切です。

　興味深い例として、1999年8月2日に残虐な殺人事件で無期懲役の判決を受けた、著名な手相術家アンドリュー・フィッツハーバートの手を挙げることができます。手のひらの情報だけでは、無実か有罪かを判断することはできません。しかし、このような事件に関与したときに起こった、個人的な影響は読み取ることができます。フィッツハーバートの右手には、彼が逆上してナイフを用いた事件を起こした49歳のころに巨大な島紋（制限、この場合は投獄）が確認できます（占星術家ならば、フィッツハーバートの誕生日が、1949年3月26日にイギリスのブロムリーで22時15分に出生したことに興味をもつかもしれません。事件発生が、1998年2月25日から3月2日の間と推定され、出生図の底にあった自身の月の位置に新月が重なっていた）。動機は立証されず、目撃者もいないため、検察側は正確な状況や時間も解明できませんでした。しかし、DNA鑑定の結果、彼は反論の余地なく犯行と結びつきがあると判断されました。

　なお、囚人の手には思ったよりも島紋がありません。生活への適応が精神的に大変困難な人や、強い孤独を経験した人だけが、島紋をもちます。

・感情線上にある島紋

　これらは、小指と薬指の下にある感情線の起点によく見られます。成長痛、10代のころの難しい感情の変化、初恋での失恋などを表しています。

・頭脳線上にある島紋

　優れた知性を意味します。しかし、締め切りに追われたり、なんらかのプレッシャーにさらされたりするとストレスを感じます。島紋が線の下に現れたときは、主に個人的な問題や人間関係による悩みによって孤立し、ストレスを感じていることを示しています。島紋が線上の場合は、仕事上のストレスや問題を抱えていることを意味します。これはどちらの手でも、同じことが言えるでしょう。多くの場合、島紋を中心に、生活のあらゆる分野においてストレスが影響を与えることを示しています（218、260ページの**手相の写し**をご覧ください）。

・運命線または太陽線上にある島紋

　両方の線に島紋があるのは珍しく、評価が下がる、あるいは創造力が欠けた状態に不満が生じたときに現れます。このしるしは、人生の進路に迷う、職場で不満を感じる、仕事に負担を感じていることを意味します。左手にある場合、これらの問題は、私たちの内なる安心感や安定感に影響を与える可能性が高いです。メディアからそれなりに認知されていた当時20代後半のクライアントの運命線上に、島紋を確認した記憶があります。その島紋は32〜34歳の間に現れていました。これは、彼女が仕事に息苦しさや退屈を感じ、仕事に対して不満を感じることになる時期を示しています。この予言のおかげで、彼女は自分の苦境に気づくことができ、他の分野に移行することで、2年間の挫折を避けることができたのです。潜在的な問題を回避するために知識を活用することで、手に現れた「未来に起こる被害」を回避できることを示しています。

生命線上の時期を判断する

　生命線は通常、上から下に向かって時期を読みますが、上向きの運命線と合わせて、生命線の終盤を上向きに読むことで得られる情報もあります。一般的には、生命線が手のひら内で下降するイメージでとらえてください。たとえば、流れが妨げられていないか、手のひらの中央に移動していないか、親指のほうに退避していないかなどを確認しましょう。

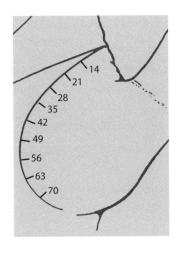

この線を測る方法は数多くあります。私はいつも７年ごとに分けています。人差し指の端のほぼ真下が21歳で（ただし、生命線が手の中で曲線の場合に限る）、35歳は水星丘の中央（小指の下）から金星の丘の中央に向けて斜めに引いた直線上にあります。多くの場合は頭脳線や運命線と交差しますが、これらの線が手のひらの高い位置にあったり、一部が欠けていたりする場合はそうはなりません。生命線の長さは、私たちの寿命を表すものではなく、人生の質や根気強さを表すものであることを覚えておいてください。なお、火星線（255ページ）は、時期判断の地図（182ページ）を使って時期を判断することができます。

生命線を切断する線

　上記で説明したように、これらの線の時期を判断し、小さな線やしるしと一緒に生命線が変化せずに継続しているか、または中断した後に取り返し不能の変化があったか、強くなったり弱くなったりしていないか確認しましょう。

- 金星丘の上にある線が、生命線を分断し感情線に向かっている場合（または つながっている）：大きな影響を与える、プライベートな交際を表します。220ページの人間関係線を参照ください
- 生命線の序盤より上昇する線、生命線を切断して中指の方向に向かう線：これは、青春時代にショックを受け、大切な人を突然の事故で失うなどつらい経験を表すことがあります。私がプロとして初めて鑑定を行ったとき、クライアントの手にこのしるしを見つけ、家族の悲劇が21歳のころから何年にもわたって彼に深い影響を与えていると伝えました（生命線上の障害線の先に島紋がありました）。このような発言は、正しいか間違っているかのどちらかであり、当時の私は経験が浅い若者であったため、裏づけが不十分なまま伝えてしまいました！　鑑定の最後に、彼が21歳のときに兄が溺死し、それが大きな影響を与えていることを話してくれました。その影響は今も続いています
- 親指のほうを起点とする線で、生命線に到達するまたは火星線を中断する線（255ページ）：これらは、家族や個人的な出来事が私たちに深い影響を与えることを表します。大きなものは傷心線（238ページ）として表示されます
- 生命線を切断するはっきりした線で、多くは中指のほうから伸びる線：事故や病気になりやすい時期です。危険な遊びやスポーツをしないように、体調管理に気をつけましょう

　右ページの**手相の写し76**の28歳と31歳で生命線を切る2本の縦線に注目してください。この男性は28歳のときに首を骨折し、その3年後にヘルニアの手術を受けた際に遺伝子疾患が見つかり、緊急手術を受けました。この写しは半年後に撮影したものです。感情線から運命線に向かう2本の力強い斜めの白線（手術の兆候）と、手の中央にある「真珠の糸」（253ページ）は、健康状態が継続して弱いことを示しています。医師から完治は難しいと言われました。

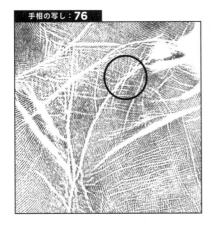

縦線
生命線を交差または切断する

Timing on the Head Line
頭脳線上の時期判断

　大半の手相術家は、頭脳線を人差し指の下から手のひらに向かって読みます。頭脳線上に現れるしるしや変化は、その人の考え方、物事の進め方、見解に混乱や大きな変化が生じることを意味します。また頭脳線の進路は、考察中のプロセスを表します。結論へと急ぐ本能をあなたは抑制しますか？　すぐに決断をくだし、その後に裏づけを取りますか？

　頭脳線と生命線がくっついている場合は、慎重に状況を判断するところからはじめましょう（83ページ）。彼らは思慮深く、慎重で、用心深いです。2本の線が分離する時期は、多くの場合、肉体的にも心理的にも、更に大きな自信と自立のはじまりを意味します。

　210ページで紹介する手相プロフィール2では、頭脳線で見ることができる多くの特徴を紹介しています。

　頭脳線の時期判断の地図が記されている次ページの図をご覧ください。頭脳線の中には、手のひらの中央まで伸びていないものもあり、その場合は、その先の時期を判断することができません。もっとも重大な出来事は、頭脳線の35歳までに（一般的には手の中心部を指します）。発生しますが、頭脳線が長い場合は、出来事が発生するのが42歳から49歳までの範囲の場合もあります（これらの日付を測定するには、21歳から28歳まで、また

は28歳から35歳までと同比率で追加分を35歳に追加します）。

運命線と太陽線での時期判断

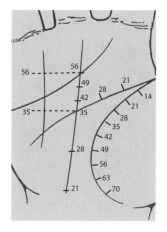

　ほとんどの手相術家が、運命線を手首付近から上に向かって読みます。このもっとも興味深い線で時期を判断することができれば、合流または並行する他の線についても時期を読み取れます。太陽線（薬指まで伸びる。詳細は281ページ）、旅行線（手のひらの外側。詳細は279ページ）など、運命線に合流する影響線（222ページ）は、どれも運命線の時期判断の地図を使って判断できるのです。運命線を読むときは、斜め方向の運命線を頭脳線で2つに分岐しているもの、または下降する力強い頭脳線の支線と間違えないよう注意しましょう。興味深いことに、多くの運命線は就職するときに現れるのではなく、日課となる仕事や組織をつくるとき、長期的な目標、安全や責任を全うする計画を立てはじめるときに現れます。それは家や大学を出て「現実の世界」に足を踏み入れ、住宅ローンの責任を負うときに現れる（もしくは、より力強くなる）傾向があります。永遠に続く基盤、より強い責任が伴う人間関係や安定を構築していると感じるときに運命線は現れます。自分が「達成した」と感じた瞬間、長期的な計画を決意した瞬間、または生活費のために初めて働く瞬間など、現れる時期はこれらの出来事と重なる可能性が高いです。

　子役など幼いころから仕事をしている人は、生命線や頭脳線から上昇する支線がよく現れます。彼らの人生が、より一般的な日常生活へと移行する時に運命線がはじまることが多いです。

生命線から離れている頭脳線で、通常の位置または高い位置にある場合は、運命線の時期判断の地図を補う役割を持っています。ますかけ線（112ページ）と同様に、中間点（通常は頭脳線より0.5cm下の位置）を見つけ、これを35歳と推定してみましょう。

運命線の起点はどこからはじまる？

　運命線が手のひらの上の位置からはじまるほど、人生の後半に目標や大望を掲げ、建設的に計画を考案することを意味します。これは、若いころに受けた家族からの制限や干渉が原因であることが多いです。線の位置が低ければ低いほど、決まった行動や日課となる仕事、あるいは責任が伴う環境に落ち着く時期が早い傾向です。

・手のひらの外側からはじまる

　運命線が、手のひらの低い位置で外側からはじまる場合は、人と直接かかわる仕事に就き、収入源を人に頼る傾向にあります（俳優業からウェイトレスまで。俳優業の場合は、両方を経験するかもしれません）。私たちの多くは仕事に就き、人とつながり、コミュニケーションを取ることを好みます（特に指先にループが見られる場合）。また、世間の動きを敏感に感じ取ります（指先に渦巻きがある場合は、先見の明があることを示します）。運命線や太陽線が、手のひらの外側で高い位置から現れる場合は、キャリアの後半に世間から認められ、評価されることを意味します。仕事を家族に管理されることは避けたいと強く感じるかもしれません！

・生命線を起点とする

　運命線が生命線の内側（金星丘）から上昇、あるいは生命線の下端と

結合している場合は（39ページの**手相の写し4A**を参照）、責任感を自然に持ち合わせ、家族を守ろうとします。依存心が強い傾向にあるため、早くに家族をもつのは避け、責任やプレッシャーから距離を置く時間が必要で、人生の道を歩みはじめる自立が、他の人よりも少し遅いかもしれません。家業を継ぎ、家族と一緒に仕事をする可能性があります。

　どちらにしても、自分の道を決めるまでは、家族からの期待が人生に影を落とします。時には、経済的な裏づけもありますが、多くの場合、家族への義務が幼少期の生活を支配しています。しかし興味深いことに、独立した自由な精神をもつ人や、家族への要求が少ない人に引かれる傾向があります。

　生命線の上から運命線が上昇している場合は、決断力があり、家族の目を気にしないで、再出発も恐れず、自分の道を切り開いていく自己実現者です。これは後に独立を果たし、遅咲きの人に見られる特徴です。線が生命線の上のほうからはじまる場合、人生に出遅れたと心配するかもしれませんが、これまでの人生経験が今後の取り引きにおいて、非常に重要な役割を果たすということを理解してください。

　この新たなスタート——つまり運命線が生命線から上昇するときは、生命線ではなく、運命線の時期判断の地図を使って時期を判断する必要があります。

私のクライアントである30代半ばの映画監督に、いつになったら成功するのか聞かれました。いくつかプロジェクトの予定はありましたが、投資家からの支援はありませんでした。彼の右手には、38歳のときに新しい運命線が、手のひらの外側から一直線に伸びていました（月丘の高い位置）。私は、このときが外部から受ける援助によって、彼のキャリアがもう1つランクアップするときなのではないかと助言しました（手の外側＝外部から影響）。37歳のとき、彼は自分のプロジェクトに資金援助を受けるようになり、翌年には初の長編映画を製作することになります。

キャリアはいつ終了
または変更するのか？

　その人の性格や気質を理解するまでは、その人がどのような状態で仕事を終えるのかを判断するのは容易ではありません。とはいえ、運命線は重要な人生の道筋の変化を示します。線が終わる年齢になると、私たちは日常生活が終わったと感じ、9時から5時までの人生を苦しく感じなくなり、もっとリラックスできるようになります。

　時期判断の地図（182ページ）では、運命線と頭脳線が交わるのは大体35歳の地点です。ここで終わる運命線は、従来より、キャリアが終わる失敗のしるしとして認識されていますが、私は、その人の欲求や優先順位が変わる新しい人生のはじまりを示すものだと考えています。仕事を辞めて家庭に入った女性の手に、何度も見たことがあります。運命線が感情線のところで終わっている場合は、失恋によってキャリアも終わってしまうことを意味すると言い伝えられてきました。時期判断の地図でいうと、56歳前後に起こることを示していますが、これは早期退職を意味することが多いと思います。感情線の上に縦線が少ない場合は（エネルギーが少ないことを示唆）、晩年を有意義に過ごし、力尽きないようにすることが大切です。

PALM PROFILE 2

手相プロフィール 2

Catherine

キャサリン氏の手相

　キャサリンは非常に知的な女性で、努力と決断力で厳しい競争を勝ち抜き、イギリスのもっとも有名な大学でフランス語とフランス文学を教えています。右ページで手相の写しをご覧ください。キャサリンの長くて真っすぐな頭脳線は（彼女の左手）、彼女がどのように状況を分析し、どのような考えをもっているかを示すだけでなく、人生における重要な変化の時期をも示しています。この魅力的な線を見てみましょう。

　キャサリンは、自分の考え方や作業プロセスを以下のように私に話してくれました。

- 彼女は周りのスペースを確保して邪魔が入らないようにして座り、時間をかけてたくさんの本を調べ、仕事に没頭します（**a**、**b**、**c**）。そして、アイデアが「カチッ」と音を立てて、彼女に進むべき道を示すのです
- 学校では、キャサリンは才能があり、賢く、学業に励んでいました（**a**、**b**）。勉強を1年先取りし、クラスで最年少だった彼女は、常に複雑なテーマ（特に言語）を理解し、情報を吸収するのが早かったです（**a**）。18歳で優秀な成績で試験に合格（**b**）。しかし、外的な出来事が彼女の足を引っ張り、彼女は新しい学校でふたたび自分の力を発揮しなければならなくなりました。キャサリンは、自分の学業生活を「早い段階でハードルを飛び越え」（**b**）、その後、予想外の遅れや挫折を経験し（**c**）、さらにハードルを飛び越えて自分を周囲に示し、追いつく必要があった（**d**）と説明しています

　その他、注意すべきしるしとして、

- 重なっている頭脳線の上側に現れた一連の細かい斑点（**d**）：彼女は片頭痛に悩まされている
- 30代半ばを表すあたりに、頭脳線から薬指と小指に向かって伸びている2本の線：34歳で子育てに専念するために教師を辞め（薬指に向かう支線）、夫の経済的な地位がしばらくの間上がったことで、夫の援助を受けることができた（小指に向かう支線）
- 人差し指の付け根から親指の付け根への長い急降下する手の輪郭は、彼女が読書好きであることを裏づけています
- 38歳のころを表すあたりに見られる、新しい頭脳線：彼女が占星術の勉強をはじめたころです

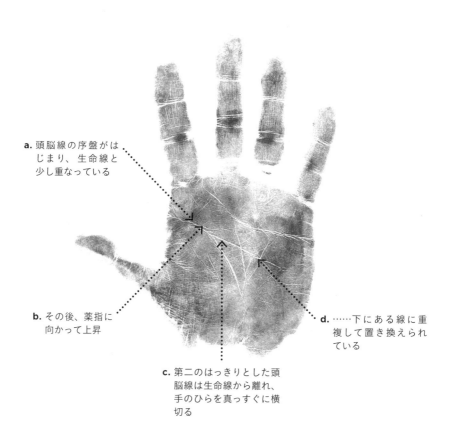

a. 頭脳線の序盤がはじまり、生命線と少し重なっている

b. その後、薬指に向かって上昇

c. 第二のはっきりとした頭脳線は生命線から離れ、手のひらを真っすぐに横切る

d. ……下にある線に重複して置き換えられている

- 感情線の下で運命線が途切れ、また新しい線が出ている：48歳のときに、何年も勉強してきた占星術の試験を受けました。この分野を教えることが、後に彼女の主要なキャリアとなることを示しています

運命線は、たいてい29歳前後（ホロスコープにおける「土星の回帰」^{サターン・リターン}と重なる）と30代半ばに形を変えます。どちらの時期も、仕事と家庭で決断を迫られ、不安を感じる時期です。そんなとき、私たちは自分の人生を振り返る必要があると感じます。ゲイル・シーヒィーの著書『New Passages（ニュー・パッセージ 新たなる航路）』では、この時期を「棚卸し」の時期と表現しています。35歳という年齢は重要な分岐点であり、よく頭脳線と運命線が交差することで示されます。運命線がこの交点を超えて上へ伸びている人は、自分の責任や人生の進むべき道（運命）について自分の考え方（頭脳）が固まっています。また50代、60代になって再就職する人が増えていますが、この新たな挑戦を示す運命線が感情線より上に現れたり、生命線の低い位置にはあふれるエネルギーを示すしるしを確認することができます。

運命線上に見られる障害線

これらは、ストレスの原因である、他者からの干渉を意味していることが多いです。多くの場合、障害物を慎重に扱う必要があります。障害線がどこから発生しているのか見てみましょう。親指の方向からは家族の影響、手の外側からは仕事のストレスを表しています。詳しくは「人間関係線」を紹介している220ページをご覧ください。

短い生命線から運命線が引き継がれる場合

生命線が短いからといって、短命だと心配する必要はありません。運命線に注目してみましょう。運命線は新しい生命線として機能することが多く、特に親指の付け根を包んでいる場合がそれに当てはまります。この形は、これまでの私たちの日常や生活が終焉^{しゅうえん}を迎える可能性を示しています。

この困難な調整期間を乗り越えるには、内なる力を頼りに前進しなければなりません。

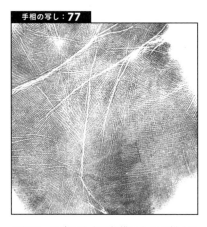

手相の写し：**77**

これは、50歳のときに組織のために働くことをやめて独立したビジネスマンの手相です。その後の苦労は並大抵のものではありませんでした

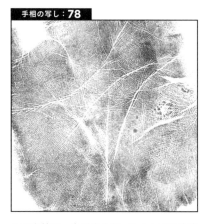

手相の写し：**78**

この女性は、夫が亡くなったことで日常生活が失われてしまいました。うつ病でつらい時期を経ています。彼女の言葉を借りれば、毎朝ベッドから起きてその日を迎えることが精いっぱいでした

実際の手から読み取ることが難しい線の長所や短所も、手相の写しからであれば読み取れることがあります。たとえば、手相の写しを取ったときに運命線が薄くなっているときは、目標達成への集中力低下、モチベーションの低下、仕事がかつてよりも忙しくないことを表します。その人の性格によってとらえ方は異なりますが、仕事や家庭とは別の分野に挑戦できる時期かもしれません。一方で、日常生活が失われる、もしくは活動を本格的に始動できないことに不安を感じることもあります。

　また、運命線が特に強く現れているときは、仕事に熱中している時期で、世間的に何かを成し遂げることにエネルギーを注いでいることを表しています。この時期は、個人的な報酬や満足感が得られないまま仕事を続ける傾向にあります。重複しますが、力強い運命線は、性格によってさまざまなとらえ方があります。組織や責任は安心感を与えてくれる一方、重荷に感じることもあります。野心や仕事に没頭している時期（手相の写しに力強い頭脳線が表示）、手相

の写しではっきりとした運命線を読み取れる場合は成功への決意を表し、成功への計画が人生の原動力となり、他の事柄がおろそかになる可能性があることを示しています。特定の線やしるしが強すぎると、別の線や領域が人生の犠牲になる可能性があるのです。一番良いのは、人生の目標達成に近づいている時期であることに気づく程度にすることです。

　世俗的成功や創作活動の達成を目的としているころに、弱い運命線が現れている場合は、今の段階では無理をする必要がない（すべてがうまくいっている）ことを意味しているか、他のことに気を取られていることを示しています。もしかしたら、最優先事項は仕事ではないためモチベーションが上がらず、仕事に満足できずに退屈している可能性があります。もし相談にきたクライアントが該当する場合は、他のどの線が優位に現れているか、手や手相の写しで確認しましょう。そして可能であれば、他の時期に比べてエネルギーがない、あるいは激しい理由を聞いてみましょう。

　次ページからの手相プロフィール3と4には、これまでに学んだ情報をまとめ、主要な線上にある人生の出来事を特定する方法を示しています。

PALM PROFILE 3
手相プロフィール 3

A Life in Lines
線で見る人生

手に現れる主な特徴

- 親指がとても大きく、線がはっきりとしていて力強い：この人は何事にも全力で取り組み、成功させる能力があります。また、敵対することで自身の決意を強めることができます
- 頭脳線が長くて真っすぐ（多趣味で実用的）：生命線から分離するのが通常より遅く、最後は大きな分岐で終わることから、慎重で、戦術的、知的なマインドをもっているが、自分で自分にトラブルの種をまくことがあるタイプ人物であることを示しています（大きなフォーク）
- 真っすぐな頭脳線は、合理的で実用的なマインドと、自分の力を証明しようとする姿勢を表しています。実証されたものしか信じない人です
- 生命線と頭脳線が分離するにつれて、人差し指と中指の両方に向かって、長い支線が伸びている：大いなる野心と責任の表れです（生命線から中指の方向に伸びる無数の支線に注目）。この男性は、常に自分の精神を高めようとし、自身の地位向上のために大きな努力をしています

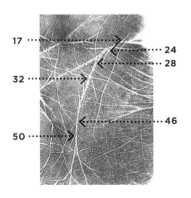

生命線
Life Line

17歳：上昇線：家を出て、自転車競技に参加
24歳：火星線から感情線に向かって伸びる線：結婚
28歳：人差し指と中指に向かう上昇線：夜間学校で法律と機械工学の勉強をはじめる
32歳：中指に向かって伸びる上昇線：新しい仕事をはじめる
46歳：障害線：仕事をクビになる
50歳：月丘に向かって伸びる下降線：3番目の妻と、経済的により豊かな新しい生活を送る

- 力強い火星線（255ページ）、まっすぐな頭脳線、凹角い手のひらは、攻撃的で好戦的、現実的で感傷的でない気質を表しています

それぞれの線に見られるさまざまなしるしが、この男性の人生にどのように影響しているかを215と216ページの例で見てみましょう。

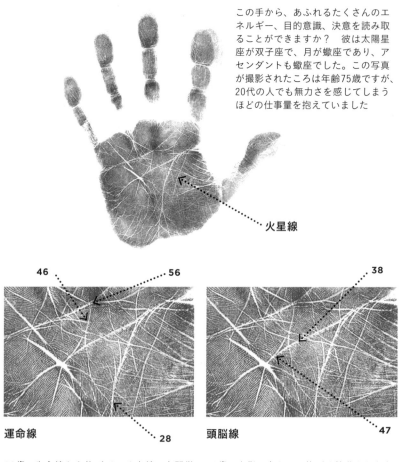

この手から、あふれるたくさんのエネルギー、目的意識、決意を読み取ることができますか？　彼は太陽星座が双子座で、月が蠍座であり、アセンダントも蠍座でした。この写真が撮影されたころは年齢75歳ですが、20代の人でも無力さを感じてしまうほどの仕事量を抱えていました

火星線

46　56

38

運命線　　　　　　　28

頭脳線　　　　　　47

28歳：生命線から伸びている支線：夜間学校で新しい目的意識が芽生える
46歳：障害線：失業
56歳：薬指に向かって伸びる強い支線：評判が良くなり、経済的にも余裕が出てくる

38歳：小指に向かって伸びる枝分かれした頭脳線：2番目の妻に出会う
47歳：中指から伸びる支線：起業する。ストレスはあるが自営業の達成感を感じている

PALM PROFILE 4
手相プロフィール 4

Bouncing Back

立ち直り

　218ページの手相の写しは、数年前、アントニアという女性がストレスで体調を崩した後に撮影したものです。

手の主な特徴

- 手のひらの形とクネクネした線は、「水」の手（61ページ）の要素に当てはまり、アントニアの感情的な感受性と受容性を表しています。「水」の手の人は、他の手のタイプの人よりも、ストレスによる病気や支障が多いと言われています。それは、スポンジのようにさまざまなものを吸収するからです。だが、「水」の手が最強である理由は、その受動性と無抵抗性にあります。なぜなら、素直に吸収するからです

- はっきりと濃すぎる火星線（255ページ）がある一方、毛羽だった生命線があります。手相の写しをとったとき、アントニアは怒り、恨み、攻撃的な感情と数多くのストレスを抱えていて、医師は「精神病」と診断しています（最近の写しでは、生命線と火星線の強さは同等になっています）

- 長い人差し指は、プライド、野心、自己陶酔を表しています。真っすぐな頭脳線をもち、とても女性的な手をしています。頭脳線の「島紋」は知性を示しますが、不確実性や自信のなさを表します。人差し指と真っすぐな頭脳線がもつ特徴を邪魔する可能性があります。生命線が弱く、さらに手の中の線が少ないため、自由に動けるエネルギーが弱いのです

- 頭脳線で確認できる主な特徴は以下の通りです

  a. 単独の生命線が、手のひらの高い位置からはじまり、手のひらを直線的に横切っている：高い理想、強い意見、現実的、手際がよい、巧み

にこなす

b. 途切れて重複している（27〜31歳）：その時期は、外見が大きく変わり、精神を再形成する。自分の判断に疑問を感じたときに、躊躇したり裏づけを求める性格

c. 島紋がある：知的だが、プレッシャーやストレスのかかる状況に敏感

d. 真っすぐな頭脳線の先端が、小さなライターズフォーク（288ページ）のしるしで終わっている：知性、視野、洞察力をもって物事を評価する能力をもつ

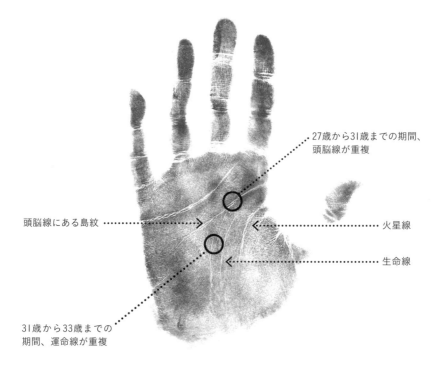

27歳から31歳までの期間、頭脳線が重複

頭脳線にある島紋

火星線

生命線

31歳から33歳までの期間、運命線が重複

Timing
時期判断

- 27歳から31歳のころに頭脳線が重複。そのころアントニアは離婚し、目標を再設定して人生をやり直します

- 31歳から33歳のころ、運命線が途切れ、重複しています。二番目の部分、線は人差し指の方向に向かっています。その時期は共同経営者であるシニアパートナーが事業を縮小して引退したため、アントニアはビジネスでリーダー（指標）としての役割を担うことになります。新しい線は、彼女が新しい夫と一緒に移住した36歳で終わっています。人差し指に向かって伸びている強い線に注目してください。これもまた短く終わっていて（40歳のころ）、頭脳線には届いていません。この事業（と結婚）は失敗に終わり、彼女はイギリスに戻りました

Timing The Heart Line
感情線で時期を判断する

　手相の時期判断については184ページでも説明したように、感情線で読み取ることはお勧めしません。なぜなら、あまりにも信頼性が低いからです。自分でも試してみてください。手相術家の中には、15歳（小指の真下）から25歳（小指と薬指の下にある隙間）などと、10年単位で時期を読み取る人もいます。

Timing The Simian Line
ますかけ線で時期を判断する

　ますかけ線は、運命線による時期判断を混乱させることが多いです。ますかけ線をもつ人に出会ったら、運命線で時期を判断するのは簡単ではないでしょう（112ページ）。その場合は、手のひらの中心を確認し、そこを35歳の年齢とするのがお勧めです。その人のキャリアや人生の出来事を聞くことによってさらに理解が深まり、より正確に判断することができるでしょう。とはいえ、ますかけ線の人は、人とは異なる考え方をする傾向があるので、予測することは難しいと思います。彼らの人生は、出来事と反応の連続のように見えるからです。状況に応じた対応を心がけながら、彼らの話に耳を傾けてみてください。

人間関係線

　人との関係を示す線は、手のさまざまな部分で見られます。もっともよく知られている一方、信頼性がもっとも低いとされているのは、私が結婚線（223ページ）と呼ぶ、小指の下にある線です。この線の時期を判断する方法を学ぶ前に、覚えておくべきポイントがいくつかあります。

- これらの線は、パートナーの範囲や数を確認するには、信頼できる指標ではありません
- 同じ相手が2回登場することもあります（関係が復活したとき、関係が新たな段階に入ったときです。たとえば、ビジネスパートナーが恋人になった場合や、お付き合いしているパートナーと事業をはじめるなどです）
- これらの線が、今の人間関係を表しているとは限りません。これらの線は水星の指（小指）──「知性」をつかさどる惑星──の下に現れます。そしてその相手は、内なる存在の場合もあります。たとえば、毎朝コーヒーを買うときにしか会えない魅力的な店員や、夢中になっているが決して近づけない有名人です
- 左手の人間関係線のほうが、より深い愛の関係性を明確に示します
- これらの線は結婚を表すものではなく、深い人間関係を表します
- 線の強さや長さは、実際に付き合った期間とは関係なく、気持ちの深さに比例します

　結婚線の時期を判断するのは難しいことです。手相術家の中には、3つのセクションに分けて考える人もいます。感情線から3分の1が25歳まで、次のセクションが50歳まで、最後のセクションは残りの人生を表しています。さらに、線が分散していることもあり、時期を見極めるのは難しいです。

人間関係線の種類

　下記の**図10**と224ページの**図11**では、違うタイプの人間関係線を確認できます。これらはあくまでも目安であり、線は変化するということを覚えておいてください。くれぐれも結婚線をうのみにせず、人間関係線のセクション（220ページ）をもう一度読み直してから、先に進んでください。

　図10で示した以下の線が、常に手相に現れるとは限りません。線の本数が少ない場合は特にです。

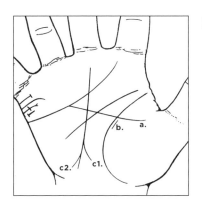

■図10■

人間関係線の種類

a. 生命線を起点、もしくは横切って感情線に向かう線

　これは対人関係における責任を表す重要なしるしですが、線の本数が少ない手には存在しない場合もあります。時には感情線に向かう途中で途切れていることもありますが、その他では、はっきりと確認できます。途切

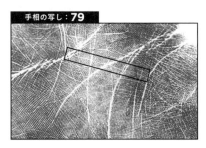

手相の写し：79

28歳よりはじまる、大切な人間関係を示しています（生命線による時期判断の地図を活用）

れている線は、別れを表す可能性が高いですが、他の要素も考慮して結論を出すべきです（特に運命線と頭脳線）。

b. 生命線の内側近くを走る細い線

火星線（255ページ）と間違えないよう注意が必要です。一般的には火星線はより長く、生命線のすぐ近くには存在しません。これらの細い線は、人生の方向を決める大きな影響を与える人々を意味します。それは恋人や師匠、あるいは特定の時期を共有する大切な友人であることも。手相術家の中には、その線の期間中に出会う人は、固い絆で結ばれた気心の知れた仲間であると言う人もいます。線が途絶えると、関係も終了し、別の形を形成します。左手だけの場合は、社会生活とはかかわりのない、あるいは秘密の関係で、非常にプライベートな付き合いを示します。右手だけの場合は、私生活とは関係ないけれど、指導者や刺激を与えてくれる人と出会う可能性を表します。生命線で時期を判断するのと同様に、これも時期を確認する必要があります。

c. 運命線と合流する影響線

影響線（運命線に昇っていって合流する線）は、パートナーが人生の道を切り開くうえで大きな影響力をもつことが予想されます。線が親指の方向から出ている場合は（図10、c1）、パートナーが友人や家族の中から出現する可能性を示しています。手の外側から線が出ている場合は（図10、c2）、仕事など他の領域からの出現を示します。この類いの線は、親が子どもの結婚を決める文化の中で、顕著に確認できます。親指側から上昇する線は、お見合いを示していることがわかりました。恋愛結婚は、手のひらの外側から運命線に向かって上昇する線で、予言することができます。

結婚のタイミングはいつでしょう？　線が現れたときは（運命線の時期判断の地図を活用）、新しいパートナーを探し求めているときで、運命線

に接したときに2人の関係が正式なものになることが判明しました(責任を伴う正式な関係に対する考え方は、人によって異なりますが、たとえば婚約、結婚、初対面などが考えられます)。 その線が運命線と遠することがない、あるいは通過する場合は、2人の関係が正式なものになる前に別れる可能性があることを示しています。これまでに何度か見たこのような手相は婚約破棄の結果に至っており、今後もさらにこの分野の研究を掘り下げていきたいと考えています。

結婚線 (訳注：原著ではGipsy Lineと表記されていますが、原著者との合意のうえ、日本語版では「結婚線」という表記としています)

　結婚線である水平線は、手のひらの外のきわに現れ、小指の下および感情線の上あたりで確認できます。鑑定するときは、手のひらの外側から内側に向かって見るようにしましょう。

- 深く刻まれた線（一般的には一番上の線）：感情のうえで大切な関係
- 長く真っすぐな線：強くて大切
- とても太い：激しくて、すべてを捧げる。人生に悪影響を与える
- とても細い：感情的につながっていない、もしくは他にも関係をもっている
- 1つの線のみで、高い位置からはじまる：愛とは別の理由でつながります。多くの場合、見合いのためか、誰かのために落ち着くことを意味する
- 枝分かれしている：2人が別れ、別々の関係がはじまることが考えられる

　感情線の少し上で、低い位置にある結婚線は、10代のころの短い恋心を示しています。30代になってもこの線が強い場合は、まだその人のことを（もしくは未解決の出来事）気になっていることを示します。

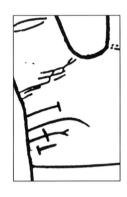

図11

結婚線

・線の切断：関係が突然終わる
・下に向かって傾斜、または十字紋が線を切断：愛する人を失う可能性があり、相手よりも長く生きる
・切れ目が入っている：交際期間中の混乱
・枝分かれして終わる：多くの場合は離婚や別々の道を歩むことを指す
・線の序盤に切り込み線（外側）：「運命線」に見えても後から見ると最後まで続かない関係。たとえば障害が多すぎるなど

子宝線
チルドレン・ライン

● 生命線のすぐ内側にあるはっきりとした線で、曲線の場合が多いです。これらの線は、子どもを授かる年齢の時期に現れ、生命線の時期判断の地図を活用して判断します。伝統的なロマ族の伝承では、前述の通り人間関係線から上に伸びる縦線が小指の下にあるかを調べます。力強いものは男の子、薄いものは女の子を表していると言われています。

　子どもに関連する手相の線は、自分の子どもだけではなく、養子や甥、姪、近所の子どもの可能性もあることに注意しましょう。動物も飼い主にとっては「子ども」であることが多いです。私は手相で子どもについては鑑定しません。なぜなら、過去にクライアントが私のコメントをまったく違う意味でとらえたことがあるからです。子どもを授かるか聞かれたとき、それを示す線は小指の下に現れると説明しました。実際、彼女には多数の立派な線がありましたが、それらが子どもを意味するのかはわからないと伝えました（当時の私は、手相術を勉強して6カ月経っていたころです）。手相鑑定を終えた後、彼女は共通の友人に「私が手相から流産を予言した」と話していました。これは私にとって非常に重要な教訓となり、私がクライアントとのセッションを必ず録音する理由の1つとなりました。クライアントの耳に入る内容は、言われたことではなく、自分の聞きたいことである可能性が高いからです！

第 3 章

LOVE, HEALTH AND CAREER

恋愛、健康、仕事

LOVE AND FRIENDSHIP
愛と友情

人間関係線の時期判断については221ページで紹介しましたが、友人や家族、恋人など人間関係へのアプローチや特徴を示す線が、手には他にもたくさん存在します。人生で遭遇する大きな問題と関係ある特徴を見つけるには、その要因となるさまざまなしるしを正しく解釈し、また1つだけを見るのではなく、併せて見ることが重要であると覚えておいてください。

Generosity, Warmth and Openness
寛大さ、温かさ、そして開放的

私の経験上、寛大な態度でいると、それがすべての思考、行動に反映される傾向があり、一方で意地悪な人はすべてにおいて意地悪になりやすいです。お金に対する慎重さの違いはありますが、真の寛大さや卑劣さは、性格を決定づけるときの特徴となります。現在の経済状況ではなく、元々寛大な性格で大きなプレゼントを贈るような人が、子どものころの貧しさが原因で、小さなことに驚くほど「慎重」になることはあります。右ページの**図12**に表示されているしるしは、寛大さ、温かさ、開放感を示していますが、これらを単独で読み取らないようにしてください。これらのしるしの数が多いほど、私たちはより寛大で、温かく、開放的であると言えます。なので、ケチを表す他のしるし（たとえば、幅が広くない狭い爪）とは異なり、これらのしるしの中でケチな性格を表すものは少ないです。

フレンドシップ・ライン
友情線

友人との継続的な関係を楽しむには、時間と寛大な心が必要で、意地悪な人は友人との関係を長く継続することができず、友人をつくる意欲もありません。友情線は金星丘のさらに下（親指より下の位置）にあり、生命線と平行している興味深いしるしです。（性格に活力を与える216ペー

ジと255ページに記した火星線と間違えないようにしてください）。これらのはっきりとした縦線は、人生の主要な（通常は性的な関係がない）仲間を表しています。多くの場合、もっとも深い影響を与える人で、良いときも悪いときも一緒にいてくれる真の親友です。

　手相術家のマルコム・ライトによると、人生後半に登場する友人は、小指と薬指の間の隙間から下降線として手に現れることもあるそうです（**図12、a**）。

■図12

寛大さ、温かさ、開放感を示すしるし

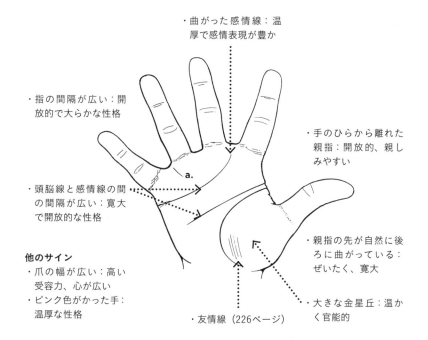

・曲がった感情線：温厚で感情表現が豊か

・指の間隔が広い：開放的で大らかな性格

・頭脳線と感情線の間の間隔が広い：寛大で開放的な性格

a.

・手のひらから離れた親指：開放的、親しみやすい

・親指の先が自然に後ろに曲がっている：ぜいたく、寛大

他のサイン
・爪の幅が広い：高い受容力、心が広い
・ピンク色がかった手：温厚な性格

・友情線（226ページ）

・大きな金星丘：温かく官能的

227

プライバシーと秘密主義を示すしるし

プライバシーと秘匿性を示す手相の主要なしるしは以下になります。

- 短い薬指
- 指たちがたがいに寄りそっている
- 親指が手のひらに寄っている
- 頭脳線（ヘッド・ライン）と生命線が密接している
- 頭脳線、または感情線（ハート・ライン）が直線
- 頭脳線と感情線が密着している

Empathy, Self-Understanding and Sensitivity
共感、自己理解と感受性

　人のことを理解して助けるには、自分に健全な自己肯定感をもつことが大切です。アドバイスではなく、人の話を聞くようにすることが重要です。私たちは自分のことを繊細な人間だと思う傾向にあります。しかし、人の発言や意見に敏感になることと、人に対して繊細さと思いやりを示すことは、まったく違うものです。たとえば、ループ型の指紋（158ページ）をもつ人は「社交的な人」であることを意味しますが、共感や同情を表しているとは限りません。

　人との強いつながりを表すしるしの一部を右ページの**図13**で紹介します（以下の記号は**図13**と対応）。

a.メディカルの聖痕（スティグマ）：聞き上手で人を癒やすのにたけています。個人と1対1で向き合う介護職に向いています。

b.感情線の上にある短くて独立した支線（ブランチ・ライン）：一般的によく見られるこのしるしは、表向きの顔や外面で自分の本性を隠すことを示しています。これは、感情的で用心深いことを表しています（指の付け根を中心に曲線を描く231ページの「金星環（ガードル・オブ・ヴィーナス）」と間違えないようにしてください。274ペー

ジの手相プロフィール6を参照)。

c. ソロモンの環：相手の気持ちを察し、隠された動機を探ることが得意で、他人（及び自分自身）の心理学を深く理解します。それは、アマチュアの心理学者であったり、親身に友人の話を聞いたり、プロとして仕事にしている人も同じことが言えます。知恵と経験による恩恵を他の人に伝授するのです。ソロモンの環が感情線とつながっている場合は、困っている人の心の支えとなり、心から人を愛するヒューマニストと言えるかもしれません。この特別な特徴をもつ人は、養育、人間関係、性に関する悩みを抱える人をサポートし、カウンセリングなどで生計を立てることができます。興味深いことに、イギリスのストリーサム地区の悪名高

図13

共感、自己理解、感受性を表すしるし

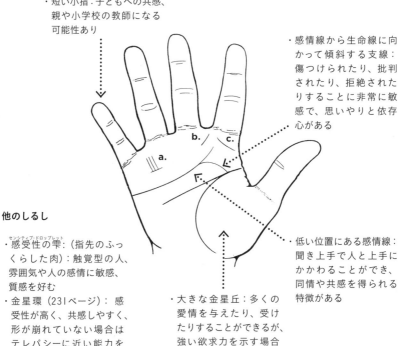

・短い小指：子どもへの共感、親や小学校の教師になる可能性あり

・感情線から生命線に向かって傾斜する支線：傷つけられたり、批判されたり、拒絶されたりすることに非常に敏感で、思いやりと依存心がある

他のしるし

・感受性の雫：（指先のふっくらした肉）：触覚型の人、雰囲気や人の感情に敏感、質感を好む

・金星環（231ページ）：感受性が高く、共感しやすく、形が崩れていない場合はテレパシーに近い能力を発揮する

・大きな金星丘：多くの愛情を与えたり、受けたりすることができるが、強い欲求力を示す場合もある

・低い位置にある感情線：聞き上手で人と上手にかかわることができ、同情や共感を得られる特徴がある

いマダムで知られる、シンシア・ペインが両手にこの特徴を持っています（左の写真を参照）。ソロモンの環が四角紋（スクエア）と連結している場合（236ページの手相プロフィール5を参照）、他の人のメンターとして、重要な影響力をもつようになります。

人間関係とセクシャリティ

　愛情関係というのは、2人の人間が交わることで生まれ、時間をかけて築かれるものです。愛はサプライズやプレゼント、忘れられない特別な時間といったすてきな贈り物でとらえることができますが、真実の愛は、気づかないうちに日々心の中でひそかに、そして穏やかに成長していることが多いものです。熱い想いやロマンティックな言動よりも、愛は私たちの帰属意識にある感性の感覚で、それを相手とどれだけ共有できているかでわかります。

　多くの心理学者は、親から愛されてきた人は同じように他人を愛せると考えています。なによりもまずは、自分を愛し、自分の欲求を表現する方法を見つけることが大事です。もし運が良ければ、同じように愛してくれる人を見つけることができるでしょう。

　頭脳線と感情線からは、恋愛や人間関係に対する自分の気持ちと欲求を読み取れることが多いです。人間関係のアプローチや個人的な欲求を読み取るには、これらの線を十分に理解する必要があります。さらに、手のひらの形、指の長さ（たとえば、指の長さが極端に違う場合は、心理的な問題を示すことがあります）、金星丘、指紋なども確認しましょう。

　しかし実は、より複雑な人間関係や性的欲求を示すしるしが他にもいくつかあります（詳細は232ページの**図14**をご覧ください）。これらは、私が多くのクライアントと接してきた経験に基づいて発見したしるしで、人間関係に悩む背景には、さまざまな事情があることを理解したころに発見したものです。

頭脳線と感情線の間に存在する大きな隙間

　抑圧から解放されていることの表れです。型にはまらないことを好み、人間関係においても広い視野をもっていることに誇りを思っています。抑圧型は、親指とその他の指の距離が近く、手のひらが狭かったり、頭脳線と感情線の間が狭いことが多く、偏屈な憶測に陥ったり、人前で愛情表現をするのを恥ずかしく思う傾向にあります。薬指と中指が近いと、セックスに対する罪悪感がある場合があります。このような人の中には、参加する側よりも見物することを好む人もいます。

ガードル・オブ・ヴィーナス
金星環

　中指と薬指の下を囲むように現れる線。完全な形を確認できるのが珍しいこの線は（275ページ）、従来の教科書によると飽きっぽく、乱暴者と言われることが多く、評判が悪い印象をもたれています。現在は、この線をもつ人の特徴をより正確に調べることが可能になりました。線が確認できても完全に形成されていない場合は、興奮や外部からの刺激を切望していることを示します。楽しく思える状況を必要とし、時には感情的に過剰反応を示すことがあります。自分の欲求を満たしてくれる風変わりな人を求めるので、恋愛は単純とはいかないかもしれません。非常に性的で、遊びとしてのセックスや多様性を好み、一夫一婦制を拒むことがよくありま

これはチャールズ・マンソンの左手です。彼は信者である「家族」を扇動し、残忍な殺人事件を起こしました。マンソンの手は「火」の手（58ページ）に分類され、頭脳線と生命線から中指にかけて強い支線があり、力強い金星環（奔放なメンタリティ）につながっています。この珍しい支線は、彼の人生を2つの意味で要約できます。1つ目は、少年時代をささいな犯罪によってほぼ拘置所で過ごし、その中で苦しい生活を強いられてきたことです。彼は与えられた規律や罰に対して屈せず成長し、システム化された活動に参加することを拒否します。彼は社会を拒絶し、自分流の人生観を用いて反社会的で道徳観念のない反対勢力をつくります（これらは中指と関係ある領域で起こっています）。2つ目は、金星環の最悪の側面とされる、スリルを求め、権力をほしがる、乱暴な性格を示しています。スポットライトを浴びることを切望していた三流ミュージシャンだったマンソンは、彼の信者である「家族」に焦点を当て、催眠術をかけたように感情と性的な面からコントロールしたことで有名です（頭脳線と金星環）。

この手相の写しは、ピーター・ウェスト、ペンタゴンによる提供
ⓒ Pentagon

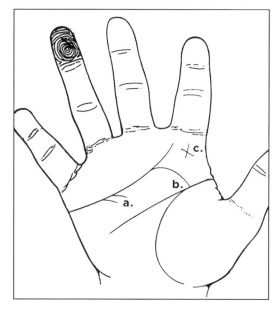

■図14

複雑な人間関係への欲求と性的傾向のしるし

す。最悪の場合、自分の感情の本質を本当に知ることを拒んで現実を避けようとし、自身の複雑な感情を隠すライフスタイルや態度を取る場合もあります。

（珍しくも）この線が完全に形成されている場合は、超能力的な意識、強烈な感情、スピリチュアリティ、あるいは音楽や芸術の分野で非常に高い才能をもつ可能性があります。ある学生が、友人の小指の下にある人間関係線から手全体に伸びる金星環を見たという、印象に残る例があります。彼は神父になるための訓練を受けていたのですが、多くの時間をインターネットでポルノを見ることに費やしていたようです。

以下の記号は、232ページの**図14**と対応しています。各しるしの詳細については、本書の他ページをご参照ください。

- **a.感情線から下降する短い線**：これらは時に恋の失望を示します
- **b.感情線から生命線に向かって下降する支線**：感情線が傾斜していたり、生命線に向かって力強く伸びる傾斜の支線がある場合は、相手に依存したり、相手を中心に自分のアイデンティティーを築く傾向にあります。家族がいない場合は特にです。また、恋が終わったときは、落ち込んで相手に執着しないように気をつける必要があります。愛を取り戻すために、もしくは自分がどれだけ苦しんでいるかを他人に示すために、必死になって極端な方法を考える可能性があります。恋愛の問題を抱えている人を助ける際には、自分の感性を生かすことができます
- **c.人差し指の下にある十字紋（クロス）**：伝統的には、長くて幸せな結婚の証しを示しています

責任感の欠如

- 中指の長さを確認してください：短い場合は、責任に対して消極的な傾向があるかもしれません
- 感情線が曲がっていて、中指の下で終わっている：感情移入が苦手
- 小指が外側に突き出している：落ち着きがない、あるいは、落ち着くことを好まない
- 左手の小指に指輪：親密な関係における一時的な問題

支配的または従順？

- 人差し指の長さを確認してください：指が明らかに長い、または短い場合は他人を支配したり、支配されたりすることを空想することがあります

達成度の基準が高い人を表すしるし

- 高い位置にある生命線または頭脳線
- 人差し指の真下で終わっている曲がった感情線
- 長い指
- ますかけ線、あるいは親指がばち指（完全主義）

官能性

- 小指の下部にある指骨の肉付きがよい：セクシーで官能的、親密な状況や自分の身体に自信がある
- 金星丘の下部を横切る水平線：快楽を求める
- 長い指：前戯とセックスの芸術性を完成させたいという願望をもつ

「年上の女性が好き」または「若い子に貢ぐのが好き」

- 人差し指が薬指よりも長い：落ち着きがあり、自己充足感をもっている、年上または精神的に成熟したパートナーを求める可能性がある
- 薬指が人差し指よりも長い：自分を称賛し、一緒にいると自分も若くて活動的に感じることができる若いパートナーを求める可能性がある

自発性と「何でもあり」の考え方

- 指の間隔が広い
- 曲線を描く感情線
- 拳から突出した親指
- 頭脳線と感情線の間が広い
- 長い指：性的な空想、ロールプレイ、下品な性行為を探求したい意欲がある
- ますかけ線：SMプレイに興味をもっている可能性がある
- 小指に渦巻きがある：性的好奇心が旺盛
- 金星環

未熟さを表すしるし

- 小指が短い／細い、または低い位置にある場合
- 小指が手のひらに向かって内側に丸まっている
- 運命線が生命線の下部でくっついている

異性装

- 薬指の渦巻き、長いまたはとがった中指、長くて繊細な指をもつ四角い手のひら

PALM PROFILE 5
手相プロフィール5

Rosalind

ロザリンド氏の手相

　237ページの手相の写しは、成功しているアメリカ人の弁護士のものです。彼女は部署内ではトップの活躍で尊敬されています。彼女の手には興味深い矛盾があります。短い太い親指と（鈍感）短い小指（子どもっぽさ）の横に、長くて繊細な線（策略、分析力）が存在しています。これは複雑で繊細な女性が、自分自身の力によって自信と評価を高めた例です。

- 頭脳線が長く緩やかな曲線を描いています。彼女は複雑な問題に対処することができ、部下にも思いやりをもって指導します。しかも問題を自由な発想で多角的に考えることができ、大口の顧客を獲得できる幹部社員です。この線から、彼女が長期的な見通しを立てて行動ができる有能な策士であることがわかります。ロザリンドは相手を追い詰めることなく、妥協させ、プレッシャーをかけることができるのです。彼女は自分のことを「対立はしないが意志は強い」と表現しています（図ではわかりにくいかもしれませんが、人差し指の渦巻き模様は、彼女の誠実さを表していることに注目）

- 感情線が、生命線に向かう支線の形で終わり、四角紋（278ページ）を形成しています。これは、強い感受性と、他人の不安を理解する能力があることを示しています。仕事では、部下の指導に重点を置くことが周知されています。それは、気遣いの心と洞察力を擁する部下の育成が、クライアントと接する際には重要であることに気づいたからです。その方針は、彼女が以前の職場で敵意を持った上司のもとで働いたときに経験したストレスをきっかけにつくられたものです

- 頭脳線に、島紋（200ページ）と下降する支線が確認できます。彼女が仕事で多くのストレスに耐えてきたことと、若いころの自信のなさを表しています。30代前半に見られる細かな下降線と、成人期前半（18〜21歳）の時期に現れている島紋は、困難な時期と重なっています。この

線は30代半ばになると強まります。また、長い人差し指と力強い火星線（マーズ・ライン）（255ページ）をもつ彼女は、有能で意欲ある上司へと成長しました

- 頭脳線の最後に眼（アイ）のかたちが確認できます。ロザリンドは子どものころから視力に数々の問題を抱えており、両目の矯正手術を受けています（左手にも同じく大きな島紋があります）

さらに先を見ると30代後半から40代前半にかけて、主要となる運命線が終わり、2つの道がはじまることがわかります。

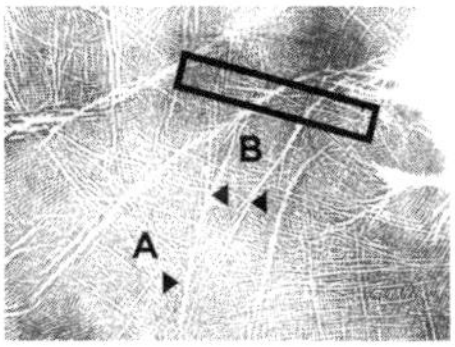

B
A

時期判断

生命線と運命線が重要な出来事を示していることに注目

24歳：親指から感情線に向かって伸びる結婚線（四角に囲んだ箇所）：未来の夫に出会う

32歳：運命線から上に伸びる線：事務所で恋人をつくる（**A**）

34歳：運命線が分かれ、新しい生命線が出現：母親になる（**B**）

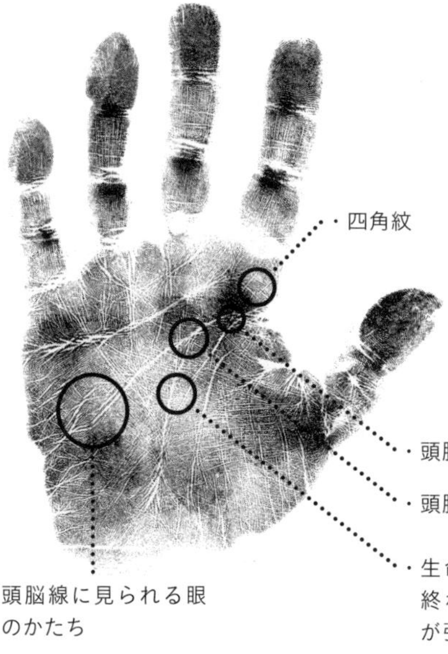

・四角紋
・頭脳線にある島紋
・頭脳線上の下降する支線
・生命線（左）が四角で終わり、運命線（右）が引き継ぐ
・頭脳線に見られる眼のかたち

このような状況に適応しようとする試みは、健康面に問題があり、治療を必要とする子どもを出産したとき、さらに難しいものになりました（生

命線が四角紋で終わり、運命線に置き換えられていることに注目）。私は、親指付近の内側にある「生命」線を、力強い火星線もしくは生命線を補助する役割をもつ生命線であると読み取っています。

ハードブレイク・ライン
傷心線

　金星丘にある傷心線は（**手相の写し80**を参照）、強い忠誠心を表すしるしですが、過去の悲しみを抱えていることを表している場合もあります。たとえば、恋愛が終わったり、パートナーが亡くなった、最愛の親を失うなども含まれます。親やパートナーを失ったのが何年も前でも、この線があることで、その悲しみが、いまだに影響を与えていることが読み取れます。

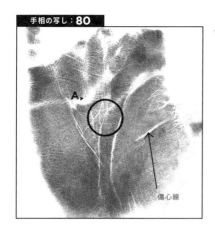

手相の写し：80

傷心線──婚約破棄からの悲しみ

傷心線

　手相の写し80は、父親の介護のために30代半ばで婚約を破棄した不幸な女性の手です（中指と薬指が密着している）。この幽霊のような手の薬指の下の感情線が白い曲線（**A**）、30代半ばごろの運命線と頭脳線の乱れに注目してください。時には、頭脳線、生命線、運命線がたがいに似ている形で現れることもあります。結果、どの線が何線なのか確認することが難しいときもあるかもしれませんし、その場合は、頭脳線が急降下しているか（空想の世界に生きる）、もしくは上昇する運命線が頭脳線と合流し

ているか（決断がもたらす突然の人生の変化）を見てみましょう。どちらの解釈も当てはまるようであれば、これは手そのものが二面性をもつことを示し、2人の主人に仕える線であるかのように読むべきと私は考えます。

人道主義者の感情線

（ヒューマニタリアン）

下図にあるような人道主義者の感情線は、自分の人間関係よりも他のことを優先してしまう人に見られます。苦しみや不平等を理解している人を、私たちは人道主義者とみなしていることが多いのですが、個々人よりも人類を愛したいと思う人もいます。人づき合いは好きなのに、恋愛よりも仕事を優先してしまう人もいて、彼らは「ワーカホリック」と呼ばれています。手相術家のエド・キャンベルは、このような人を「独占欲が強く、パートナーの真の姿が見えていない」と表現しています。

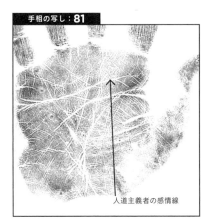

手相の写し：81

人道主義者の感情線

人道主義者の感情線
人道主義者の感情線は手のひらを横切るように、長くまっすぐ伸びている

人道主義者の感情線は、アフリカの飢餓に苦しむ何百万人もの子どもたちのために多大な募金活動を行い、「聖なるボブ」と呼ばれることもあるボブ・ゲルドフの手にも見られます。現在起こっている大虐殺を行う政治家に対して向けられるゲルドフの道徳的な怒りは、この線に現れている良い例です。

性的指向

　性的指向は、人格形成において重要な役割をもつ要素のため、1つの特徴だけで言い表すことは難しいです。ですが、感情線から性的欲望や欲求を読み取ることができます。感情線は胎内で形成され、幼少期、特に思春期に発達するため、人間の性的欲求の一部は遺伝によるものと判断できます。さらに、幼少期に経験する人との交流、社会生活、親からの影響にもよると結論づけることは論理的に可能です。

　つまり、幼少期に性的指向に関する問題や混乱を経験している可能性が高いことを示すしるしがここにあります。感情線から生命線に向かって、フックの形をした短い支線が現れている箇所です。このフックの形をした線が、生命線に接していないことに注目です。このしるしは、実は同性への興味を示しているのではなく、自分が何者であるか社会からレッテルを貼られるきっかけとなってしまった、ジェンダーに対する社会の声、昔から存在する行動様式への拒絶反応なのです。

　手相の写しを丁寧に取っても、指骨の下部（手のひらに近い部分）が写し出せないことがあります。その場合は、自分以外の人と日常生活を送ることが難しいことを表している可能性があります。自分の世界で暮らすのを好むということです。最悪の場合、物理的にも感情的にも人を遮断してしまうことがあります。過去に傷ついた経験から人を警戒し、過剰に感情的になることが多いのかもしれません。身体的には、今までの食生活を見直す必要がある可能性もあります。

性的な問題を表すしるし

　パートナーと良いセックスをしていると、2人の間に起こるほとんどの問題を乗り越えることができるとよく言われています。セックスは、悪い関係によるものが90％、良い関係のものは10％の割合であるとも。以下は、性的問題を表す兆候のしるしです。

・小指が内側に丸まっている場合は、セックスに対してナイーブまたは慎

重な態度をとっている可能性があります（150ページ）。短い小指は、性的テクニックの不足、あるいはそれらに無関心であることを示唆している可能性があります

- 左手の写しで第3指節が右手よりも薄い、または欠けている場合は、感情や性の抑圧を解決するために普段、セックスを控えています。自分の手でこれを見つけたら、手のひらの形、感情線の種類、利き手の指を確認し、自分は相手から（性と感情の部分において）何を求めているのかを探ってみましょう

- 左の第3指節が立派で太い一方、右手は薄くて弱い場合、その人は（この段階では）他の人と性的関係をもつことよりも、自慰行為や私的な空想にふけることを好む可能性があります。このしるしは、性発達が遅れている人、あるいは、単純に今セックスをしていない人を示していることがあります

- 感情線の起点にある矢の形は、トゲトゲした防御心や嫉妬心を示します。後者の感情は、単なる羨望（せんぼう）よりもはるかに破壊的なものですが、うまくすると自分自身を鼓舞する原動力にもなります。最悪の場合、独占欲が強すぎたり、容赦がなかったり、相手の立場を考えようとしなかったりします

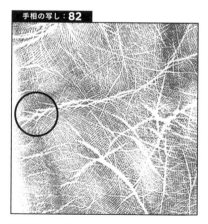

手相の写し：82

感情線の起点がはっきりとした矢の形をしている人は、他人が接近しすぎないよう、トゲトゲとした防御的な外見をすることを表しています

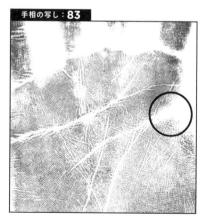

手相の写し：83

この男性が妻との別れを決意する3カ月前にとられた手相の写しです。彼の頭脳線に、人間関係のトラブルや優柔不断のしるしを読み取れますか？　260、271ページのコラムをご覧ください

手相の写しでしか見られない点としては、生命線と頭脳線の起点の部分が欠落していることです（241ページの**手相の写し83**を参照）。それは、一時的に感情のスイッチが入ることを示し、特に性生活で見られます。小指と手のひら付近にある第3指節を見て、性への欲望や性への高い意識を確認してみましょう。この部分が欠けていて、小指の下の指節が手相の写しではっきりと確認できる場合、普段は活発な性生活を送っていることを示しますが、今は感情の込もった性生活を送っていないことを示します。自分を偽っている、または他人から感情的な影響を受けたくないのかもしれません。

情熱を表す線？

　手相術家ジョニー・フィンチャムが研究した情熱線^(パッション・ライン)と呼ばれるこの線は、小指と中指の付け根付近から感情線に向かって伸びる斜めの線を指しています。むしろ、「ポルノ線」という呼び名のほうがふさわしいかもしれません。情熱とはあまり関係ありませんが、この名前は興味を引きますよね！ポルノやのぞき見に強い関心をもち、変化に富んだ性生活、華やかで視覚的・性的な幻想を求める人に多く見られます。インターネットのポルノに夢中になり、自分特定の「クセ」を認識しはじめたときに、よくこの線を見ます。本書で紹介する、いくつかの手のひらの写しに、この線が入っていることに気づくでしょう。

手相の写し：84

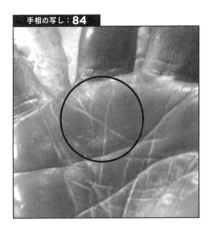

情熱線
音楽のパイオニア、リトル・リチャードの手にはこの線が見られます。彼の公式の伝記では1950年代に彼は乱痴気騒ぎの中で自分の恋人がほかの男性とセックスをするところを見るのを好んだと暴露しています

責任感をもつ: 親の支配より脱却

　私たちの多くは、ある年齢に達すると（それは最初の土星の回帰^{サターン・リターン}と重なることが多く、29歳前後の重要な転機）、育ててくれた親の過ちを責めるのをやめ、自分自身の決断と行動に責任をもつようになります。親からの影響を示す次のようなしるしは、「指の位置」の項目で紹介しています（144ページ）。これらを認識することで、既存の態度を変え、子ども時代の傷を癒やし、親、パートナー、子どもとの関係を改善できます。

- 薬指と中指の距離が近いと（特に中指が曲がっている場合）、自分の人生を歩むこと、性的な楽しみを感じることへの罪悪感をもち、親との関係を断ち切る恐れを示していると考えられます
- 小指が低い位置にあると（152ページ）、パートナーと両親を悪い形で比較することがあります
- 生命線が島紋ではじまる場合、子どものころに不幸な思いをする、家族の中で欠けているものを探している可能性があります。非嫡出子であったため、自分の気持ちや周りの反応に強い影響を受けた人もいるかもしれませんが、現在は婚外子に対する考え方が緩和されているため、このしるしによる非嫡出子との関連性は、かつてほどではありません
- 生命線に現れる鎖状の線や島紋の後の、人差し指に向かって上昇する生命線から現れる支線は、幼少期に理不尽で過酷な制限の多い経験をした可能性を示しています。これらの線は、離脱と独立の試みを意味します。
- ファミリーリング（親指の付け根に現れる環）と鎖状の線は（金星丘の上、親指の付け根にある2つのしるし）、家族の強い絆を表します
- 母権制線^{マトリアーキ・ライン}は（254ページ）、人生における支配的な女性の存在を示し、その人はパートナーとするには厄介な人かもしれません。これは、強い個性を表す「強度線^{インテンシティ・ライン}」を兼ねています
- 傷心線は（238ページ）、親や愛する人を失った後、前に進むことができずに、過去を引きずっていることを表します
- 頭脳線と生命線が長くつながっていると（86ページ）、感情面において自立した大人になることが難しい傾向があります

- 運命線が生命線の近くからはじまり、生命線から上昇または、生命線の内側を起点にはじまっていると、家族の責任や期待を大人になっても背負うことを表しています

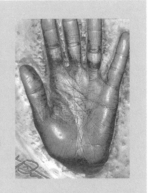

マイケル・ジャクソンと妹のジャネット（この写真は彼女の手）の運命線は複雑ですが、どちらも主要箇所が生命線とくっついていて、人生で選択をする際に家族の影響力と、後に家族の影響から脱却する必要性を示しています。運命線が苦闘するように強く、上昇し、中指に向かって伸びているときは、独立をするために多大な努力があったと考えられます。このような人たちは、家族の束縛から抜け出すのに、大きな努力をします。マイケルの手は317ページに掲載されています。

マイケルの手は317ページに掲載されています。

Complex People and Reactions

面倒な人とその反応について

　気難しい人、特に他の人のことを自分の最大の敵と考えてしまう人を理解するには、誰もが忍耐力を必要とします。コンプレックスを抱え、気難しい人に見られるしるしをご紹介します。

- ますかけ線（112ページ）
- 頭脳線と生命線の起点が同じ位置：感情や熱い想いを隠して冷静を装います。自己破壊を示すしるしでもあります。エリザベス・ダニエルズ・スクワイアは著書の『Palmistry Made Practical（実用手相術）』で、これを「火薬庫に座ってタバコを吸う」人と表現しています。作家のヘンリー・ミラーは、大胆不敵の意味をもつこのしるしがある一人です
- 二重の頭脳線（289ページ）
- 渦巻きの指紋が多い：個性が強烈過ぎるため、他人と上手に付き合うのが苦手なことが多いです。性別、セクシュアリティ、人種、郵便番号ま

でも理由にして、人口の大半を嫌いになれる偏屈者になれます！　要求が多いだけではなく、エキセントリックで、変わり者で、頑固になることもあります！

• ばち指：非常に感情的で、突然怒り出す傾向があります

The Clubbed Thumb - the Beast Within

ばち指──内に秘める野獣

　親指の先端に特徴があり、記憶に残る形をしています。幅が広く、腫れているように見える特徴があります（246ページの**図15**）。爪は短くて幅が広いです。これらの特徴は、同性の親やおじ・おばからの遺伝であることが多いです。このしるしのある人は、普段は冷静沈着に見られますが、内面は以下のような特徴を上手に秘めています。

• 非常に感情的、とても多情多感で緊張感ある極限状態
• 瞬間湯沸かし器のような感情
• 怒りを唐突に爆発させる
• ストレスを感じやすい
• 完璧主義者
• コントロールする／自制心を保つ
• イライラしやすく、気難しい
• 世間話に付き合えない

　かつては「殺人者の親指」と認識され、ますかけ線の特徴を強く表しているとも言われます。芝居がかった気質で、注目を好むように見えますが、それよりも根深い問題が存在している可能性があります。
　感情の爆発と、周りの人を巻き込む恐れから、感情のコントロールに時間を要す傾向があります。最悪の場合、暴力を振るうこともありますが、通常はかんしゃくという形で感情を暴発させます。緊張を和らげ、建設的で創造的な解決策を見つける必要があります。彼らはベストを追求し、自分が完璧でないといらだちます。周りからの配慮や自分の努力への評価を

求めます。会話の内容はいつも深刻、個人の内面に深くかかわるものであり、それは生死にかかわるような問題であることが多いのです。

　アンドリュー・フィッツハーバートは著書の『Hand Psychology（手の心理学）』で、この珍しい特徴をもつしるしを深く掘り下げて紹介した数少ない手相術家の一人です。彼は、現れる症状を脳の欠陥の可能性と結びつけ、「親指センター」と呼ばれる脳と関連づけています。ばち指の人は、緊張しないようリラックスする方法を見つけることが大切です。フィッツハーバートは、ばち指の人をからかったり、困らせたり、イライラさせないよう、友人や家族にアドバイスしています。誤解は回避するように努め、迅速に解決しないといけません。

　2本のばち指をもつ私のクライアントは、完璧主義者で、試験前のストレスに悩まされていました。定期的にかんしゃくや不安の発作、ヒステリックに泣き叫ぶなどの症状を発症し、家に閉じこもります。彼女は、多くの数のお店を構えて成功を収めるのですが、正当に評価されない、または自身の可能性を十分に発揮できていないと思われることを恐れていました。これは、彼女の手が「水」の手（61ページ）に属するため、症状が誇張された極端な例であると考えられます。

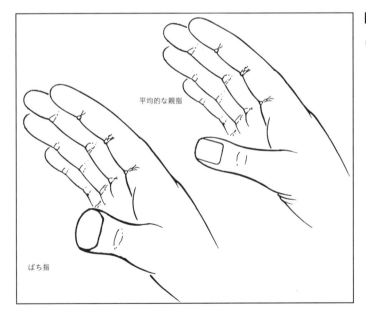

■図15

ばち指

平均的な親指

ばち指

HEALTH MATTERS
健康問題

　手相術を医療の分野でも使用する機会が多くなっています。健康問題の兆候は両手で見ることができますが、左手の方が先天的な健康問題を表すと言われています。手相の線に限らず、手の形（56ページ）、指紋（157ページ）、爪の形（172ページ）なども確認して、健康に関するしるしが他にもないか調べてみましょう。詳細は255ページの「エネルギーの測定」のセクションを参照ください。また、しるしの後に見られる線の状態を確認することも忘れないでください。線が改善されて健康を取り戻していますか？　それとも不調が続いていますか？

　特に指紋が薄くなる（エネルギーの低下）、線が細くなる（心身の病気——健康状態が改善されると線は復活します）、皮膚小稜（ひふしょうりょう）の模様が崩れるときは（免疫機能への攻撃）、注意が必要です。

A Daily Health Check
毎日の健康チェック

　健康線を確認してみてください（119ページの**手相の写し56**と238ページの**手相の写し80**を参照）。小指の付け根から生命線に向かう斜めの線（または一連の細い線）です。ピンクっぽい色をしています。色が濃くなり黒くなる場合は、大きなストレスを抱えていて健康状態の不調を表します。手に強く刻まれている場合は（もしくは多くの線が下降している）、言動がコロコロ変わる気分屋の気質があります。また、日々の健康や食生活への意識を示します。細い線が無数にある健康線は、消化器系の問題、心の不安、呼吸の浅さを示すことがあります。次ページの**図16**の（**b**）を参照ください。

「マウス」にも注目してみてください。これは親指を手のひらに押しつけたときに、手の甲の肉厚の部分（親指の横、人差し指の下）に表れます。「マウス」がはっきりしている場合は、回復力、競争力、体力が強くなる傾向があります。

健康問題で見られる一般的なしるし

　以下の内容は、あくまでも参考資料としてお使いください。専門家による医療アドバイスの代わりになるものではありません。医師の診察を必要とする症状をお持ちの方は、しかるべき専門医の診断、治療を受けてください。

　下記の**図16**では、もっとも一般的に見られる病状や健康状態に関連するしるしの一部をご紹介します。

＊本書は手相の上での健康問題についての解釈も紹介していますが、これは医師の診断に代わるものではありません。

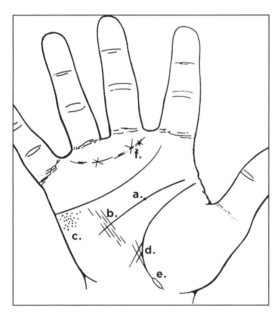

図16

健康問題で見られる
一般的なしるし

a.ショック：時には、頭への物理的なショックを示します

b.酸性：消化器系のトラブル

c.腎臓の有害物質：このような点々のしるしが見られるときは、有害物質を体外に排出するために水をたくさん飲むようにする

d.婦人科系の悩み：子宮摘出やヘルニアと関連していることがある

e.生命線上の島紋：健康に不安がある、または活力がない時期を示しています。この時期までに定期的な検査や検診を受け、食生活の見直しを検討すべきです

f. 金星環に見られる星紋^{スター}：性感染症の治療が必要な場合に現れます

Other Signs of Health Concerns
健康上の問題を表す他のしるし

体重の問題

　大幅に体重が増加した人は、指の第3指節の太さに、それが反映されます。太っている人は、（指がもともと細くても）指骨の下部が大きいことが多く、過食の傾向があることを表しています。また、幼少期から体重に悩んできた人は、手の甲の指骨下部が膨らんでいます（指骨の上部に盛り上がっている部分があります）。

　指骨の下部が挟まれ、手相の写しで薄い、または欠けている場合は、食生活の改善が必要です。十分な栄養が取れていないか、偏った食生活が原因かもしれません。体力不足を表す他のしるしがないか確認してみましょう。

痛風

　手相の写しに、人差し指の先端が中指に向かって湾曲している様子が確認できます。

脊椎、首、背中全般の問題

　脊椎や背中の問題を読み取るのに、さまざまな手相術家がいろいろな方

法を用います。マルコム・ライトは、背骨の全長を示す指標として、生命線を上から下まですべてを読みます（たとえば、生命線の下部に現れる島紋は、腰の問題を示します）。また別の手相術家は、運命線を背骨の重要な指標と考える人もいます。手相を読むときには、これらの考え方を参考に、自分の経験に合うものを探しましょう。

　中指が特に曲がっている、または手相の写し上で欠けている場合は、背中の問題や脊髄の損傷の可能性を示します。

前立腺の病気

　小指の上の部分が曲がっている場合は（薬指のほうに曲がっている）、前立腺に問題がある可能性があります。

心臓疾患

　心臓病を患っている人の場合、薬指の真下で手相の写し上、一部が欠けていることがあります（下記の**手相の写し85**と**86**で比較してみてくだ

1993年に取った写し。薬指の下に心臓病を示すしるしを確認

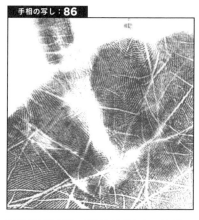

医師が心臓機能の低下を発見した、6年後の1999年に写した同じ手相

さい）。しかし、このしるしは注意して見る必要があります（特に、手相を学びはじめたばかりの初心者の手相術家は）。それを裏づける他のしるしも併せて確認するのは、言うまでもありません。

　遺伝的要因による心臓疾患の可能性が高いときは、ますかけ線上にしるしが現れ、特に先端の位置が高いです（**手相の写し87**を参照）。また、感情線も臓器の調子を表すことが多いと言われています。

　手相術家のロリー・リードによると、心臓病の兆候には、貝殻型の爪、切れ目のある感情線、指先が徐々にこん棒状になる、アーチ型の指紋の出現などを注視すべきだと言います。手相術家のユージン・シャイマン博士は、薬指の下にある感情線の上の、皮膚下に小さいこぶができることを指摘しています。

人差し指の長さが薬指と同じかそれ以上の男性は、成人早期に心臓血管病を発症するリスクが高いという研究結果が出ています。一方で、長い薬指と、心臓病を予防することで知られているテストステロンの高い数値には関係性があると言われています。

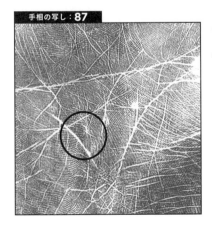

手相の写し：87

二度心臓手術を受けた男性の手の写し
ますかけ線、そして薄い生命線──これら3つの皮膚小稜パターンが出会い、三角系をつくっている頂点に注目。ほとんどの人の手では頂点はもっと手首に近い下方にあります

片頭痛

頭脳線上に現れる数々の点は、片頭痛を意味します（211ページ）。

妊娠しやすさ

研究によると、（指の長さが）左右対称で、薬指が長い男性は、子づくりに適しているようです（高い数値のテストステロンの研究結果より。258ページで紹介する、抑うつ状態のしるしも参照）。リバプール大学のジョン・マニングは「非対称な指は、射精あたりの精子の数を予測する」と断言しています。「非対称であるほど、精子の数は減少します」と述べています。

女性の場合はその逆で、人差し指が優勢な場合は妊娠しやすいと言われています（人差し指が長くなるのは、女性の生殖に欠かせないホルモンであるエストロゲンや黄体ホルモンが多く分泌されるためと考えられます）。

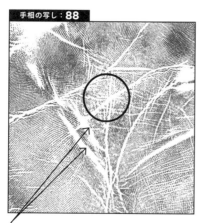

最近の手術を表すしるし
病気を表す手相の写し（丸で囲んだ箇所が、真珠の糸効果）と最近受けた手術を示すしるし（2本の白斜線）

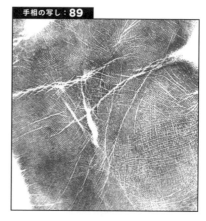

体調不良と手術のしるし
この手相の写しで確認できる、2本の白い斜線に注目してください。この患者は「もっとよく呼吸をする必要がある」とも言われていました。これは感情線が短く終わっていることでわかります

弱い、またはもろい免疫システム

これは手のひらに細かく区分けされた模様が見られる「真珠の糸」によって現れます（**手相の写し88**を参照）。アルコール依存症、不摂生、または免疫系の病気の可能性を示すしるしです。身体が、まだ回復モードの途中経過であることを表しています。

薬物乱用と化学物質への過敏症

薬物中毒者の手のひらには、基本線の一部が消えているように見えることが多いです。これは、手を見ただけでわかります（手相の写しを必要としません）。昔、大学の友人に手相を見てほしいと頼まれたとき、彼女の手のひらは元気がなく、生気を感じ取れなかったことにショックを受けた記憶があります（手のひらには、ほぼまったく線が存在していませんでした）。目をこらしても線は現れません。彼女のわずかな痕跡からもエネルギーとやる気をほとんど感じることができず、不安定な状態であることがわかりました。彼女は優しくて穏やかな女の子に見えましたが、大学入学時から服用していた薬による激しい副作用を発症していることを数カ月後に耳にし、衝撃を受けたのを覚えています。

私の父は「最初から電池満タンでスタートできればラッキーだ」と、よく言っていました。手の基本的な筋肉（形や硬さ）はその人の身体能力を表すことが多いのですが、線は人生に求める（見つけた）意欲、エネルギー、情熱を表しているのです。もし力強い手をもっていても、手相の線が手のひらの表面をかすめる程度のものしかない場合は、もっと身体的、感情的、精神的に人生とかかわることに努め、たくさんのことに情熱を持てるよう、気持ちを奮起させる方法を探し求めることが大切です（34ページからの「第一印象」のセクションをご覧ください）。

特定の食品、薬物、化学物質に対して悪影響を意味するアレルギー線は、多くの場合、極端な反応を見せます。金星環（231ページと275ページ）も確認できる場合は、麻薬や幻想の世界に逃避することを避けなければならないという兆候です。薬物中毒になる可能性があるため、強い薬の摂取

は確実に避ける必要があります。これは心理的な弱さというよりは、医学的な疾患と考えるべきです。また、刺激物によって感覚が鈍くなることもあります。

タバコに対する極端な副作用や、強いアレルギー反応を示すことがあります（ある段階になると、代替療法やホメオパシーを検討することもあります）。

手の基本線が薄く、羽毛のように細かな線からなっている人は、特に薬物などの刺激物を避けたほうが良いでしょう（前述の通り、慢性的な薬物使用や依存症は手に現れ、基本線や皮膚小稜の模様の質への影響は確実です）。また、アレルギー線と金星環は、スリルを求める人や「刺激」を求める人の手に頻繁に現れます。この2本の線の出現は、繊細で壊れやすい人体にもっとも悪影響を及ぼす有害な刺激物の摂取を避けるよう、手相が警告を発しているのです。

薬指の下の感情線上で手相の写しの一部が欠けている場合は、はやっているインフルエンザや肺の病気を患っていることを示していることに注目してください。喫煙者の多くは、この部分が欠けています。アレルギー線もある場合は、健康面においてリスクが高くなっています。また、女性の胸の感度を示すこともあり、対応する手に現れる、手の写しにおける欠けによって確認できることがあります。

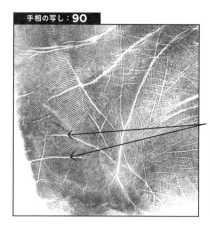

手相の写し：90

アレルギー線
アレルギー線のある手。月丘側から生命線へと線が出ている。その下にある水平線にも注目。これは「強度線」あるいは「母権制線」と呼ばれることがあるもので、シリアスな性格や母親との強固な絆を示すものだとみなされている

以下のように、手の形は健康上の注意点を警告してくれます。

「火」の手（58ページ）：燃え尽き症候群、筋肉痛、事故（スピード、無謀、衝動が原因）

「地」の手（59ページ）：体重増加、疲労、プレッシャーの蓄積、感情を表現できずストレスを溜め込んでいる

「風」の手（60ページ）：頭痛、風邪、間違ったダイエット、アレルギー、神経の緊張、精神的疲労、頭でっかちで身体的な症状を無視した日常生活

「水」の手（61ページ）：依存症、アレルギー、故障、宿命的に消極的

エネルギーの測定

　人生を楽しみ、人と交流するために誰もがエネルギーを必要とします。ここでは、人生のあらゆる分野における活力の度合いを示すしるしについて紹介します。

- 「火」または「地」の手をもつ人は、特にエネルギーが強いです。しかし、「風」（神経質なエネルギー）や「水」（感情的なエネルギー）の手の人は、エネルギーのレベルが変動する傾向にあります
- 強く刻まれた線は、力強いエネルギー、活力、バイタリティーを示します。特に力強くて彫りが深い生命線はこれに当てはまります。力強い生命線は、強い性的なスタミナ、力強いオーラ、健康的な食生活を表します（78ページ）
- 火星線（260ページの**手相の写し93**、216、300ページ）：これは、私たちの内なる闘争心、迅速な回復力、戦闘的な気質、病気に対する強い抵抗力を示すすばらしい線です。この線をもつ人は、闘争的でエッジの利いた性質をもち、一緒に暮らすのは少し大変ですが、どんな病気や敵にも立ち向かう必要な気概を持っていて、大抵は打ち勝ちます。風邪やインフルエンザなどの病気からもすぐに回復します。この線が現れる時期に注目してください（177ページの「時期判断の技術」の章を参照）。病気や疲労に打ち勝つだけの十分な力をもっている時期を表す一方、困難を乗り越えるために全力を尽くす必要があるときと重なることがあります

- 指先がへら型（171ページ）の人は、運動や新鮮な空気、自由に動き回ることが好きなスポーツマンタイプです
- 手の基が太い（手首）：これは運動能力が高く、野性的な人を指します（母指球は、手相において筋肉の発達を見る場所です。研究によると、この部分があまりにも硬い場合は、マッサージなどの身体的なリラクゼーションを必要としていて、身体が硬いことを示しているようです）。手のひらの下部が大きい場合は、その力は知性ではなく身体的な部分で発揮されることを意味します。もし、第3指節の指骨が太い場合は、セックスの達人として知られるかもしれません。下記に掲載したボクシングの強豪、ソニー・リストンの手を見てみましょう

元気がない、体質が弱いことを表すしるし

- 生命線上に表れる島紋、特に線の先端か末端に見られる
- 細いまたは短い生命線。後者は、たとえば社会復帰する勇気が湧かないなど諦めを示すしるしです
- 生命線の最後が、1本またはいくつかの微妙な線で終わっている場合は、適度な運動を継続し、心身ともに活動的になる必要性を警告しています

疲れているときのしるし

　疲れや不眠の原因には、物理的な原因（寝心地の悪さ、カフェインの摂取、食生活の乱れなど）や心身の原因（不安、ストレス、いらだち、うつ、

過労など）が挙げられます。指骨上の縦線と、かすかに写る手相の写し、そして手のひらに多くの線が見られる場合は、より多くの睡眠と休息が必要であることを示しています。

線には2つの意味をもつ場合があることを覚えておいてください。たとえば、生命線の序盤にある島紋は、若いころに健康を害した時期、もしくは幼少期または10代のころに誤解される、あるいはサポートがなかったことを表しています。頭脳線上の十字紋は、特定の年齢での高血圧にかかわる病気を暗示する、あるいは取り組んだプロジェクトが予想外の成功を収めることを意味しています。

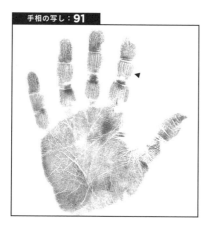

手相の写し：91

睡眠不足
不眠症に悩む男性の手。何カ月にも及ぶ不眠で疲弊して相談にきました。休息の不足を示す、指骨にある細かな縦線に注目

目のトラブル

　感情線の大きな島紋は、目のトラブルの指標としてよく挙げられますが、私はそのようにとらえたことはありません。しかし今までの観察結果によると、頭脳線の先に大きな島紋ができると、視力の衰えなどの目のトラブルがあると考えられます。症状が現れる時期を判断することはできませんが、手相でしるしの形成が現れはじめる時期と、それがどちらの目にもっとも影響するか（左目＝左手に影響）を意識する必要があります。

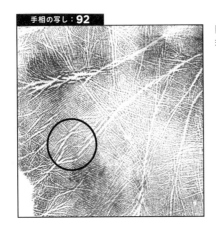

手相の写し：92

目のトラブルを表すしるし
若いころに何度か目の手術をしたクライアントの女性の手の写し

ストレス、抑うつ状態など

　仕事や家庭でのストレスが要因で、過去、現在、未来に対してネガティブな考えや不安を抱くことがあります。不安が続くとうつ状態になり、その結果、攻撃性、無気力、自尊心の喪失、日常生活に対処ができなくなることがあります。ストレスによる症状は、直接的に身体に影響するもの（食欲不振、高血圧、発汗）と、感情的なもの（恐怖、集中力の欠如、イライラ）があります。しかし、その影響は年齢や経験によって異なります。20歳のころには恐怖に感じたことも、30歳になるとそれほど、恐怖に感じなくなるかもしれません。困難な状況を乗り越えられないと、誰もが一度は考えたことがあると思います。しかし、今日、私たちがここにいるという事実は、私たちは成し遂げた、それを単純かつ明確に証明しています。

　手相の勉強では、「頭脳線」は精神の健康状態を表しています。私たちの手に、右ページの**図17**で示すしるしを確認した場合は、以下に紹介するいくつか、またはすべての実行を検討するべきです。それは、信頼できる友人に相談する、人をよろこばせる必要性をなくす、比較をしない、感情を表現する、現実的な目標を設定する、課題に少しずつ取り組む、どのような状況が自分を悩ませるのかを理解する、などです。

　もっとも一般的に見られる症状は以下の通りです（以下の記号は**図17**と対応しています）。

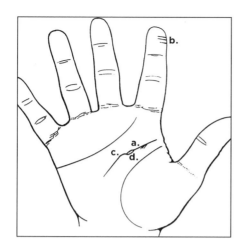

図17

ストレスやうつに見られる
一般的な兆候

a.頭脳線から伸びる羽毛のように細かい斜線。これは、しるしが現れる時期に見られるうつの兆候です（頭脳線の時期判断の地図を活用）

b.指先に現れる横線：ストレスやいらだちを表し、仕事や人間関係の悩みが原因であることが多くあります

c.頭脳線が中指の下でコブのように膨らんだり、手のひらに深く刻まれる：これは抑うつ状態の強い兆候を示します。中指の下付近で頭脳線が深く刻まれている場合は（260ページの**手相の写し95**を参照）、空想の世界に浸ったり、深い内向性や運命的な立場の持ち主であることを表しています

d.頭脳線上の島紋：プレッシャーに負けてしまい、ストレスを感じたり、落ち込んだり、ひどいときには壊れてしまうこともあります。激しい競争やストレスの多い仕事は避けるべきです（218ページ）。260ページの**手相の写し93と94**では、タイプが異なる2つの島紋が頭脳線上に確認できます。**93**の写しは、頭脳線の下に小さい島紋が出現しています（不快に感じつつも隠していた個人的なストレスや複雑な状況を暗示しています）。そして**94**の写しは、頭脳線を支配するほど非常に大きな島紋があり、このしるしはストレスや苦境に陥りがちな人に現れます（これは、頭脳線の最後に形成される眼のかたち（237ページ）とは意味合いが異なります。

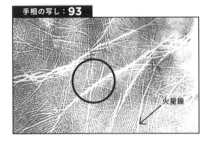

個人的なストレスのしるし
2回の交際を終え、大変な過渡期を経験した
クライアントの手。力強い火星線に注目

火星線

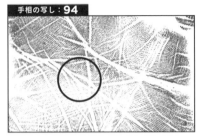

長期間にわたるストレスのしるし
女性の左手で、破壊的で独占欲が強いパー
トナーと10年間過ごした手相の写しです。
島紋は付き合った期間を表しています

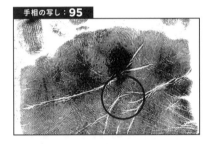

強く傾斜している頭脳線
10代の孤独な少年の頭脳線。終盤に見られ
る横線に注目してください。この横線が浮
標（ブイ）のような役割を果たし、彼が空
想の世界に深く浸かってしまわないよう防
いでくれています

2000年に開催した手相教室で歌手マライア・キャリーの手相の写真を鑑定した
とき、頭脳線上の中指の下付近に大きなコブがあることを発見しました。その
コブは、30代前半から半ばにかけて本格的に現れています（しかし、そのしる
しは2つの意味を持ち合わせており、解釈によっては彼女の人格形成に大変重
要な影響を及ぼしたと考えられます）。完璧主義者のキャリー（31歳）が2001
年の夏に過激報道によるストレスの結果"疲れ切って"しまい苦しんでいるころ
に、抑うつ状態やストレスのしるしが確認できます。

ストレスとうつに関する、他にも押さえておきたいしるしは以下です。

- 手相の写しの中心部分が欠けている：人生の中で起こる問題に向き合うことを嫌い、問題に向き合うことを余儀なくされると、あいまいでとらえどころのない態度をとることがあります
- 手相の基本線が弱く、途切れている、もしくは特に線が細い場合：手のひらは丈夫そうに見えますが、このような線の場合は、現在大きな障害に直面していることを意味します。厳しい現実から目を背け、逃げたいと思っているかもしれません
- 頭脳線をさえぎるいくつもの障害線：このようなときは、他人からの干渉で緊張しています
- 長い薬指：薬指の長さが人差し指よりも長い男性は、うつ病になるリスクが高いという証拠がリバプール大学の研究者によって発見されました（薬指への影響が大きいと言われるテストステロンが多く分泌されている結果によるものです）。人差し指の長さが薬指と同等または長い場合は、とても明るい性格の持ち主であることが期待できます（これは、手相術の常識である薬指が長いのは前向きな気持ちの表れという内容と相反します）。長い薬指の人は、他人の意見を頼り過ぎるため、振り回さわることが多いです。長い人差し指の人に比べて、称賛や批判の影響を受けやすいです
- 毛羽だった頭脳線（特に手相の写しに現れる）：非常に繊細で、物忘れや精神面における明晰さの欠如に悩まされています
- 頭脳線上に現れる重複線または断線：普段は良いしるしの部類に入りますが、新しい線に不調なしるしが見られる場合は、最近行った調整に悪影響がでる兆候かもしれません。該当箇所の下部に状態が良い頭脳線をサポートする平行な細い線がないか、探してみましょう（190ページの**図8**、**g**を参照）

MONEY, LEADERSHIP AND CAREER

お金、リーダーシップ、仕事

The Money-makers
お金を稼ぐ人

　手相は、希望、過去、意識や現在の状況と関連しているため、金運向上を示す線は、そのときの経済的状況や、富に対する普段の考え方と関係します。要は、生活水準が大きく変わるには、どれほどのお金が手元にあればよいかということです。たとえば宝くじなどで獲得した幸運な5000ポンドによって私たちの人生は大きく変わるかもしれませんが、100万ドルの損得はビジネス界の重鎮にとって同じ意味をもつでしょうか？　金銭面における好転は、社会生活や人間関係、現在の仕事の分野を好転させることもあれば、災いをもたらすこともあります。手相に現れる「現金線」が意図する本当の意味や、収入が増える人に見られる特徴をとらえるには、その人の性格やお金に対する考え方、現在の経済状況なども見ることが大切です。これらのすべてが、手相に現れます。

　普通のビジネスマンと、プロの金融起業家や資本家として成功する人の間には、大きな違いがあります。現在では、2500万ドル以上の資産をもつ人が、ミリオネアとみなされています。超富裕層の人は、めったに小銭を数えたり10円玉を貯めたりしないので、卑屈さやギャンブルを示すしるしが現れることは少ないです。彼らは、大きな夢、決意、こだわり（多くは潔癖さ）、性格的にみられる極端な特徴や病気（抑うつ状態を含む）を特徴としてもっています。

お金を稼ぐ人のしるし

　お金を稼ぐ人に現れる主要なしるしは、265ページの**図18**の通りですが、お金を稼ぐ人やトップレベルの起業家などさまざまなタイプの手相で見ることができる、重要な特徴を以下に紹介します。

- 力強い基本線：意欲とエネルギーを表しています
- 小さい手：物事を大局的にとらえることができ、迅速に行動できる能力
- どの指も長さが等しい：資産運用、投機家、銀行員には、「地」と「火」の手の人が多く、指の長さが小指を含めて等しく見えます
- 人差し指と薬指の相対的な長さ：人差し指が長いと、権力やその影響力を得るためにお金を追い求める傾向がありますが、長い薬指の場合は名声や称賛、栄光を追い求めます
- 指の位置：指の間隔が近く、くっついている場合は冒険を冒す、あるいはギャンブルによるお金もうけはしません
- 頭脳線の長さ：線が長いほど、適切な仕事のオファーが来るまで、時間をかけて待ちます。指に見られる感受性の雫（229ページ）や直感線（265ページ）を見れば、交渉に最適となる時期を導くことができます。頭脳線が長すぎると、迷いや思い切りの悪さから「船に乗り遅れる」こともあります
- ますかけ線、人差し指や親指に渦巻き、または環がある：お金や権力を得るために、激しく一心不乱な様子を表します。問題をコントロールする必要があります
- 型破りなしるしや珍しい線の形成：超大金持ちの人の手相には、変わったしるしを見ることがあります。調査によると、性格が内向的または外向的であっても、超富裕層の人たちには風変わりな点が共通してあり、異常な執着や強迫観念（特に細菌に対して）、そして恐怖症などが挙げられます
- 基本線とマイナー線で形成された三角紋（トライアングル）：これらは昔から金運と幸運を示すしるしで、お金を得た人に多く見られます

小指とお金

　小指には、お金に対する価値観がよく表れます。小指の第二指節は、財務やビジネス管理能力を示します。この指節がふっくらしていて長い人ほど、個人事業や自己管理にたけています。短くて平らの場合は、要領が良いタイプではないので、信頼できるアドバイザーを雇うことをお勧めしま

す。4本の指の第二指節が短い場合は、普段からビジネスの切り売りに巻き込まれないことを促す警告です。キャリアを自分でコントロールしたいと思うかもしれませんが、ビジネスのノウハウを学ぶか、財務面よりも広報やアイデア、デザイン関係が向いています。小指が曲がっていると（骨折や関節炎を除く）、抜け目のない性格を表し、多くの場合、他の人よりも節操がなく、良心の呵責を感じることが少ない人です（特に、頭脳線が薄く、運命線が断片的な場合）。小指の第1指節が長くてとがっていると、文章や講演でお金を稼ぐことができ、特に、自己啓発やインスピレーションを与えるようなアイデアが含まれている場合が多いです（142ページ）。

経済力を示す他のしるし

- 手のひらが正方形の人は、長方形の人よりも、全体的に金銭感覚が鋭いです（または、少なくとも意識が高い）
- 指が長く、長い頭脳線が生命線とくっついている場合は、株価の日々の変動を見極めるために、金融関連の新聞を読みあさります
- 指の長い人は、貯金したり、節約したり、コツコツとお金を貯めます
- 頭脳線と生命線の間が空いている場合は、無謀な行動によって経済的な問題にまで発展する可能性を示しています。一方で、頭脳線と生命線がくっついている人は、事実をよく確認し、起こりうる結果を調べてから行動する人が多いです
- 長い薬指は、生粋のギャンブラーであることを表しています。この能力を金融分野でうまく活用するには、上記で説明したようなしるしが多少なりとも必要となります

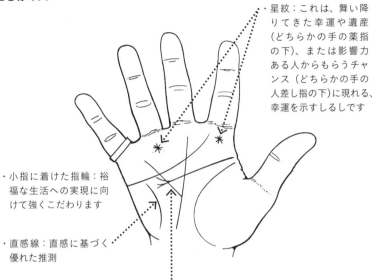

図18

お金を稼ぐ人

・星紋：これは、舞い降りてきた幸運や遺産（どちらかの手の薬指の下）、または影響力ある人からもらうチャンス（どちらかの手の人差し指の下）に現れる、幸運を示すしるしです

・小指に着けた指輪：裕福な生活への実現に向けて強くこだわります

・直感線：直感に基づく優れた推測

・現金線（運命線または手のひらの中央から上昇）が小指に向かって伸びる：資金を増やすことにエネルギーを注ぎます

・頭脳線から小指に向かって伸びる支線（上図参照）：お金を稼ぐのに熱心。取り引きのセンスが抜群、ビジネスの洞察力、優れたマネジメント能力、社員にお金を期待する人に現れるしるしです

他に確認できるしるし：
・頭脳線と生命線との間が狭い：高い集中力、自己管理、1つのことに打ち込む
・頭脳線の形が良く、先端が分かれている：金銭感覚の才覚、交渉の才覚。説得力ある起業家や策略家に見られます

手の形とお金

　お金をどのように稼ぎ、使うのが好きですか？　それは、手の形で答えがわかります。

「火」の手

　「火」の手（58ページ）の人は、大金を早い段階で稼ぎ、それをすぐに使い果たすため、25歳までには一文なしになるかもしれません！　しかし、称賛、栄光、注目、権力を手に入れることができ、さらにそれらを得ようとします。

　地位を示すステータス、デザイナーズブランドや注目を集めるアクセサリーを購入します。多くの「火」の手の人は、停滞している状況や官僚的なお役所仕事をするぐらいなら、経済的な安定を手放す傾向にあります。彼らが、もっとも効果的にお金を稼ぐことができるのは、自分の才能や個性を商品とするときで、たとえば代理店、プロモーター、営業マンやパフォーマーの仕事が当てはまります。

「地」の手

　「地」の手（59ページ）の人は、努力、献身、長時間労働、そして単純なハードワークなど、苦労してお金を稼ぐ傾向があります。彼らは、お金を慎重に使い、賢明な投資をします。衝動買いや、たとえば身の回りの物とそぐわない絵画などにお金を使うのではなく、家の増築や貴重なコレクションのためにお金を使います。

「風」の手

　「風」の手（60ページ）は、お金への執着は少なく、自分のことは他人に任せたいと思っています。想像力、知識、情報に囲まれた環境で生きています。時には、自分たちが経済的に自立するために、これらの知識を売り込まなければならないことがあります。彼らは、本やガジェット、携帯料金にお金を使います。革新的なアイデアやデザイン、時短家電の発明などで大成功を収めることができます。しかし、お金の管理やビジネスを学ぶ努力は必要で、「地」の手をもつ、信頼できるアドバイザーに託すべきです！

「水」の手

「水」の手（61ページ）の人も、驚くほどお金を求める場合があります。特に真っすぐな頭脳線の場合はこれが顕著です。株でも何でも、直感を頼りにもうけることができます。人への助言や話を聞く、刺激を届けるなどを通して、人と一緒に働きながら生計を立てることができます。彼らは、リラックスできる音楽や太陽の下での休暇など、調和のとれたストレスのない生活のためにお金を使います。落ち込んでいるときには買い物中毒になりやすく、ショッピングセラピーのお世話になることがあります。

Leadership
リーダーシップ

　指導方法は多様にあります。人がリーダーになる理由にはさまざまな理由が存在し、多くのスキルも必要とします。先駆者として指揮を執る人もいます。彼らは、未知の領域への挑戦を恐れず、誰がついてくるかに対しても無関心です。彼らは事業による尊敬や評価に感謝しつつも、勝利や最初にその勝利を獲得することが最高の栄誉なのです。栄光と名声のためにリーダーになる人もいれば、権威、権力、影響力のためになる人もいます。また、カリスマ性と個性に裏打ちされた創造的な統率力によって、ビジネスや舞台の前面に立つことができる人もいます。多くの場合は、組織を牽引するにあたって、目を引く個性、ビジネスを推進する才能、将来を見通す先見性などといった重要な個性を持ち合わせていることが重要です。しかしもっとも成功しているリーダーは、オフィスですべての仕事をこなす方法を知っているが、効果的に人に任せ、時間を管理します。

　ほとんどの人が自分にもリーダーとしての能力を発揮できると思っていますが、リーダーに任命されるには、多くの要因がかかわってきます（たとえば、体格、声の深さ、身長などの身体的な要因は、特に学校やその後のビジネスの場面においては決め手となる要素です）。

リーダーシップの資質を示す主なしるし

手相に現れるリーダーシップを示す主なしるしは、以下の通りです。

- 人差し指：野心、進取の気性、主導権を擁する指導者になりたい願望を表します。人差し指が短く、他の指から離れている場合は、自分を信じて成功への恐れを克服する必要があります。まだ不確定ではありますが、従属的な役割を担う場面を他の人に見られたくない気持ちがあります。人差し指が長い場合は、失敗を恐れるあまり、世間の目を気にしながら成し遂げようとします。長くて中指から離れている場合は、自発的で、仕事に熱意をもって取り組みます
- とがったアーチ型の指紋：特に人差し指にある場合は、人を鼓舞したり、社員の能力を引き出したり、新しいプロジェクトを立ち上げることにたけています。しかし、サポートしてくれる優秀なスタッフや、時間管理と熱意を上手に活用できる人を必要とします
- 大きな親指：支配的で力強く、自己決定力のある性格を示します。自分が主役になりたい人です
- ラジャ・ループ（王者の環）：人差し指と中指の間にあるこの珍しい環は、カリスマ性と輝きを備え、自身の価値を他人に感じさせる能力をもち合わせています。静かで平凡な生活を求めていても、周囲があなたに何か特別なものを感じるのです。外見も魅力的であることが多いです。権威ある地位や組合の代表、同僚をまとめる中心的な役割を求められます
- ますかけ線：リーダーとして成功するのに十分な強さを備えていますが、野心が強すぎるあまり、部下が求めていることを忘れる可能性があります。また、冷酷／独裁者を示すしるしでもあります。詳細は112ページを参照ください

上記で紹介したしるしを多くもっている人は、人生の主導権を握りたいという願望があり、自分が選択した分野で自然とリーダー的な立場になるかもしれません。手の要素を見ることで、リーダーになる最大の動機、リーダーや管理職になれるタイプ、権限をもつ立場で仕事をするなど、さらなる手がかりを探ることができます。ビジネスに対するアプローチを理解す

るには、さらに頭脳線（83ページ）にも注目してみましょう。

冷酷さ

　恐怖心をあおり、人の上に立つ能力があるからこそ、リーダーは権力の座につき、その権力を維持できるものです。上記で述べた側面が強調されてしまうと冷酷なリーダーとなります。一方、評判の良い立派なリーダーには節度があり、周りを尊重します。事業を率いて、独立心が強く一匹狼のような人は、慈悲深い独裁者であることが多く、指先に渦巻きを確認できることもあります。

　頭脳線と生命線のいずれかが第一火星丘の親指付近を起点とする場合、もしくは第一火星丘（64ページ）が過度に発達している場合は、競争相手を排除する、または不適切なタイミングで積極的な行動を起こすことがあるので注意が必要です。

リーダーになることを好まない人

　長すぎる中指、小さい親指（特に先端）、不明確または島紋が多くある頭脳線、基本線が弱い場合は、リーダーにはふさわしくない人の兆候です。

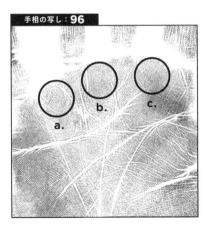

手相の写し：96

さまざまな皮膚小稜のループが指の下にある

a. ユーモアを示すループ。人生で楽しみを求める。意地悪なユーモアのセンス

b. 真面目さを示す。完璧主義

c. ラジャ・ループ（268ページ）地位や尊敬を求める

批評家、完璧主義者、
細かくあら探しをする人！

　細部にまで目が行き届く社員を探していますか？　あなたの一挙手一投足を批判するパートナーを避けようとしてませんか？　すべては手相に現れています。下記の**図19**を確認して、詳細を見てみましょう。

■図19

批評家、完璧主義者、細かくあら探しをする人

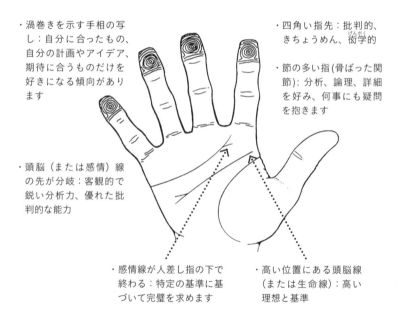

・渦巻きを示す手相の写し：自分に合ったもの、自分の計画やアイデア、期待に合うものだけを好きになる傾向があります

・四角い指先：批判的、きちょうめん、衒学的

・節の多い指(骨ばった関節)：分析、論理、詳細を好み、何事にも疑問を抱きます

・頭脳（または感情）線の先が分岐：客観的で鋭い分析力、優れた批判的な能力

・感情線が人差し指の下で終わる：特定の基準に基づいて完璧を求めます

・高い位置にある頭脳線（または生命線）：高い理想と基準

他にも見られるしるし：
・大きな手：細かい作業が好きで、几帳面な完璧主義者
・長い指：欠点を指摘し、自己批判をする
・短いまたは細い形の爪：批判的

意思決定

　私たちがどのように意思決定をしているのか、まずは頭脳線（83ページ）を見てみましょう。他にも、意思決定能力を示す特定のしるしについては、以下のようなものがあります。

- 指の関節：指に節が目立つ人は（手の甲から指を見るとわかります）、よく調べ、問題を熟考し、理由をよく考えてから決断をします。パズルや推理小説の謎を解くのも得意です。科学的な観察に基づく意見を述べ、突発的な決断は避け、人の性格を見極めるのにもたけています。また、どのように結論を導き出したか正確に記憶することが得意で、会議の議事録の作成はエキスパートの域です！　もし、結論に異議を唱える場合は、それなりの議論になることを心積もりしたほうが良いです。議論、分析、人を説得することを好みます（滑らかな関節は、芸術的で直感的な性格の人や、直感で判断する人に見られます）
- 直感線（265ページ）
- 短い頭脳線、または生命線から離れている頭脳線：決断力があり、衝動的で、危機への対応が早いことを表しています
- 金星環：このしるしが現れているときは、強い直観力が決断をする際の頼りになることを示しています（274ページの手相プロフィール6を参照）

・中心部がかなりくぼんでいる手のひらもあり、紙の下に敷物をしないと写しを取るのが難しい場合もあります。写しの中央が見えない場合は（どんなに敷物を敷いても）、問題に直面するのを避け、どちらかというと隠すタイプです。
・あいまいな頭脳線の写しは、悩みを抱えている、または混乱を招くかもしれない問題を解決する必要性を意味します。特に太い線で現れた場合、解決策を導くにあたって大きなプレッシャーを自身に課します。それは、木を見て森を見ずの状態になるほどです。
・羽毛のようにもつれた頭脳線は次ページに挙げた5つの症状を表します。

○集中力の欠如や低下、または飽きっぽい性格

○あいまいな返答、または問題を回避する必要がある

○現実を回避する。優柔不断、空回り

○時間管理が下手

○非現実的な目標、または目標を実現できないことによるいらだち（現時点において）

意思決定が苦手

意思決定が苦手な人には、以下のような症状が見ることができます。

- 大きな手と長い指：人に頼ることが苦手で、いつもささいなことを気にして執着する傾向があります。決断をくだすのが苦手な場合もありますが細かい部分の確認を怠らないので、判断の誤りを防ぐことができます
- 複合型の指紋（163ページ）：戦略的に物事を進める場合もありますが、単に優柔不断であることが多いことを意味しています
- 長いまたは波うっている頭脳線：物事を先延ばしにしていることを表しています
- 長い頭脳線の先端が、多数枝分かれしている：優柔不断で迷っている様子がうかがえます。アドバイスを求めたのに無視して、ふたたびアドバイスを求めてきます……

手の基本線（特に運命線、頭脳線、生命線）が手相の写しの中で過度に広がって見えたり（とても力強く優勢）、線が太くてモコモコしたように見えたりする場合は、自分を追い込みすぎて、肉体（生命線）やメンタル（頭脳線）の限界を超えてしまっていることを表しています。極めて困難なことに立ち向かおうとしているのです！　日常生活であらゆることに激しく反応し、感情的なエネルギーを使いすぎる傾向があり、感情と理性を切り離せずにいます。達成感への不満や、人生があっという間に過ぎてしまい、自分の力を発揮できていないと感じているかもしれません。もちろん現実はまったく逆で、自分がどれだけのことを成し遂げたか他人に聞いてみると、高い評価を受けていて、仕事に熱中し過ぎていると思われていることに驚くかもしれません。おそらく、成功への焦りや切迫感を感じている可能性があります（特に短い頭脳線と指の場合）。プライベートと仕事のバランスを配慮し、自身で達成感を味わうことが大切です。この手相による暗示を裏づける、疲れや睡眠不足を示すしるしが、多く現れているかもしれません。(256ページ)

手相の写し：97

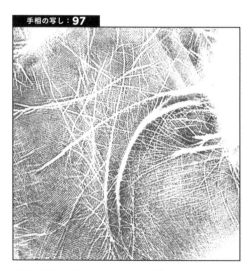

手相の写しに見られる、太い生命線

Diane
ダイアン氏の手相

275ページに掲載した手相の写しは、私が尊敬するミュージシャンであり、心理療法士で霊能者でもあるダイアンのものです。左利きで「水」の手である彼女は、感情的な受容性と心理的な理解力が高いです。頭脳線が長く、最後が星紋で終わり、支線は下方の月丘まで伸びています（システムへの衝撃を意味します）。金星環が大きくはっきりとしていることに注目です。

学校では天才児だったダイアンは、3歳から歌い、楽器を演奏する神童でした。10歳のときに交通事故に遭い、その後18歳まで続く苦しい治療を乗り越えます。これらの出来事は彼女に、心理的な影響を及ぼしています（頭脳線の終わりにある星紋のようなしるしに注目）。強い霊能力をもつダイアンは、交通事故によって、それがさらに強くなったと話しています。この事故をきっかけに、自分の身を守るために未来を予測することに執着するようになったと考えています。10代のころから、何事にも意欲的に取り組んできましたが、常に自分の意思で行動をしています。

「水」の手である彼女の手と、はっきりとした金星環は、彼女の性格や人生の出来事に見事に反映されています。

• 天性の音楽的才能
• 10歳のときに起きた事故と、刺激を与えてくれたメンターの死がもたらした心理的かつ精神的な影響は現在にも続き、あがり症の原因となっている
• 妥協を許さない強さ：大学を辞めて1日8時間音楽の練習をする
• ベストを目指し、卓越した成果を上げたいという願い：自分に甘える、またはペースを落とすことはないと自分でも認める
• 理想主義者で、恋愛においては独立しているが、周囲からはエキセントリックで激しいと思われている
• 天才的なIQ：彼女はMENSA（知能指数が高い人々による国際的なグルー

プ）の元メンバー

- 日常的な心霊現象や予知夢

- 雑音に対して超過敏

- 大学に戻って心理学を学び、後に心理療法士とプロの霊能者となる：ソ
ロモンの環（229ページ）と金星環（231ページ）が接していることから、
彼女の洞察力は直観によるものであることがわかる

注：ダイアンの指は、
楽器演奏の影響を
受けて形成されて
います。手相の写
しをとるとき、指
骨の下部は確認す
ることができませ
んでした

‹······· ソロモンの環

‹── 金星環

頭脳線の終わりに星紋のしるし

責任感の強いタイプ

　プロジェクトを最後までやり遂げることができますか？　個人的な責任を負うことができますか？　もしかすると、9時から5時まで社員を雇うことが難しいと感じる会社が、リスクをとってギャランティの高い人材を必要としているかもしれません。私たちはその責務を果たせるでしょうか？　手には、仕事の責任の大きさや、個人の責任感を見ることができます。

■図20
責任感とコミットメントを表すしるし

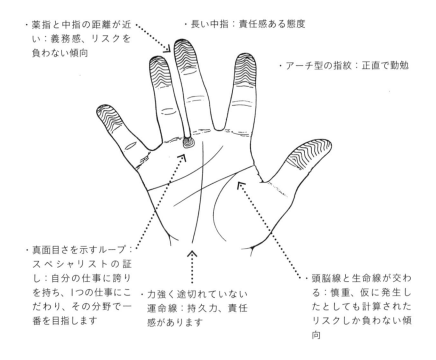

・薬指と中指の距離が近い：義務感、リスクを負わない傾向

・長い中指：責任感ある態度

・アーチ型の指紋：正直で勤勉

・真面目さを示すループ：スペシャリストの証し：自分の仕事に誇りを持ち、1つの仕事にこだわり、その分野で一番を目指します

・力強く途切れていない運命線：持久力、責任感があります

・頭脳線と生命線が交わる：慎重、仮に発生したとしても計算されたリスクしか負わない傾向

責任感のなさを示すしるし

　以下に記しているしるしは、正社員として働くことや人間関係に対して腰を据える気持ちがないことを表しています。一風変わっていて、自分の行動に責任をもつ姿勢を見せません。

- 頭脳線が月丘に向かって大きく下降：これは夢想家を表すしるしです。最悪の状態のときは、信頼性に欠け、時間管理が下手で、自分が望む仕事をしていない、もしくは相応の尊敬を受けていないと憤慨することもあります。責任の重い公務のような仕事に就くことが多いのですが、日常生活に嫌気がさし、他の場所で自分の夢を実現したいと思うことがあり（仕事中に想像力を膨らませる場合もあります）、恐怖心からその場に留まる選択をすることもあります。犠牲者ぶって周囲にアピールすることにもたけています。好きな映画、音楽、本を読むことで、責任やお金のこと、将来への問題から逃げて想像の世界に身を置きます。クリエイティブやスピリチュアルな面で能力を発揮する一方で、ビジネスにおける出世競争には向いていません。現実逃避をする恐れもあります手のひらを真っすぐに横切る頭脳線の上側の支線に注目してください。これは現実の世界でも機能できるようバランスを保つ能力を与えてくれます）
- 短い中指：責任を負えなくなる、責任を負うことを避ける傾向にある
- 小さい手：チャンスを逃さない、決まりきった仕事を嫌う、細かいことにはかかわりたくない
- 運命線が消えている：悪党や詐欺師を示す場合があります！
- 人差し指が手相の写しで薄い：責任を回避する傾向にあります（人差し指の手相の写しが濃い場合は、278ページのコラムを参照してください）
- 渦巻き状の指紋(特に親指、人差し指、中指)：自分のルールと日課を必要とします。一般的な朝9時から夕方5時までの仕事を嫌う傾向があります
- 人差し指や小指が両方とも手から突出している：ビジネスにおける規則や規制、公務のような堅い仕事に耐えられません
- 長い薬指：チャンスを逃しません。また、頭脳線と生命線の起点に大きな隙間がある場合は、無謀な行動に注意が必要です

あなたの手がどのタイプに該当するか確認しましょう。「土」の手をもつ人は物欲が強いです。「火」と「風」の手の人は熱しやすくて冷めやすく、仕事をやり遂げる粘り強さが足りず、日常業務、責任を感じたり期待されるようになると、他の場所のほうが良く思えたりします。「水」の手の人は、個人的な出来事や殉教的な願望によって予定が侵害されることがあるため、当てにならないことがあります。

人差し指が異常に目立つときは、現在、多くの責任を背負っていて、それが重くのしかかっていることを示しています（多くの場合、薬指と中指の距離が近いです）。他人の期待を背負っているため、人生に困難を感じているかもしれません。人差し指は自己意識を表し、抱えているプロジェクトの数と、断れずに引き受けた頼まれごとが、どれほどあるか考えてみましょう。自分の健康と心の平穏のためには、これらを減らす努力が大切です（特に自分で責任を取ろうとしない人）。このしるしは多くの点で強い中指と似た意味をもっていますが、目立つ人差し指の場合は、義務に抵抗をもち、責任が追加されることを嫌います。彼らは、自分のスペースや生活に必要な時間が侵害されていると感じています。手相から現在のプライベートなこと（左手）、あるいは仕事（右手）に対して、嫌悪感が表れているか確認してみましょう。

Eternal Students and Free Spirits

永遠の学生で自由人

279ページの**図21**で紹介するいくつかのしるしでは、刺激的な生活を望む一方で、他の人のように頼られたいとも思っています。

a.四角紋：人生の大半を勉強に費やせる余裕の有無にかかわらず、このしるしがある人は、自分自身を向上させ、新しい分野のことを学び、その知識を人に伝授することを勧めています。四角紋は、人差し指の下にある丘の部分で現れる十字の線で形成された四角形の模様です。このしるしがある人は、人に刺激を与えることができ、物事を明確かつ簡潔に説

明する方法をよく知っています。手相術家のアンドリュー・フィッツハーバートとナサニエル・アルトマンは、このしるしの名前を「教師の四角紋（スクエア）」にするべきだと著書に書いています。なぜなら、このしるしをもつ人は、教師になったものの、刺激がない授業計画に沿わないとならない規制や制限を理由に、退職に至ることが多いからです。もしこのしるしが現れたときは、学びを求めている人を教えることになるので、専門科目や成人教育の分野を目指すことが多いです。

b.生命線から下降する支線：生命線から手のひらに下降する線が見られる場合（**図21**の**b**と280ページの**手相の写し98**を参照）、または生命線が中心に向かって（または深く湾曲して）分岐している人は、旅行が好きで、住居を移転する可能性があります。これらの支線が強く枝分かれし

■図21

永遠の学生で自由人

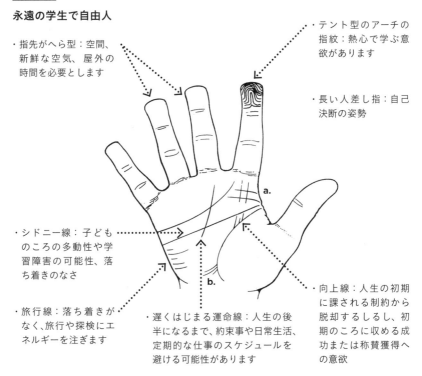

・指先がへら型：空間、新鮮な空気、屋外の時間を必要とします

・テント型のアーチの指紋：熱心で学ぶ意欲があります

・長い人差し指：自己決断の姿勢

・シドニー線：子どものころの多動性や学習障害の可能性、落ち着きのなさ

・旅行線：落ち着きがなく、旅行や探検にエネルギーを注ぎます

・遅くはじまる運命線：人生の後半になるまで、約束事や日常生活、定期的な仕事のスケジュールを避ける可能性があります

・向上線：人生の初期に課される制約から脱却するしるし、初期のころに収める成功または称賛獲得への意欲

ていても、生命線が引き続き線のままである場合は、旅行への憧れを意味します。手のひらの外側からはじまる運命線は、旅行や人の親交、社交活動への願望を示しています。

手相の写し：98

生命線から下降する数多くの支線は、旅行、あるいは日常生活からの脱出に憧れをもっていることを表しています

成功を表すしるし

　私は、エネルギー、精神、勇気そして決意が成功するのに重要な要素と考えています。手相でもっとも重要とされるのは、力強い線と親指、そして卓越した頭脳線です。自分にとって、成功は何を意味するのかを理解するには、手相で読み取れる個性的な特徴を見てみましょう。たとえば、もしあなたが大事に育てられ、思いやりのある性格の持ち主だったら、子どもを育てること、他人の世話をする職業に就くことが成功への道かもしれません。手（特に頭脳線と指紋）を研究することで、自分の才能を発見し、基本的な性格（手の形）と合わせることができます。手には数多くの能力を示すしるしが存在し、その多くが創造的な分野と成功を示しています。いくつか、中でももっとも重要とされるものを282ページの**図22**で紹介します。

　特に生命線と頭脳線は、意欲、自信、エネルギーを読み取ることができます。どちらも、手のひらの高い位置や人差し指の下を起点としている場

合は（もしくはこの部分から強い支線が出て線につながる）、幼いころから大きな自信をもっています。

太陽線
<small>アポロ・ライン</small>

　力強い太陽線は、楽観的で太陽のような明るい性格でクリエイティブな才能をもっていると言われますが、これは他の要素（指の長さや指紋など）とともに考える必要があります。この線は、心のバランスや静けさ、瞑想の時間を求める人にもよく見られます。薬指の下のほうに短い線が入っていることが多く、それが際立っている場合は、心の中の満足感、充実感、幸福感を示していると考えられます。

　太陽線は常に見られるわけではなく、人生の後半に手のひらに現れることがあります。通常は、手のひらの上の方（感情線の上）に現れますが、これは退職後の生活が個人的に充実したものになることを示しています。長い太陽線はまれですが、手の下部から上昇している場合、旅行をしたり、流れに身を任せたり、人生の行く末を見守ったりしたいと願う、クリエイティブ志向な人です。

「水」の手には多数の線が現れる傾向があり、この線も「水」の手では普通のことです（ただし、相対的には重要度は低い）。「水」の手に力強いしるしが現れたときは、強い創造力、自然や孤独を愛することを示しています。「地」の手に太陽線がはっきりと見られる場合は、実用的な創造力、カリスマ性、金運に恵まれることを指します。「火」や「風」の手に現れる力強い太陽線は、努力やアイデアが評価され、栄光を得ることを示します。手の形にかかわらず、人生を楽しみ、「立ち止まってバラの香りをかぐ」時間を取れているとき（または手に現れる年齢）は、充実した時期ととらえることができ、年月日で言うと、自分の才能が公的に（右手）または私的に（左手）認められる時期と一致します。

　個人的な充実感や成功は、運命線から薬指に向かって支線が伸びるとき（282ページの**図22**の中央）、太陽線が手に現れたときに（283ページの**図23**）、時期判断（運命線を指標として）することができます。これらの線は、結婚、子どもを授かる、あるいは何らかの名声を得ることを暗示

図22

成功を表すしるし

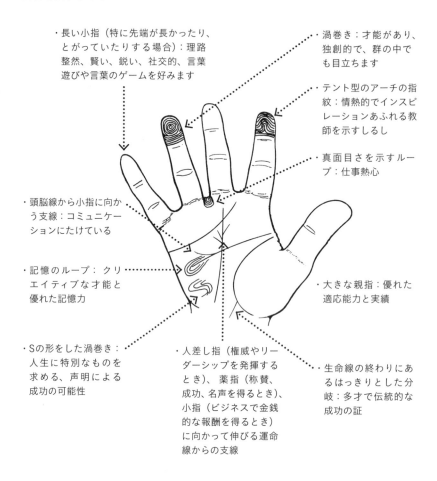

・長い小指（特に先端が長かったり、とがっていたりする場合）：理路整然、賢い、鋭い、社交的、言葉遊びや言葉のゲームを好みます

・渦巻き：才能があり、独創的で、群の中でも目立ちます

・テント型のアーチの指紋：情熱的でインスピレーションあふれる教師を示すしるし

・真面目さを示すループ：仕事熱心

・頭脳線から小指に向かう支線：コミュニケーションにたけている

・記憶のループ：クリエイティブな才能と優れた記憶力

・大きな親指：優れた適応能力と実績

・Sの形をした渦巻き：人生に特別なものを求める、声明による成功の可能性

・人差し指（権威やリーダーシップを発揮するとき）、薬指（称賛、成功、名声を得るとき）、小指（ビジネスで金銭的な報酬を得るとき）に向かって伸びる運命線からの支線

・生命線の終わりにあるはっきりとした分岐：多才で伝統的な成功の証

している場合があります。才能を表す部分、動機づけとなる部分、幸せになるための努力と状況を示していないか、手の他の部分も確認してみてください。幸せは、どんな仕事であれ、自分自身が満足できるやりがいのある仕事に携わっているときに訪れます。すべて、自分の性格と内なる欲求や必要性と関連しているのです。

　成功を示す多くのしるしは、基本線からの支線または薬指（太陽の指）

太陽線と成功を示す他のしるし

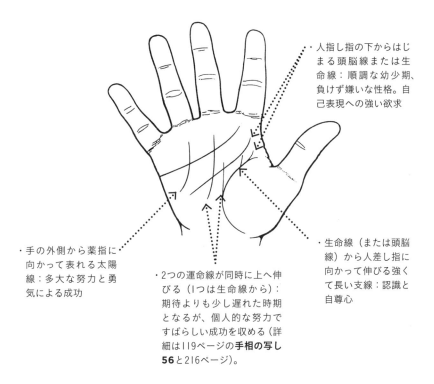

・人指し指の下からはじまる頭脳線または生命線：順調な幼少期、負けず嫌いな性格。自己表現への強い欲求

・生命線（または頭脳線）から人差し指に向かって伸びる強くて長い支線：認識と自尊心

・手の外側から薬指に向かって表れる太陽線：多大な努力と勇気による成功

・2つの運命線が同時に上へ伸びる（1つは生命線から）：期待よりも少し遅れた時期となるが、個人的な努力ですばらしい成功を収める（詳細は119ページの**手相の写し56**と216ページ）。

の下にある丘に向かって伸びる曲線に表れます。これらのしるしは手のどの部分から現れても成就の兆しを示し、その起点からは、幸せになる理由を知る手がかりを読み取ることができます（たとえば頭脳線からは、成功を収めた仕事への努力。運命線は、成功と満足をもたらした人生の歩みを示します）。

　太陽線がないのは、現時点で幸せや充実感を得るには、多大な努力が必要であることを示しています。手の線が深く刻まれている場合は、目標達成や成功を手に入れるために、頑張り過ぎていることを意味します。

　旅は到着したことに一喜一憂するのではなく、旅を楽しむことに学ぶ価値があります。運命線や生命線は努力と行動を示すのに対し、太陽線は「存

力強い太陽線
世界的に著名な俳優にして、ファッション・
アイコンであるマレーネ・ディートリッヒの
太陽線

在」への過程と関連性があり、その瞬間に生き、感謝することを意味しま
す。2本の太陽線は、さまざまなクリエイティブな探求や趣味を指します。
　太陽線が手のひらの外側から感情線の下に現れ、薬指に向かって上に
伸びているときは（283ページの**図23**を参照）、仕事に対する世間の評価（ま
たは外部からの評価）を求めていて、それに値する評価を得るために努力
する必要を示します。自身の努力が後日、尊敬に値されるレベルに達して
いるということが、よくあります（一般人の私たちは、有名人から認めら
れることで満足感を得ることもあるのです）。時には、天才的な才能をもち、
その分野で早くから活躍して、注目を浴びるような人がいます。しかし、
最大の満足感を感じられるようになるのは初期の成功からではなく、自己
判断ができるようになる人生後半の自律性によります。多くの著名人の手
のひらに、この線が外側から現れていることに気づきました（アンド
リュー・ロイド・ウェーバー、スティーブン・スピルバーグ、ハリソン・
フォードなどがその例に当てはまります）。しかし、生命線の途中で上昇
する力強い運命線をもつハリソン・フォードは、人生後半の自己努力を示
しています。これは、代替療法に携わる人、新時代の方法で助言を求める
人、知覚的な芸術を強く信じる人の手に見られる特徴でもあります。

プリシラ・プレスリー（1945年5月24日22時40分、ニューヨーク州ブルックリン生まれ）の薬指の下には、はっきりとした星紋を見ることができます。彼女は、エルビス・プレスリーの10代の恋人であり、元妻として永遠に知られています。2人は6年間（1967〜73年）結婚していましたが、彼女は離婚後自分の道を切り開いていきました。最初はテレビ（1983年の『ダラス』）、次に40代半ばに出演した映画（『裸の銃を持つ男』シリーズ）で、成功を手に入れます。1977年にエルビス・プレスリーが亡くなった後、エルビスを社会現象化させるマーケティング手法で、娘に多大な遺産を残すことに成功しています。

星紋と三角紋

　頭脳線上に見られる星紋は精神的なダメージを表しますが、生命線上の星紋はエネルギーの拡散を表します。その影響を読み取るには、その線（及び基本線）で次に何が起こっているかを確認する必要があります。人差し指より下にある場合は、華々しい成功や、有名人や影響力のある人との交際の予言を意味することがあります。はっきりと独立して現れている三角紋は、幸運やラッキーの兆しを示します。

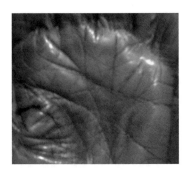

・薬指の下にある星紋は、成功の兆しや、人生の後半に訪れる幸運の可能性を示します。しかし、これには「（幸運が）少なすぎて、遅すぎる」と受け止めてしまう皮肉が伴います（つまり、必要なときにこなかった、または、ようやくきてもそのやり方を不快に感じるのです）。このしるしは、スターの素質と成功を示しています（特に上の写真にある、女優スーザン・サランドンの左手の型のように、星紋が太陽線に接している場合）

・手の付け根のどこかに表れる星紋は、初期に起こる家族の不幸、芸術的な天才、革新的なアイデアの才能を示します

キャリア

　教師、会計士、営業マンなどになる運命を示すしるしは存在しません。学習、熱意、チャンスそして興味があれば、業種を問わずほとんどの仕事に取り組むことができます。しかし、以下のように、特定の職業を表すしるしを手相で見ることができます。

キャリアと優勢な指

人差し指：自己アピール、資金調達、広告、幹部職、人を鼓舞する話し方
中指：公務員、会計、コピーワーク、分析、マジシャン
薬指：スポーツ、芸術、音楽、演劇、デザイン、メディア
長い小指：広告、メディア、教育

キャリアと指の長さ

長い指：芸術、音楽、編集
短い指：財務、貿易、管理職、営業

キャリアと指紋

アーチ：建築、陶芸、装飾、自営業
テント型アーチ：音楽、人を鼓舞する話し方、人格分析、心理学、募金活動
アーチ型ループ：メディア、広報、営業、人事、研究
渦巻き：演技、投機、ビジネス、科学、デザイン
複合型：法律、カウンセリング・アドバイザー、仲裁、社会福祉
孔雀眼紋：パフォーマンスを伴うあらゆるキャリア

キャリアと手の形

　どの手のタイプもすべての仕事に当てはまることを忘れないでください。しかし、たとえば「水」の手は、高い感受性と個人的な経験を仕事に生かすことができます。「火」「地」「風」のタイプとは異なる理由で仕事をすることになります。手の形を見れば、こだわりがわかります。ここで4つの手の形が、自然と選ぶであろう仕事をご紹介します。

火：演劇、広報、営業、政治、マネージメント、
　　　ジャーナリスト、スポーツ
地：建築、ガーデニング、農業、スポーツ、起業
風：コンピューター、デザイン、ジャーナリズム、著述、
　　　メディア、教育、政治
水：セラピー、ソーシャルワーク、看護、ファッション、
　　　カウンセリング（話す・聞く）、芸術、演技、サイキックアート

頭脳線とキャリア

　頭脳線は、自分にもっとも適した職業や、選択した職業で活用できるスキルを示すヒントを教えてくれることが多いです。

• 人差し指の下の高い位置を起点とする頭脳線：ジャーナリズム、プレゼンテーション、パフォーマンスなどに関する職業を候補に挙げることができます。自分の信念や野心をもつことができれば、自分を売り込み、社会の中で出世できます。しかし、このしるしには、他の人には許容され難い性格の持ち主であることを意味することがあります。高い理想をもっていますが、聖人ぶる態度は控えたほうがよいです。自分の精神や考えに対する力に自信をもっていますが、権力や影響力の追求は避けるべきです。人は自然に尊敬の念を抱くものなので、褒められたからといって真に受けてはいけません。特に、頭脳線がまったく生命線と触れていない場合は、やや無謀で衝動的な行動をとることがあります。時に

は、非難したり、判断したり、大げさな意見を述べたがることもありますが、他人の批判には敏感で、それを自分の価値観に対する個人的な攻撃だととらえることもあります

- 頭脳線と感情線が接している：この部分にこれを強化するしるしがある場合、成功者、冷酷な人、鋭い人、支配欲の強い人であることを示しています。目標を達成するために、私利私欲が見え隠れすることがあります

- ますかけ線：手相で見られる他の特徴（指の長さ、指紋と指先、手のタイプ）から示された職業や方向性に前向きに取り組めば、人生で多くのことを成し遂げることができます。しかし、自分が強く信頼を置く仕事に従事しなければなりません（112ページ）

- 分岐型の頭脳線：頭脳線上にある小さないくつかの分岐は、才能、バランス、能力を示す非常に良い兆候の表れです。優れた監督や戦術家の人にこのしるしを見かけたことがあります。このようなフォーク型のしるしをもつ人は、友人や同僚が驚くほど、多くの異なる事業を同時にこなすことができます。これは「ライターズフォーク」と呼ばれ、複数の視点から物事をとらえることができ、議論の長所と短所を効果的に判断できます。時には、三つまたのフォークを見かける性質を表わしてます。これは同時に多数のタスクをこなせるすばらしい能力を示しています。大きな分岐をもつ頭脳線は、時に破壊的で過激になることがあります。ダイアナ妃の右手の頭脳線は、充実した生活を送る努力をしていたころ（30代半ば）は、手のひらの中心を過ぎた辺りで大きなフォーク状に分かれていました。しかし、この分離はコントロールの喪失や識別能力の欠如を示します。大きな分岐をもつ人は、プライベートと仕事のバランスが取れず、危機に直面し、「暴走」することがよくあります。親からの相反する言葉に折り合いをつけ、よろこばせたり、なだめたりする人の左手に、このしるしが現れることに私は気づきました。それは人格の分裂を引き起こす可能性があります。傾国の美女でスパイとして知られたマタ・ハリはこの分岐をもっていました。ボクサーのマイク・タイソンは、右手の頭脳線に同じ分かれ目をもっています

- 頭脳線に向かって伸びるもう一本の大きな支線：非常に能力が高く、ほぼすべての仕事や状況に知性を活用できます。私が知っている、この大

きな枝分かれをもつ人たちは、何でも達成することができる人です。占星術家のサーシャ・フェントンはこのもう1つの支線を持ち合わせ、タロット、手相、紅茶占いなどのテーマで何十冊もの本を書いています。ある時は、イタリアで招待講演をすることが決まり、イタリア語の習得をはじめた6週間後には、イタリア語で講演を行ったそうです！

- 頭脳線が二重：これはまれなケースで、自分の外面に抑圧されている人に見られます。完全に形成された2つの（大抵個々に独立している）頭脳線をもつ人は、周囲からは二重人格者と思われている可能性があります。上側の線は、クリエイティブで自己顕示欲の傾向があります。公私でまったく異なる矛盾した2つの側面が明るみに出ると、自分のことをよく知っている間柄の人からも驚かれることがあります。非凡な才能を開花させ、それを利用して注目や称賛を集めます。あの有名な自称霊能力をもつといわれる手相術師キロは、二重の頭脳線をもっていました。また、クリエイティブの天才で映像を操り、マスメディアを駆使してプロモーションや世間の注目を集める達人であったマイケル・ジャクソンにも見られます。サルバドール・ダリも二重の頭脳線の持ち主です。コメディー作家でパフォーマーのヴィクトリア・ウッドや、ミック・ジャガーもです。私のクライアントで二重の頭脳線をもっている人がいましたが、その人は女装しながらひそかにキャリアを重ね、二重生活をはじめていました。この線で時期を判断すると、彼が芸能活動をはじめた年齢でこの線がはじまり、彼が女装家であることを公表した後に、フルタイムでこの分野の仕事をはじめた年齢で、この線は主要となる頭脳線と合流しています

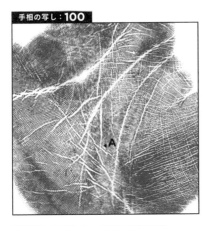

頭脳線へと向かう、上部にある支線
抜群な記憶力をもち、何事にも全力で取り組むことができる、高い創造力をもつビジネスウーマンの手相。彼女は31歳のときに起業します。この時期に現れた、新しい運命線（**A**）に注目

**頭脳線へと向かう、上部にある
もう１本の支線**
著名な作家の手相

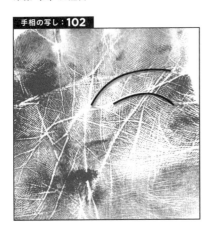

二重の頭脳線
最後が分岐または星紋の形で終わっている、高い位置にある頭脳線は、優れた精神力を表しています。第一火星丘にある生命線の内側が起点となる2つ目の頭脳線は、短気な性格と自己破壊の傾向を表します

もう１つの二重頭脳線
（自分のことをルイ・ハモン伯爵とも呼んでいた）有名な透視・手相占い師キロの頭脳線。手の中央から出ている２つの力強い太陽線に注目

頭脳線上の島紋は、高い知能をもちながら、ストレスの多い仕事に敏感であることを示しています。数年前、あるラジオ番組でタブロイド紙の副編集長と新聞について語り合う機会がありました。彼女は右手の頭脳線に巨大な島紋をもっていました。ストレスが多い、延々と続く締め切りにどうやって対処しているのか彼女に聞いたところ、「精神的な崩壊を経験したが、乗り越えた」と言っていました。現在の彼女は冷静な対応ができています。

頭脳線と文才

　作家の特徴として、大抵長い頭脳線と短い指が挙げられます。真っすぐな頭脳線をもつ人は、自身の経験に基づく作品を書く傾向にあります。頭脳線が曲線を描く人は、想像力を生かした作品を書くことが多いです。曲線が強い頭脳線の場合は、連続ドラマの台本、メロドラマまたはSFの番組を書くこともできます。ですが、仕事の継続や出版に至るには、安定した線や（水平方向の支線）、実用的な機能を示す手相が必要となります。

　私が集めた手相の写しの中で、もっともすばらしい頭脳線の1つは、テレビの脚本家で女優でもあるケイ・メラーの手相です。本書の初版をプロモーションしているころ、彼女の正体が明かされない状況で、テレビ番組の生放送で彼女の手相の写しを鑑定することがありました。手について詳しく説明する前に、衝動を受けやすい牡羊座である私は、もしこの人物が作家でなければ、自分は本業から退くと、自分の評判を賭けて発言してしまいました！　彼女が作家で良かった！

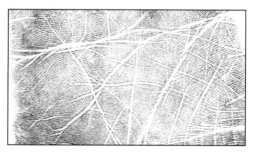

ソロモンの環（229ページ）は、特に自己啓発や心理学の分野における執筆の才能を示すことがあります。ユーモアを示すループ（269ページ）がある場合は、人生で滑稽な場面に遭遇する

ことが多く、コメディーを上手に書くことができるでしょう。

　頭脳線から小指に向かって伸びる支線は、文章を書くことでお金を稼ぐ
ことを示し、それを達成するときの年齢を示します。人差し指の下から頭
脳線に向かって急降下する線は、本が出版される時期を表します（特に運
命線から現れる太陽線にも注目してください）。

クリエイティブ・カーブ（138ページ）は、クリエイティブさを表す手相のし
るしを強化します。仕事で限界に挑み、新しいアイデアを開発することが好き
な作家やデザイナー、クリエイティブな職業に就いている人には、恩恵を意味
するしるしです。

第
4
章

PALMSTRY IN ACTION

手相術を実践する

PALMISTRY IN ACTION
手相術を実践する

The Perceptive Art of Palmistry:
A Quick Reference Guide to the Stages of Palm Reading

手相を見る目を養う、
手相術の要点のガイド

　手相を抜かりなく読み取れるよう、見落としてはならない主な項目について見てみましょう。性格や行動を特に強調する特徴的なしるしについて、手の基本的な形、指紋パターン、指の長さから、常に読み取るのです。

1. 時間をかけて、手から受ける第一印象を確認します。初めに気づいたことは何でしたか？　手の大きさ、または線の強さですか？　ますかけ線^{シミアン・ライン}の有無ですか？　多く見られる小じわ？　指の位置はどんな状態ですか？　他に見落としていることはないですか？　基本線^{メジャー・ライン}の形、方向、向かっている先が珍しかったりしますか？　マイナー線が強く現れていますか？　指や親指の柔軟性や硬さを確認し、手全体の感触と力強さを感じてみましょう。

2. 手の大きさを見てみましょう。大きさからは、手の四大元素（火・地・風・水）のタイプ^{エレメント}がわかります。手のひらの形と指の長さを測ってください。

3. 手相を読むメインとなる手を決めるときは、どちらの手も読むようにしてください。線の位置、指の長さ、指の相対的な長さや位置など、双方の手の大きな違いについて探ってみてください。

4. 手の道具である10本の指を見てみましょう。人差し指と親指は、自尊心、願望、その他にもエネルギー、欲求、人生の成功を示す尺度を表しているので、特に注意して読んでください。利き手の指の小指に例外がないか注目してみてください（たとえば、低い位置にあるなど）。

5. 両手の人差し指と両手の親指に注目し、10本すべての指の指紋パターンを調べてみましょう。

6. 手のバランスを見て、例外があれば注意しましょう。指の長さと

頭脳線の長さは一致していますか？　実用的な（四角い）手には、まっすぐな頭脳線が見られますか？

7. 手のひらの基本線が表す重要な要素──深さ、相対的な強さ、鮮明さ、位置を把握してみましょう。

8. 基本線の起点、進行、方向など細かい箇所を確認します。左手と右手の相違や、基本線の流れを確認してください。重複、切断、島紋、分岐などはありますか？

9. マイナー線としるし（紋）が、基本線や手の形より読み取れる才能や特徴をどのようにサポートしているか考察してみてください。

10. 指輪を着けているかどうか、指先の形や爪にも注目してみてください。

11. 手相で時期判断するときは、しるし（紋）や線の形と一緒に見ます。過去の出来事や将来起こりうる出来事に対する行動を理解するためには、性格や動機を考慮しましょう。

12. ある特定のしるし（紋）を考察するときは、その線上で次に展開されることを考えます。その線が良くなるのか弱まるのかを常に確認しましょう。それによって、その出来事が改善の方向に進むのか、もしくは悪化するのか予測できます(線はその人が取る態度によって変化します。なので、線上に現れるしるしは変化する可能性があることを忘れないでください)。

13. しるしや線には複数の意味があることを覚えておいてください。本書では、私が名づけた「手相の二面性」をはっきりと確認できます。しるしや線は「出来事」と「性格」の両方を表します。すべてのしるしは（それ単体のとき、または連なる小さな線）、性格的特徴や人生に対する姿勢を教えてくれます。さらに、第2章で学ぶ時期判断の技術（177ページ）の知識があれば、多くのしるしは出来事が発生する時期や特別な経験をしたときの年齢を示すことがわかります。たとえば、頭脳線から傾斜した羽毛のような線は、うつになりやすい体質と、うつになりやすい時期の両方を示しています。

手相によるプロファイル

　本セクションでは、カウンセリングや指導については触れません。ここでは、新しく習得した技術を実践し、その人の性格を情報として正確に蓄積し、人生で起こる出来事がどのように手に現れるかを学ぶことを目的とします。

　以下の例では、手の主要な相がどのように構成され、その人の人生経験や性格に反映されているかを紹介します。手相術家が相談を受けると、その人の人生、性格、生い立ちに関する情報の提供を期待されます。今、私たちは逆の視点から学ぶ機会を得たのです。私は、ここで出会った人たちの手相だけでその人のすべてを理解しようとは考えていません。以下の事例を鑑定したとき、クライアントが自分について語る話に耳を傾けることを大事にしました。私の手相鑑定による経験から得た見解を、単にクライアントに当てはめるのではなく、たとえば隣に座っている人の人生において、これらの形やしるしがどのように人生に影響を与えているのか、常に興味をもつようにします。その人は、どのように対処したのか？　自分を取り巻く環境をどのように形成し、どのような人格を形成したのか？　私は、事情と対話、そしてフィードバックを尋ねます。その積み重ねによって仕事への知識を深めることができたのです。あなたの勉強においても同じことが言えます。私にとって、これこそが手相術を学ぶときの実践方法になります。

PALM PROFILE 7
手相プロフィール7

Bruce

ブルース氏の手相

　298ページの手相の写しは、建築士ブルースの30代後半のときにとった右手の写しです。彼は繊細で、正直者で、従順な人柄で、若いころに大変な時期を耐え忍んでいます。一度は結婚したものの、現在は3年前に出会った女性と婚約し幸せに過ごしています。

　8歳で母親が亡くなる前から、ブルースは安心できる生活からほど遠い環境下で過ごしていました。父親はアルコール依存症で、妻子を虐待していたのです（生命線の起点にある島紋と十字紋のしるしに注目）。ブルースの母親の死後、父親はブルースと縁を切り、彼は親戚によって育てられることになります。誰からも教育や励ましを受けることがなく、孤独を感じながら自活して成長します（幼いころから自活する必要があった人は、精神的に自立していることが多く、このように頭脳線と生命線が密接に結びついていることは少ないです）。ブルースは8年間も付き合っていたにもかかわらず、恋人との同居については結婚するまで敬遠していました（**c**）。彼は自分の世話をしてもらえる静かな生活を求め、一日一日を大切にしたいと考えています（**c**）。

　仕事では前向きで熱心な社員ですが（**a**、**b**）、自身や愛する人のために決断をするときは、多くの時間と説得力を要します（現れるのが遅い運命線は、彼の人生が最終的に軌道に乗ることを示しています！）。結婚生活が31歳で終了したとき、彼は自分の人生を再構築し、より自立した生活を送るようになります。運命線が生命線（**e**）から上昇していることから、離婚の結果、新しい人生に踏み出すのに努力を重ねたと思われます。この時期まで線が現れないのは、ブルースのように家族の事情による妨害や自身の責任感によって遅れていることを意味している可能性があります。

　指は短くてしっかりしていて、「地」の手の特徴をもっています。それは、やや短くて太い頭脳線と調和しており、言葉や行動に精彩を欠いています。さらに、感情的になる状況下でも、自然で余裕があります（**c**、**d**）。ブルー

スの性格は時には内気で寡黙になります（**c**、**f**）。経済的・精神的な安定を
求める意欲が見られます（**a**）。金星丘（生命線の内側）にある多数の細
い線は、官能的な場面において、温かく繊細な男性であることを示してい
ます。ブルースは現在、感情線（ハート・ライン）が曲線を描いている女性と交際しており、
2人の性的欲求はおたがいを補完し合っています。どちらかというとシン
プルな線をもつ彼ですが、特に感情線は比較的シンプルで、さらに中指が
強く上昇していることから、彼の誠実さを示しています。

　仕事では、ブルースは創造性を発揮し（「地」の手をもつ薬指には渦巻
きがある）、優れた記憶力と直感力をもつことで知られています（頭脳線
の真下にループがあるのをご覧ください）。興味深いことに、頭脳線はこ
の「記憶のループ」（157ページ）には触れず、仕事のうえで記憶の力を利
用しないことを示しています。力強い生命線（**b**）は彼の体力を表しますが、
生命線に向かって斜めに伸びる太い健康線（ヘルス・ライン）は、過度の心配事や感情をた
め込むことによる健康上の問題を示しています。

彼の手の特徴を見てみましょう

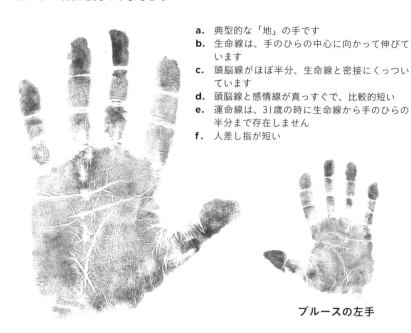

a. 典型的な「地」の手です

b. 生命線は、手のひらの中心に向かって伸びて
います

c. 頭脳線がほぼ半分、生命線と密接にくっつい
ています

d. 頭脳線と感情線が真っすぐで、比較的短い

e. 運命線は、3I歳の時に生命線から手のひらの
半分まで存在しません

f. 人差し指が短い

ブルースの左手

Cleo Laine

クレオ・レーン氏の手相

　70代前半のデイム・クレオ・レーンの手相の写し（300ページ）は、大変興味深いです。彼女の右手には、興味深い特徴がいくつも確認できますが、その中でも特に目立つものは、近い距離にある頭脳線と感情線です。それは、彼女に意欲、目標、集中力、エネルギー、熱烈な感情を与えています。これらの特徴によって、彼女は60年間にわたってトップの地位で活躍します（後に夫となるジョン・ダンクワースが所属するバンドに1951年3月に参加します）。その結果、クレオは1オクターブ強だった声域を5オクターブにまで広げることに成功し、当時の人の声域においては最高音とされる記録を残します。彼女は、歌のフレージングへの気配りと、スキャットで名高い歌手です（その熱心な向上心は、彼女の指の長さに表れています）。数々の賞を受賞した歌手であり、女優である彼女の功績は、今もなお語り継がれています。他に見られる彼女の手の特徴は以下の通りです。

- 利き手の薬指と一般的な大きさの人差し指：クレオはもともと天性のパフォーマーでしたが、自身でも認めている通り、特に野心を抱いていたわけではありません。長い薬指は、彼女の歌（時には演技においても）には芝居が入ることがあり、それは観客を魅せるのに必要なことと考えています。小指が平均より短いのは、話し言葉よりも歌で表現するほうが気楽であることを示しています

- 大きな金星丘と下部が太い指骨：彼女は大らかで官能的。快適さを求め、自己中心的、独特の声とフレージングで拍手喝采を浴びます。指先の渦巻きが細長く、頭脳線と感情線の間隔が狭い彼女は、人生を楽しみ、他人の期待など気にせずに自分のやりたいことを忠実に実行します。夫のジョンは「クレオは自分自身を律している」と話します。娘のジャッキーは母親を「強烈」と表現しています。「母は本当はとても温かくて寛大

な人だけど……何年もの間に、わたしは自分を守る術を学びました……
母は猫のように自己中心的で独立心が強いのよ」と話しています

- 親指の位置が他の指と近い：彼女の自叙伝『クレオ（Cleo）』を読むと、
この魅力的な女性の特徴を理解するには行間を読みとる必要があること
がわかります。親指と手のひらの距離がとても近く、心の内を不用意に
見せることはないです。プライベートをとても大切にする女性で、本来
の姿を知る人は少ないことがわかります

- 手相の線が力強く、火星線がある：彼女が放つ非常に強いエネルギー、
強じんな体質、そして演技への熱意が表れています。彼女の手相で見ら
れる力強い線は、同じ年代の歌手のうち3分の1は疲弊してしまうほど、
世界的に活躍する歌手に課された過密スケジュールを維持できることを
示しています

- 小指が手から離れている：クレオは自分のスペースが必要な人です。亡
くなった夫のジョンは、50年以上続いた公私ともに充実した結婚生活の
秘訣を聞かれると、「バスルームを分けたこと」と答えたそうです。また、
50年たった今でもおたがいに謎が多いとも言っていました

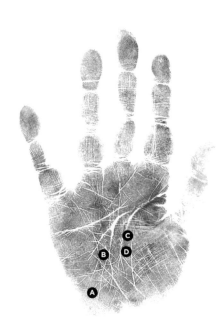

クレオは、1927年10月27日の早朝にイギリ
スのミドルセックス州サウソールで生まれ
ました。彼女は蠍座で、月は射手座です。
彼女の人生における重要な年には、以下の
ような出来事がありました。

23歳：クレオはジョン・ダンクワースのオー
ディションを受け、彼のバンドに参
加した（運命線がはじまる、**A**）

30歳：クレオはジョンと結婚し、女優とし
てのキャリアをスタートさせる（2
つの運命線が交わる、**B**）

42歳：自宅に音楽学校とパフォーマンスセ
ンターを設立する（短い向上線が、
生命線から中指に向かって伸びてい
ることに注目、**C**）

45歳：アメリカで成功を収め、クレオは世
界的に有名になり、世界規模で展開
するレコード会社の支援を受けるな
ど、彼女のキャリアに大きな変化を
もたらした（生命線から薬指の方向
に向かって上昇する向上・達成線に
注目、**D**）

PALM PROFILE 9
手相プロフィール 9

Test Yourself 1: Matthew Manning
【テスト①】マシュー・マニング氏

　2001年11月にマシュー・マニングと会う機会がありました。彼はイギリスでもっとも科学的に検証されたヒーラーであり、1974年に出版された彼の最初の著書『The Link（リンク）』はメディアで話題になりました。

　マシューは1955年8月17日16時15分にイギリスのレッドルースで誕生しています（太陽、月、4つの惑星が獅子座にあり、射手座が上昇しています）。11歳のころから、心霊現象を多く見るようになります。後に、彼は自分の周囲で起こる物理現象をコントロールできることを知り、予知能力を開花させて自動筆記や霊視画を行い、その能力はメディアの関心を集めることになります。その後、科学的な検証の結果、マシューは眠っていると思われていた脳の一部から脳波を出していることが判明しました。1977年、彼はメディア騒動に背を向け、自分の才能をヒーラーとして生かすことを誓います。

　彼の手のひらを写す体験は興味深い経験となりました。どのような方法で写しても、彼の手には印刷されない部分が存在したのです！　ある部分が欠けているので、彼の人生の出来事を示す小さなしるしを探すよりも、マシューの右手に現れる主要な特徴を調べるほうが容易かもしれません。

　過去に見た名高い霊能者の手相でも透視能力を示すしるしを確認することはなかったので、マシューの手で見ることができるのでは、と私は期待を抱きました。しかし、マシューはスーパーマンではありません。自身の能力を生かして、人々に自身への癒やしを促すことができる才能をもっていますが人間なのです。

質問

以下のマシューの右手を見て、以下の質問に答えてください。

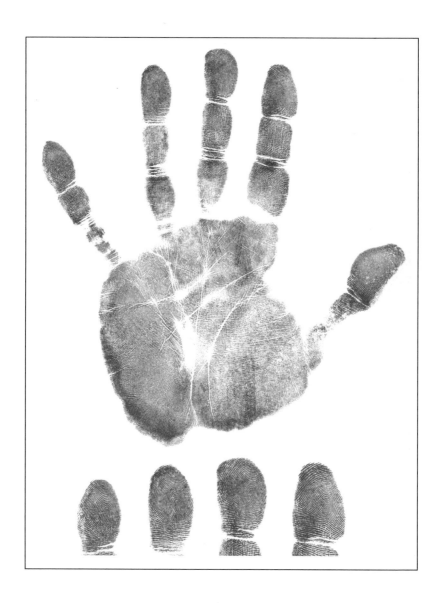

1. 彼の手はどのエレメントに当てはまりますか？

2. 彼は仕事や数々のプロジェクトにおいて、人々に影響力をもたらす熱意をもっています。また完璧主義者とも言われています。その特徴はどこに現れていますか？

3. 幼少期の彼は内面世界に引きこもっていました。学校になじむことができず、極度に内気だった性格を克服しなければなりませんでした。大人になっても怒りや対立などの感情は苦手です。彼のクリエイティブな想像力を表す手のしるしや特徴はどれでしょう？

4. 23歳のとき、彼は癒やしの力をもつようになります。当時は、息苦しく感じていたエージェントと、仕事の関係性において離脱しはじめた時期でもありました。4年後には自由を勝ち取りますが、この出来事を示しているのはどこでしょう？

5. 彼は、人に教えてもらうのではなく、自分で新しい概念を理解する必要があることを認めています。それは、どのように現れていますか？

6. マシューは自分にビジネスの才能がないと感じます。これを示しているのはどの部分でしょう？

答えは306ページをご覧ください。

Test Yourself 2: Simon Callow

【テスト②】サイモン・キャロウ氏

　数年前、有名な俳優で脚本家と監督でもあるサイモン・キャロウ氏の手相を写しにバーミンガムへ招かれました（彼が1949年6月15日午前7時ぴったりの時刻にロンドンで、帝王切開を経て生まれた事実は、占星術家の間では興味深くとらえられているかもしれません。つまり彼は双子座で、月が水瓶座であり蟹座が上昇しています）。右ページが彼の右手の手相の写しです。

質問

1. 彼の知性と作品に対する献身は高く評価されています。これらは手のどの部分に現れていますか？

2. サイモンは演劇学校を卒業したときから俳優として活動していましたが、彼が世間的に成功し、評価された年はいつですか？

3. サイモンは、自分は「お決まりの儀式にとらわれる」体質の持ち主であると認めています。身だしなみにうるさく、きちょうめんで、忙しくしていないと気が済まない性格です。これらの特徴を手にもつ彼は、6年間かけて調査・執筆した700ページに及ぶ、オーソン・ウェルズ氏の初期の人生について、非常に精密に書いた伝記を書き上げる粘り強さをもっています。その特徴は手のどこに現れていますか？

4. 彼が読書好きであることを当てることができましたか？

5. 長年にわたり名演技を披露してきた彼は45歳のときに、1994年公開の映画『フォー・ウェディング 1』で国際的に名が知られる映画俳優となりました。手相では、それがどのように、そしてどの場所に現れていますか？

6. どちらの両親（また性別）の影響が、強く手に現れていますか？

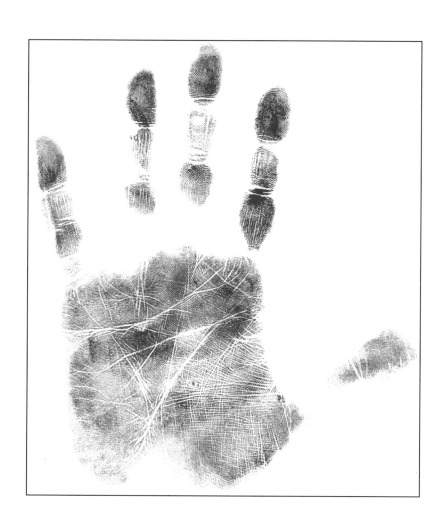

答えは306ページをご覧ください。

回答 I：マシュー・マニング氏

1. 手のひらが正方形で、指が長くてクリエイティブ・カーブ（138ページ）をもつ彼の手は、「風」の手に当てはまります。
2. 人差し指に見られるテント型アーチは、彼の並はずれた熱意を表しています。高い起点からスタートする頭脳線（高い理想基準）と、長い頭脳線と指から、彼の完璧主義の特徴を見ることができます。マシューの手は小さいですが（体格に比べて）、頭脳線が長く、指は全体を俯瞰できる視点をもつ特徴があるとともに（小さい手）、細かい状況を見極めることもできる資質をもっています（長い指と頭脳線）。
3. 生命線のはじめの部分が鎖状になっています。彼にはクリエイティブ・カーブと、手のひらの高い位置から月丘に向かって伸びる頭脳線があります（直感や想像力の性質を示す手の領域です）。
4. 生命線からの上昇線が、この2つの年齢のときに現れています。
5. 生命線とは独立した、手のひらの高い位置を起点に持つ頭脳線で見ることができます。
6. 彼は「風」の手の持ち主で、頭脳線が少し曲がっています。頭脳線と運命線の間の小さい隙間は、芸術への追求を示しています。

回答2：サイモン・キャロウ氏

1. 長い頭脳線と指に現れています。
2. 30歳のときに(1979年)、国立劇場で上演された「アマデウス」で、批評家や世間から高い評価を得ました。このころの位置に、2本の運命線を手のひらで確認できます。1つは生命線から（個人的な努力）、もう1つは手の外側からです（知名度）。
3. 長い指、すっきりした線と長い頭脳線は、知性、きちょうめんな性格と身だしなみに気を配ることを表しています。彼は「私の唯一で最大の欠点は怠惰さである」と言っていますが、これは達成基準を高く設定し、不断の努力をする人が口にすると思われる言葉です。
4. 人差し指の付け根から親指までの長い間隔に注目してください。

5. 生命線で時期判断をすると、2本目の運命線が大体45歳ごろに上昇しています。同じ時期に、主要な運命線が頭脳線の上で薄くなっています。これと平行した場所で（感情線の上）、より強い太陽線が、40代半ばで見られます。

6. 母親の影響が強く表れています。母権制線がはっきりと手相に現れています。キャロウは、進歩的な女性に囲まれた家庭で育ち、子どもは自分だけでした。独創的で風変わり、かつ知的好奇心旺盛な母親に育てられています。

Life is a Creative Adventure!
人生とは創造と冒険！

　クライアントの中には、自身の問題解決を私に委ねるために（または期待して）、私を訪れます。他には、人生で学ぶべきことや、人生の行方を知りたくて訪れる人もいます。もちろん人間は皆、自分の行動と人生の受け止め方に対する責任をもつ必要があります。さらに手相術によって、自分の才能や欲求をより確信でき、未来は自分で切り開くものだと理解します。しかし、人生には「正しい」とか「間違っている」という教訓は存在しないことに気づきはじめます。それぞれ、人生という旅で出会う人と一緒に経験を積み重ねるだけなのです。私たちの手は、今までの人生の選択や誰と一緒にここまで人生を歩んできたかを表します。されど、自身の成長を反映する手相は、人生はやり直すことができ、自分が変わることで将来を変えられることを証明しています。未来を知りたいと願うよりも、日々自分で未来をつくりましょう。そこで、手相の変化を見守るのです。周りの人（時には状況）を変えることは難しいですが、彼らに対する自分の態度は変えることができ、自分が向かうべき方向性を調整できます。

　手相術をはじめたころは、古い本から新刊まで手相に関する本を熱心に読んで勉強を重ねました。私は、一生の名声と幸運の前兆とされる自身の手の特別なしるしに魅了され、自分の手のひらで1つひとつ探し回りました。初めて有名なクライアントが私のところに訪れたとき、その人の手相がこれらの吉兆を持ち合わせていなかったことに、少なからずがっかりしまし

た。しばらくすると有名無名を問わず、成功している人の手に、はっきりとした共通点があることに気づきました。彼らの手には、私が「3つのD」と呼ぶ、克己心（Discipline）、決断力（Determinaiton）、推し進める力（Drive）がありました。一言で言えば「勇気」です。勇気は欠くことはできません。それは、前進する勇気、立ち止まる勇気、転んでも立ち上がる勇気、ライフスタイルを変える勇気などを示します。

勇気＋才能＋行動力＝人生の成功

　私たちは行動する勇気をもつことで、自分の才能を発揮し、自分を表現することができます。すばらしい夢と現実の両方を見失ってはいけません。その両方への忠誠心が、私たちを生かしてくれるのです。常に、未知の領域を旅する勇気をもち、リスクを恐れないで成長、学び、生きる選択をする必要があります。成功への道は、考え方やあり方にあります。真の成功者は（充実した人生を送る努力をしている人）、自身の存在にある種のバランスを見いだしています。粘り強さと自己認知力を兼ね備えているのです。自分の行動に責任をもち、変化を恐れません。

　手相は今の自分の人生を表しています。過去の言動や反応の積み重ねが、今の自分をつくり上げているのです。誰も過去を変えることはできませんが、過去の状況や選択のおかげで今の自分があります。これを知っていれば、後悔や期待はひとまず脇に置き、未来を創造するために、まさに今、挑戦や冒険、そして人間関係の経験を積むことができます。やり直すのに遅すぎるということはありません。

　本書が、あなたの旅立ちに（成功、自己満足、生まれてきた使命を達成するまでの道のり）、何らかの形で少しでも役に立つことを願っています。

フランク・C・クリフォード

APPENDIX1 付録1

How to Take Your Palm Print

手相の写し方

　手相の写しを取る前は、手を洗うのは避けたほうが良いです。もし脂分や汚れを落とす必要がある場合は、手を洗ってから最低でも5分経過した後に、手相の写しをはじめてください。時間を置くことで、手のひらと指先に脂分がふたたび戻ってきます。

材料

- 黒の水溶性インクのチューブ。ラウニー社の水彩絵具やスピードボール社のインクなど
- 大きさがA4サイズ以上の紙または敷き物。150g酸フリーのカートリッジ紙など（用紙に折り目がつかないよう注意して写しができれば十分です）
- 小さい（3～4インチ）ローラー（またはラップで覆った麺棒）
- 油絵用の画板（またはアルミホイルで覆ったペストリーボード）、もしくは光沢のある雑誌の表紙
- 柔らかくて吸収性がある敷物またはタオル
- キッチンクロス
- メモを取る、または手相の線を書くためのペンや鉛筆
- ナイフ

手順

1. 板や雑誌に少量のインクを絞り出し、ローラー（または麺棒）で薄くのばしてください。

2. ローラーにインクが均一に付着したら（ローラーにインクをつけすぎないように）、手のひらの上から下まで均等にローラーを転がしてインクを塗ったうえで、さらに手のひらの側面にインクが着くようにします。指先全体と手のひらの真ん中にもインクがついているようにしてください。なぜなら、写しを失敗する可能性が高いからです。

3. 手を軽く振ってリラックスさせてから、手のひらを紙上に置きます（このとき、ペンか鉛筆で手のひらの周囲を描くと良いでしょう）。

4. 手の位置は固定したまま、ナイフの刃を紙の下に差し込み、手のひらのくぼみに押し当てます（十分に手の写しができていないと思ったときのみ必要となります）。

5. 写しを汚さないよう、慎重に手を上に離します。

6. 指先に追加のインクをつけて、同じ紙の空いている下部に注意深く置いてください。次に、親指の先端にインクをつけて、人差し指の手相の写しの横に写します。

7. 手相の写しを行った日付を記します。

8. すべての手相の写しに、名前、誕生日、場所、出生時間（わかる場合）、利き手を明確に記録します。

APPENDIX2 付録2

Tips for Budding Palmists
手相術初心者へのアドバイス

　手相に興味をもっている人、そして初心者の皆さんに、アドバイスと注意点をいくつかご紹介します。

- 初めに、手相で読み取れる内容をクライアントに説明し、鑑定は会話を交えながら行うことを提案しましょう。手相学は、その人を理解することが重要であることを忘れないでください。クライアントの話、期待していること、何を必要としているのかに耳を傾けましょう

- 手相術は洞察力を使った技術と言えるかもしれませんが、特に手相術家として仕事を本格的にはじめたい場合は、基本的な科学的方法論に沿って取り組むことも重要です。しるしの意味に確信がもてない場合は、クライアントに質問してみましょう。独り言ではなく、対話のような形で相談に乗ることで、より多くのことを知ることができます。クライアントの体験談に耳を傾け、鑑定後にはまずその内容を記録しましょう。すべての手のひらを記録し、日付と名前もメモするのを忘れないでください。可能であれば、クライアントの生年月日、出生地、出生時刻を記録します（手相と占星術を連携させて研究をすることもできます）。さらに、どちらの手が利き手であるかも記録しましょう

- 焦らされ、クライアントが聞きたいことを言わされないようにしましょう。性格の分析や「予測」は慎重に行ってください。ユーモアを交えて会話していると、その人の性格についてほぼわかると私は思っていますが、未来を予測する場合は、話し出す前に起こりうる影響を認識することが重要です。手相術の仕事はアドバイスをするのではなく、クライアントの現状を読み取り、より広い視野、または違う角度で考えること気づいてもらえるよう手を差し伸べることです。多くのクライアントは自分が何をするべきか、ある程度、理解しています。無責任で投げやりな発言は、将来への不安を募らせ、人間関係を築くことに恐怖を感じさせ

るようになります (たとえば、クライアントの手相に未来の結婚が「現れている」という発言は、現在の恋人との関係をネガティブにとらえるきっかけを生み出し、「努力する必要があるのか」という態度をとらせ、現在の関係を継続させる努力を拒ませる可能性があります)。私の友人である手相術家のサリー・フライ氏は、「多くを語りすぎてクライアントを動揺させるよりも、私たちにわかることは少ないと思われたほうが良い」とよく言っていました。手相術家の中には、溺死や交通事故などを予言したことを自慢する人がいてあぜんとしたこともあります……

- 誰かの未来を「つくって」しまわないようにすることが大切です。予言の自己成就は有害になることもあり、懐疑論者や批評家がニューエイジを批判する最大の武器にもなり得ます。あなたの「変えられない未来」を予言して、クライアントの人生を決めつけてはいけません。未来を「確定」や「確率」の観点ではなく、「チャンス」や「可能性」の視点で見ましょう

- 総合的に判断することが重要であることを忘れないでください。1つのしるしや観察結果が非常に明確な場合もありますが、それらを最終的な判断材料とすることは絶対に避けてください。手のひらに見られる他の線(手のひら全体の形)をよく見て、ジグソーパズルを完成させます

- 秘密は厳守し、クライアントの状況や選択を尊重することを忘れないでください。彼らが選んだ人生を判断しないようにしましょう（線やしるしについても「良い」「悪い」と判断しないでください）。今ある人生は、自分で選択しているのです。クライアントは、自身を見つめ直し、疑問をもち、変化したいと思うときに私たちのところを訪れます

- クライアントの多くは、あなたが相手の性格や状況をすべて理解し、過去についても話してくれる証拠を求めます（それによって安心するのです）。多くの人は、一般論よりも現実的な「答え」や「解決策」を必要としています。人の人生を荒らさないようにすることが大切です。クライアントに力を与え、自己決定を促し、幸せを見つける勇気がもてるよう背中を押してあげましょう

- クライアントは、自分が聞きたい内容を思い出しながら手相の内容を受け止められるよう、誤解を防ぐためにも必ず録音しましょう。手相術に磨きをかけることにもつながり、話す前に考えるようになります

- 鑑定料金は常に請求するようにしましょう（あるいは、修業中の期間であれば、プレゼントを受け取る）。そうすることで、自分が提供する技術に自分で敬意をもつようになります (私の場合、お客さまからお金をいただくことで、お金のために一生懸命働こうと思うようになりました)。クライアントもあなたの時間、知識、そして手相に対してより大きな敬意を払うようになります

APPENDIX3 付録3

簡単な視覚テスト

　315〜319ページの右手の手形を見て、それぞれ5つの点を観察してみてください。練習用に、それぞれの人物の性格や人生の出来事について調べてみましょう。

1. コリン・ファレル（俳優）
2. ジョーン・リヴァーズ（コメディアン）
3. ケニー・ロジャース（カントリー歌手）
4. リトル・リチャード（ロックンロールの創始者）
5. マイケル・ジャクソン（シンガー・ソングライター）
6. ウィリアム・グラッドストン（4回にわたりイギリスの首相を務める）
7. バラク・オバマ（米国大統領）
8. ドナルド・トランプ（米国大統領）
9. サミュエル・L・ジャクソン（俳優）
10. エドワード・ウッドワード（俳優）
11. ザンドラ・ローズ（ファッションデザイナー）

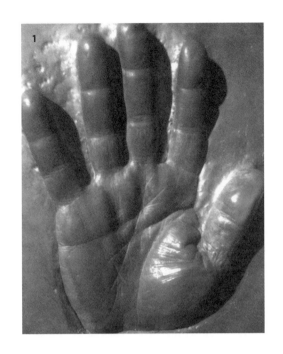

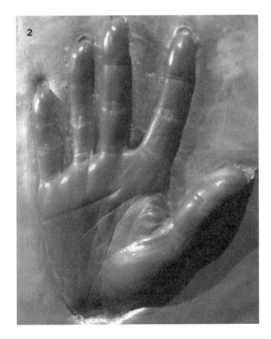

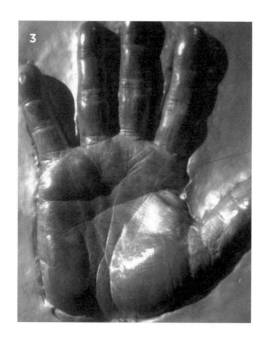

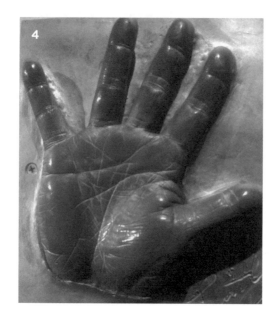

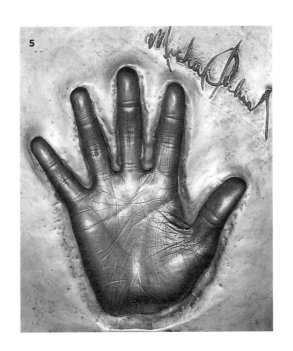

5

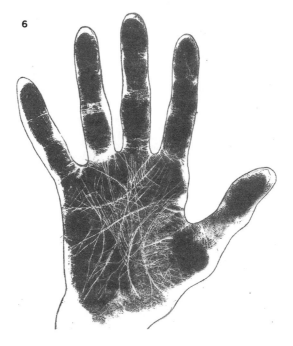

6

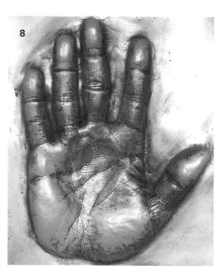

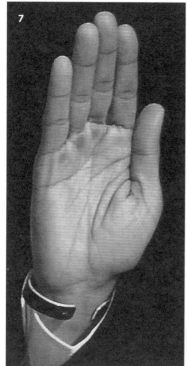

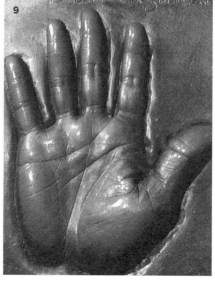

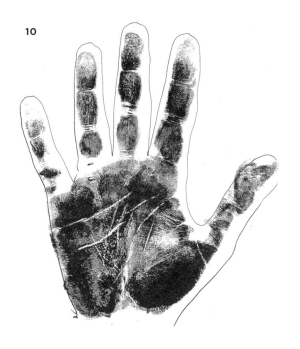

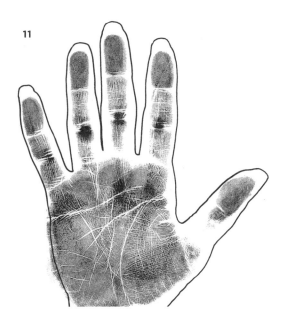

APPENDIX4 付録4

おすすめの手相術本 Five-star Palmistry Books

★ Palmistry: The Universal Guide
著者：Nathaniel Altman
著者の仕事、研究、調査の概要がとてもよく書かれています。

★ Your Career in Your Hands
(new edition of Career, Success and Self-Fulfillment)
著者：Nathaniel Altman and Andrew Fitzherbert
『Career, Success and Self-Fulfillment』の新版です。
手相の達人である著者2人が実用的で、役に立つ多くの見解を紹介しています。

★ The Encyclopedia of Palmistry
著者：Ed Campbell
多くの手相術家の考えを比較検討するのに役に立ちます。

★ Modern Palmistry (new edition of Living Palmistry and The Living Hand)
著者：Sasha Fenton and Malcolm Wright
『Living Palmistry and The Living Hand』の新版です。
ライトの独自な視点と、フェントンの読みやすい文体の組み合わせが見事です。

★ The Spellbinding Power of Palmistry
★ Palmistry: From Apprentice to Pro in 24 Hours
著者：Johnny Fincham
科学的な視点でよく書かれていて、数々の検証と新しい考察が多く紹介されています。

★ Hand Psychology
著者：Andrew Fitzherbert
現代の手相分析の技術を変えたすばらしい本です。

★ The Art of Hand Reading
★ The Complete Book of the Hand
★ Health in Your Hands
著者：Lori Reid
非常に読みやすく、参考になるすばらしい3冊です。『The Art of Hand Reading』はイラストが美しいです。絶版の『The Complete Book of the Hand』は宝物に値する著書であり、『Health in Your Hands』はこの分野では、最高傑作です。

★ **The Complete Illustrated Guide to Palmistry**
★ **Secrets of Palmistry**
著者：Peter West
どちらも広範囲にわたって内容が充実しており、示唆に富む内容です。

残念ながら、ここに掲載した多くの優れた手相術の本は、現在では絶版になっています。ベリル・ハッチンソンの著書『Your Life in Your Hands』は、現在の手相分析を再構築した先駆的な代表作です。最近再発行された、もう1つのお気に入りは、どの本よりもセレブリティの手のスケッチをたくさん紹介しているエリザベス・ダニエルズ・スクワイアの著書『Palmistry Made Practical』です。著者ユージン・シーマンとナサニエル・アルトマンによる著書『Medical Palmistry』は、注目の1冊です。ノエル・ジャクイン、デビット・ブランドン-ジョーンズ、シャーロット・ウォルフ、ミール・バシール、西谷泰人、ウィリアム・G・ベンハム、ビバリー・エイガーズとフレッド・ゲティングスらが書いた本は、あなたの本棚に追加するべきすばすばらしい本です。また、最近発行されたジェーン・ストラザーズのベストセラー本『The Palmistry Bible』は華やかで手相を余すところなく紹介しています。

手相について参考となるウェブサイトはこちら

www.handresearch.com
www.handanalysis.co.uk
www.cheirology.net
www.edcampbell.com
www.johnnyfincham.com
www.handanalysis.net
www.humanhand.com
www.dse.nl/~frvc/palmistry
www.dermatoglyphics.com

ABOUT THE AUTHOR 著者紹介

　30年以上にわたって個人で活動し、創造的な力を発揮している著者のフランク・C・クリフォードは、占星術、手相術、出版などさまざまな分野でキャリアを形成。

　1996年にフランクはマインド・ボディ・スピリットに関する書籍を出版するフレア出版社を設立。著書は十数カ国語で出版されており、邦訳としては著書『フランク・クリフォードの英国式占星術 ホロスコープをよむ7つのメソッド』(ARI占星学総合研究所、2019年)があり、未来予測に関する著書『The Solar Arc Handbook (ソーラー・アーク・ハンドブック)』と、彼の2冊目となる手相本『The Palm Reading Guide (手相術のガイド)』もある。

　2003年にロンドン・スクール・オブ・アストロロジー (LSA) の主幹に就任したフランクは、占星術や手相術を若い世代に教えることに尽力。現在では、中国 (ニュームーン) と日本 (グランドトライン) にLSAの支部がある。長年にわたり、さまざまなドキュメンタリー番組(BBCや日本のNHKを含む) のインタビューを受け、多くの新聞や雑誌でも紹介される。顧客リストの名前を明かすことはできないが、多くの著名人を顧客にもつフランクは、ガーディアン紙に「スターの手相術家」と呼ばれている。初めての中国訪問では、中国メディアに「ハリー・ポッター魔法学校の学長」というニックネームで紹介された。

　2012年9月には、フランクの占星術への格別な功労を称えて占星術協会より第13回チャールズ・ハーベイ賞を最年少で授賞。この生涯を通した貢献を称える賞の過去の授賞者には、リズ・グリーン、ロバート・ハンド、メラニー・ラインハートなどがいる。2016年にISARが開催したロサンゼルスの学会では、脚本賞を授与される。フランクは、占星術をプロフェッショナルなイメージに向上させたとして、レグルス賞にノミネートされ、それを受けて2018年のUACの学会で表彰された。

　さらに彼は「The Astrogical Jornal (占星術ジャーナル)」をはじめとする、さまざまな雑誌のコラムを執筆。世界有数の占星術誌「The Mountain Astrologer (マウンテン・アストロロジャー)」では、客員編集者として6冊以上の号の編集に携わっている。

　世界各地 (中国、トルコ、日本、アメリカ、オーストラリア、メキシコとヨーロッパ諸国) で講演を行い、企業イベントやパーティーへの出演並びにコンサルテーションも行っている。

　現在はイギリス、ロンドン郊外在住。

<著者の連絡先>
手相年次大会など、手相や手の分析についてのイベントの情報についてお知りになりたい場合、あるいはみなさんの手相の写し、発見などを著者に伝えたいという場合にはロンドン・スクール・オブ・アストロロジーに（英語で）ご連絡ください。
The London School of Astrology:www.londonschoolofastrology.com
Email: support@londonschoolofastrology.com

フランク・クリフォード企画のイベント、また著作はこちらのサイトに挙げられています。
www.frankclifford.co.uk

Frank Clifford
Principal, LSA
Courses in Astrology, Palmistry & Tarot
www.londonschoolofastrology.com
Tel: 020 8402 7772
Teaching venue: Friends House, 173 Euston Road, London NW1 2BJ
Frank's Booking Website: https://astrologerfrank.simplybook.me/v2/

INDEX 索引　本書に掲載した用語が登場する主なページを記しています

POSTSCRIPT FROM THE TRANSLATOR 解説

　ここにお届けするのはFrank Clifford『*Palmistry 4 Today-The fast and accurate way to understand yourself and the people around you,* Flare Publication 2013』の訳です。本書は現代の手相学習において、伝統的な手相術の知識に基づき、かつ著者の実際の経験に裏打ちされたテキストとしてたいへん高い評価を得ている1冊。

　著者のフランク・クリフォード氏の名は優れた占星術書『フランク・クリフォードの英国式占星術 ホロスコープをよむ7つのメソッド』の著者として、日本の占星術関係者はすでにご存じのことでしょう。ロンドン・スクール・オブ・アストロロジー（The London School of Astrology, LSA）の主幹であり、欧米の占星術業界では著名、そしてとても人気の高い人物でもあります。高名な占術家というと、少し近寄りがたい人物像を想像されるかもしれませんがそのお名前「フランク」のとおり、ご本人はとても「フランク」な方で、ぼくとも長年、親交を結んでいます。昨今のパンデミックの影響で、ここ3年ほどは直接お会いすることがないのが残念ではあるのですが、以前は英国ではもちろん、日本でも、あるいはオーストラリアでも、占星術学会やプライベートな場面でおしゃべりしたり、食事をご一緒させていただいたりしていました。本書の翻訳監修作業中も何度もメールをやり取りし、細かな質問やリクエストにお答えいただき、たいへん助けられました。

　ところで英国の占星術家が「手相」の本を書いているのを不思議に思う方もおられるかもしれません。手相といえば、日本では「易者さん」のものというイメージも強く、中国起源のものだと思われていることが多いからです。西洋の占星術と手相は関係あるの？とちょっとした違和感をおもちになるかもしれません。

　しかし、本格的に手相学習を志しておられる方ならすでにご承知のように、現在の日本で普及している手相術は実は西洋手相術なのです。もちろん、中国の手相術も存在するのですが、じつは現在の日本の手相の主流は西洋の手相術です。「生命線」「感情線」「頭能線」「運命線」など日本でよく

知られている線の呼び名は、西洋の
手相術、とりわけ19世紀末から20
世紀にかけて英国でまとめられて
いった手相術の強い影響を受けたも
のなのです。

ぼくの手元には戦前、明治36年
に松井松葉が編訳した『西洋手相判
断目録』があります。これはおそら
く英国の西洋手相術を日本に本格的
に紹介した嚆矢_{こうし}のひとつでしょう[*1]。
ここに挙げられている図版をみれば、
西洋の手相術がいかに深く西洋の占
星術とかかわっているか一目でわか
るはずです。

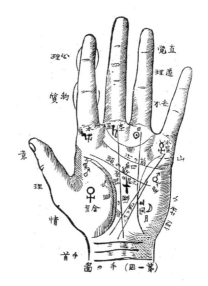

『西洋手相判断目録』（松井松葉編訳）より

　手のそれぞれの部位や線を解説するこの図をみると、手のそれぞれの
パートに占星術の惑星記号が配されていることに気がつくでしょう。手の
上に配された惑星たちとそこから発せられる線。手相術はある意味では手
のひらの上に描かれた象徴的なホロスコープだとも言えるわけです。

　こうした占星術と手相の深いかかわり合いは、文献上ではルネサンス時
代にはっきりしてきます。俗に手相術は古代インドにはじまり、ギリシャ
のアリストテレスも行っていた、などと言われることも多いのですが、西
欧世界において知られる限りで、文献上、手相術の存在が確認できるのは
12世紀以降のこと。そして占星術や魔術が興隆する15世紀になると現行
の手相術の原型が完成していきます。

　占星術との関係でいえば、16世紀ドイツのロスマン（Rothman）とい
う人物が実にユニークな占星術と手相術の統合の試みをしています。出生
ホロスコープと実際の手相との間に相関関係があるかどうか、比較研究を
しているのです。ロスマンの著作では、ホロスコープの中央にその人物の
手相を図示するという工夫がなされています。たとえば知性の惑星である
水星が強調されているホロスコープの持ち主の手では、小指の付け根の水
星丘に線がたくさん現れている、などといった解説がなされているわけで

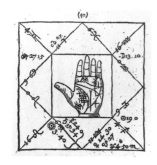

ロスマンの手相ホロスコープ

す。幸いなことにロスマンのこの本は17世紀英国の占星術家ジョージ・ウォートンによって英訳されているので、ぼくたちもその内容を知ることができます（西洋の手相術の歴史については『西洋手相術の世界』[伊泉龍一／ジューン澁澤著、駒草出版] に詳しいのでぜひご覧ください）。

17世紀ごろになると、占星術家が手相を併用するということが一般の人々のイメージの中にも定着してきたようです。

たとえば、ロンドンのナショナル・ギャラリーに展示されている、コーネリス・ベーハーの絵「占星術師」を見てみましょう。ベーハーは17世紀オランダの画家。そう、あのフェルメールとほぼ同時代人ですね（この絵はナショナル・ギャラリーのウェブサイト〈https://www.nationalgallery.org.uk/artists/cornelis-bega〉で詳しく閲覧することができます）。見てください、没落した占星術家がイーゼルに立てて見ているのは、惑星の神像と手相の書物なのです！

なお、占星術家の足元には瓶が転がっていますが、おそらくこれは尿瓶でしょう。当時の占星術家は医療者でもありました。占星術家は医療的判断をするときには、患者の尿の状態も観察していたのです。そして、出生時のホロスコープだけではなく……あるいはそれ以上に尿が持ち込まれた時刻のホロスコープを見て病状や治療法を判断していたのでした。当時の占星術家がしばしば「オシッコ預言者（Piss Prophet）」と揶揄されたのはそのせいでもあります。

現代の、西欧では本格的な西洋占星術の実践者が手相術も併用するケースは比較的少ないのですが、こうして見てくると、歴史的には手相術と占星術との間には密

Cornelis Bega, An *Astrologer*, 1663, London, National Gallery

接な関係があるということがおわかりでしょう。フランク・クリフォード
さんは、その意味では、そうした西欧における伝統を引き継いでおられる
ということも言えるわけです。手相は専門外の僕がこの本の出版にかかわ
ることになったのも、そうした背景からとご理解いただけると幸いです。

　さて、本書の最大の特徴は複雑な手相術を4つのステップに系統立てて
わかりやすいテキストにまとめた点です。そこにはフランクさんの圧倒的
な経験（鑑定と教育と）が反映されています。そしてなによりぼくがこの
本をおすすめしたいのは、フランクさんが手相を絶対的な予言の道具では
なく、あくまでも自分自身を知り、そして未来を能動的に切り開いていく
ためのツールと見ているところ。その意味でこの手相術は「こころ」に向
きあう極めて現代的なアプローチとなっています*2。

　本書の翻訳作業については、著者フランクさんはもちろん、手相家の星
健太郎さんのご助言もいただきました。また島田秀平さんからすばらしい
推薦の言葉をいただきました。ここに記して感謝いたします。
　専門外のぼくのことですから思わぬ勘違いや誤りもあるかもしれません。
ご指摘、ご批判があれば版を改めるごとにアップデートしていく所存です。

　さあ、手相の豊かな世界へ。フランクさんのユーモラスな語り口に誘わ
れ、手の語りに耳を傾けてみようではありませんか。

2022年6月　鏡リュウジ

*1 筆者の手元にある、その他の日本の初期の西洋手相術を紹介した書としては、永島
　眞雄『手相観相　西洋占い　第七巻の神秘』(東京文化生活研究會、昭和4年)、河
　合乙彦『西洋運命書』(春陽堂　昭和5年) などがある。また前島熊吉著『東西手相
　學と指紋の研究』(東京萩原星文館　昭和6年) は、東洋手相術と西洋手相術を比較
　した興味深い本である。

*2 心理学と手相という点で、おもしろいところでは、あの心理学者ユングもジュリウ
　ス・サピアという人物が著した手相学の本の序文を書いている。

FRANK C. CLIFFORD
著＝フランク・C・クリフォード

占星術家・パルミスト（手相術家）。30年間、各主題について執筆および講義を行う。2004年にロンドン・スクール・オブ・アストロロジー（ロンドン占星術学校）を設立・運営。

RYUJI KAGAMI
監訳＝鏡リュウジ

占星術研究家、翻訳家。1968年京都府生まれ。国際基督教大学卒業、同大学院修士課程修了（比較文化）。英国占星術協会会員、日本トランスパーソナル学会理事。平安女学院大学客員教授、京都文教大学客員教授。著書に『鏡リュウジの実践タロット・リーディング』『鏡リュウジの実践タロット・テクニック ケルト十字法大辞典』（朝日新聞出版）、『タロットの秘密』（講談社）、『占いはなぜ当たるのですか』（説話社）、『はじめてのタロット』（ホーム社）、『鏡リュウジの占星術の教科書I、II、III』（原書房）、訳書に『ユングと占星術』（青土社）、『神託のタロット ギリシアの神々が深層心理を映し出す』（原書房）、『タロット バイブル 78枚の真の意味』（朝日新聞出版）など多数。『ユリイカ タロットの世界』責任編集も務める。

手相術の教科書
人間関係、キャリア、健康、未来を理解するための4ステップ

2022年7月30日　第1刷発行

著者	フランク・C・クリフォード
監訳者	鏡リュウジ
訳者	江口聖子、山口えみ子

装丁	製作所（宮崎絵美子、小島 唯）
表紙イラスト	丹野京香

発行者	三宮 博信
発行所	朝日新聞出版
	〒104-8011 東京都中央区築地5-3-2
電話	03-5541-8832（編集）
	03-5540-7793（販売）
印刷所	広研印刷株式会社

©2022 Ryuji Kagami
Published in Japan by Asahi Shimbun Publications Inc.
ISBN 978-4-02-251820-0